OEUVRES
DE POTHIER.

TRAITÉ DES OBLIGATIONS.

TOME SECOND.

SE TROUVE

Chez MM. les Secrétaires caissiers des facultés de droit;
Chez MM. les Greffiers des tribunaux de première instance;
Et chez les principaux Libraires de la France et de l'étranger.

DE L'IMPRIMERIE DE P. DIDOT L'AÎNÉ,
CHEVALIER DE L'ORDRE ROYAL DE SAINT-MICHEL,
IMPRIMEUR DU ROI.

OEUVRES

DE POTHIER.

NOUVELLE ÉDITION,

ORNÉE DU PORTRAIT DE L'AUTEUR,

PUBLIÉE

PAR M. SIFFREIN.

————

TOME SECOND.

A PARIS,

CHEZ L'ÉDITEUR,

RUE SAINT-JEAN-DE-BEAUVAIS, N° I.

M. DCCCXXI.

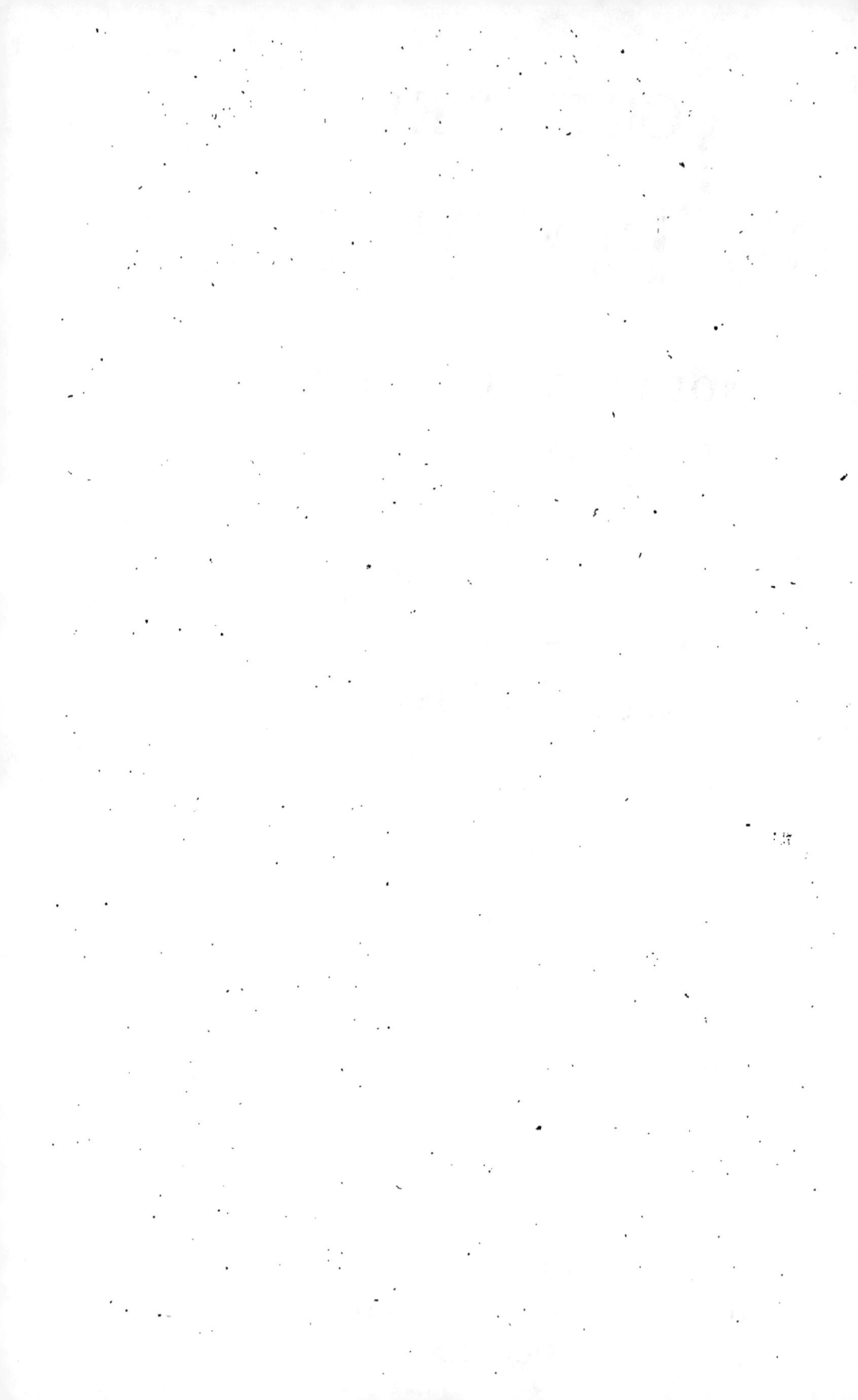

TABLE

TROISIÈME PARTIE.

QUATRIÈME PARTIE.

CHAPITRE PREMIER.

FIN DE LA TABLE.

TRAITÉ
DES OBLIGATIONS.

~~~~~~

TROISIÈME PARTIE.

Des manières dont s'éteignent les obligations, et des différentes fins de non-recevoir, ou prescriptions contre les créances.

493. Les obligations peuvent s'éteindre de différentes manières, ou par le paiement réel, ou par la consignation, ou par la compensation, ou par la confusion, ou par la novation, ou par la remise de la dette, ou par l'extinction de la chose due.

Celles qui ont été contractées sous quelque condition résolutoire, s'éteignent par l'existence de cette condition; quelques unes par la mort du débiteur ou du créancier.

Nous traiterons de ces différentes manières séparément dans sept chapitres. Nous en ajouterons un huitième, dans lequel nous traiterons des fins de non-recevoir ou prescriptions contre les créances.

CHAPITRE PREMIER.
Du paiement réel, et de la consignation.

494. Le paiement réel est l'accomplissement réel de ce qu'on s'est obligé de donner ou de faire.

Lorsque l'obligation est de faire quelque chose, le paiement réel de cette obligation consiste à faire la chose qu'on s'est obligé de faire.

Lorsque l'obligation est de donner quelque chose, le paiement est la donation et translation de la propriété de cette chose.

Il est évident que celui qui a accompli son obligation en est quitte et libéré : d'où il suit que le paiement réel, qui n'est autre chose que l'accomplissement de l'obligation, est la manière la plus naturelle dont les obligations peuvent s'éteindre.

Nous verrons dans les deux premiers articles de ce chapitre, par qui et à qui le paiement doit se faire : dans le troisième, quelle chose doit être payée, comment et en quel état : dans les quatrième et cinquième, quand le paiement doit se faire, où, et aux dépens de qui. Nous traiterons dans le sixième, de l'effet des paiemens. Le septième contiendra les régles sur les imputations. Enfin, dans le huitième, nous traiterons de la consignation et des offres de paiement.

ARTICLE PREMIER.

Par qui le paiement doit-il être fait?

495. Lorsque l'obligation est de donner quelque chose, le paiement consistant, comme nous l'avons dit, dans la dation ou translation de la propriété de la chose, il suit de là que pour que le paiement soit valable, il faut qu'il ait été fait par une personne capable de transférer la propriété de la chose qu'il a payée.

De là il suit que le paiement n'est pas valable, s'il n'est fait par le propriétaire de la chose qui a été payée, ou de son consentement: car autrement, celui qui paye ne peut transférer au créancier à qui il fait le paiement, la propriété de la chose : *Nemo plus juris in alium transferre potest quàm ipse habet;* l. 54, ff. de reg. juris.

Suivant ce principe, quoique la dette du défunt fût d'une chose due déterminément, l'un des héritiers du défunt qui paye cette chose au créancier sans le consentement de ses cohéritiers, ne la paye valablement que pour sa part, selon la subtilité du droit, n'étant pas propriétaire des autres parts qui appartiennent à ses cohéritiers : mais quant à l'effet, ce paiement est valable; à moins que la chose ne fût due sous l'alternative d'une autre chose, ou avec la faculté de payer une autre chose à la place : autrement les cohéritiers sont obligés à ratifier ce paiement, qu'ils seroient obligés de faire eux-mêmes s'il n'étoit pas fait : *Quod utiliter gestum est, necesse est apud judicem pro rato haberi;* l. 9, ff. *de neg. gest. Molin. tract. de div. et ind.* p. 2, n. 166 et 169.

Si la dette ne consistoit pas *in dando,* mais dans la simple restitution d'une chose dont le défunt n'avoit qu'une nue détention, *putà,* qui lui avoit été prêtée ou déposée, la restitution qu'en feroit l'un des héritiers par-devers qui la chose se trouveroit, seroit un paiement valable, même *ipso jure,* sans le consentement des autres héritiers : car ces cohéritiers n'ayant aucun droit dans cette chose, ni aucun intérêt d'en empêcher la restitution, leur consentement est superflu. *Molin. ibid.*

496. De même que le paiement n'est pas valable lorsque celui qui a payé une chose n'en étoit pas le propriétaire, de même il ne l'est pas si, quoiqu'il en fût propriétaire, il étoit, par quelque défaut personnel, incapable de l'aliéner.

Par cette raison, le paiement n'est pas valable lorsqu'il est fait par une femme sous puissance de mari et non autorisée, par un mineur étant sous puissance de tuteur, par un interdit; l. 14, §. *fin.* ff. *de solut.*

497. Lorsque le paiement fait par une personne qui n'étoit pas propriétaire, ou qui étoit incapable d'aliéner, est d'une somme d'argent, ou autre chose qui se consume, la consommation qu'en fait de bonne foi le créancier, valide le paiement qui en est fait; *d.* §. La raison est que la consommation qu'il a faite de bonne foi de la somme d'argent, ou autre pareille chose qui lui a été payée, équipolle à la translation de la propriété de cette chose. En

effet, la translation de propriété n'auroit rien donné de plus au créancier : il a usé de cette chose et l'a consommée, comme il eût fait si la propriété lui en eût été transférée. Il n'est pas plus sujet à la répétition de la somme d'argent, ou autre chose qu'il a consommée de bonne foi, que s'il en eût été fait le vrai propriétaire ; puisque cette chose, qui a cessé d'être par-devers lui sans aucune malice de sa part, ne peut plus être revendiquée contre lui ; la revendication ne pouvant jamais avoir lieu que contre le possesseur, ou celui qui a cessé malicieusement de posséder.

498. Quoique le paiement de la chose dont la propriété n'a pas été transférée au créancier, ne soit pas valable ; néanmoins, tant qu'il l'a entre ses mains, il n'est pas recevable à demander à son débiteur ce qui lui est dû ; il faut que la chose lui ait été évincée, ou qu'il offre de la rendre au débiteur ; l. 94, ff. *de solut.*

599. Pour que le paiement soit valable, il n'est pas nécessaire que ce soit le débiteur, ou quelqu'un qui ait charge de lui, qui paye : quelque personne que ce soit qui fasse le paiement, quand même elle n'auroit aucun pouvoir du débiteur, quand même elle feroit ce paiement malgré lui, pourvu qu'elle le fasse au nom et en acquit du débiteur, et qu'elle soit capable de transférer la propriété de la chose qu'elle paye, le paiement est valable ; il opère l'extinction de l'obligation, et libère, même malgré lui, le débiteur. C'est ce que décide Caïus en la loi 53, ff. *de solut. Solvere pro invito et ignorante cuique licet, cùm sit jure civili constitutum licere etiam ignorantis invitique meliorem conditionem facere.* La loi 23 contient la même décision. La loi 40, ff. *d. tit.* et la loi 39, ff. *de neg. gest.* décident la même chose.

Si le paiement n'étoit pas fait au nom du véritable débiteur, il ne seroit pas valable. Comme si quelqu'un me paye, en son nom, une somme d'argent, croyant en être le débiteur, quoiqu'elle ne soit pas due par lui, mais par un autre ; ce paiement n'éteint point l'obligation du véritable débiteur, et je suis obligé de rendre la somme à celui qui me l'a payée par erreur.

Cette décision a lieu quant à la subtilité du droit, même au cas auquel vous m'auriez payé en votre nom une somme que vous ne me deviez pas, des deniers et par ordre de celui qui me la devoit véritablement. Mais si je demandois le paiement de cette somme à mon véritable débiteur, il pourroit s'en défendre en vous appelant en cause, et en faisant prononcer avec vous, que cette somme que vous m'avez mal-à-propos payée en votre nom de ses deniers, me demeureroit en paiement de ce qu'il me doit, et qu'il seroit en conséquence quitte et déchargé de ma demande. Si c'étoit vous qui donnassiez contre moi la demande en répétition de cette somme que vous avez payée, comme me l'ayant payée sans la devoir, je pourrois être renvoyé de votre demande, en faisant intervenir mon débiteur, qui feroit ordonner que cette somme vous ayant été fournie par lui, pour me la payer en son nom, me demeureroit en acquit de sa dette.

Quoique le paiement d'une somme ou chose qui m'étoit due, ne soit pas valable, lorsque celui qui ne me la devoit pas me l'a payée en son propre nom; néanmoins si par la suite il en est devenu lui-même débiteur, le paiement est rendu par là valable, si ce n'est *ipso jure*, au moins *per exceptionem doli*, l. 25, ff. *de solut.*

5oo. Le principe que nous avons établi, que le paiement est valable, par quelque personne qu'il soit fait, pourvu qu'il soit fait au nom du débiteur, ne souffre pas de difficulté, lorsqu'il a été fait effectivement, et que le créancier a bien voulu le recevoir. La question de savoir si un étranger qui n'a ni pouvoir, ni qualité pour gérer les affaires du débiteur, ni intérêt à l'acquittement de la dette, peut obliger le créancier à recevoir le paiement qu'il lui offre au nom de son débiteur, est une question qui souffre plus de difficulté. Les lois ci-dessus citées ne décident pas cette question : elles disent bien que le paiement fait par quelque personne que ce soit, au nom du débiteur, libère le débiteur; mais elles ne décident pas si le créancier peut être obligé, ou non, à recevoir le paiement. Il faut chercher la décision de cette question dans la loi 72, §. 2, ff. *de solut.* Elle décide que les offres faites au créancier par quelque personne que ce soit, au nom et à l'insu du débiteur, de recevoir le paiement de sa dette, constituent le créancier en demeure. L'ordonnance de 1673, *tit.* 5, *art.* 3, veut aussi qu'en cas de protêt, les lettres de change puissent être acquittées par quelque personne que ce soit. De ces textes on doit tirer cette règle, que les offres faites au créancier par quelque personne que ce soit, au nom du débiteur, de recevoir le paiement de ce qui lui est dû, sont valables, et constituent le créancier en demeure, lorsque le débiteur a intérêt à ce paiement; comme lorsque ces offres sont faites pour arrêter les poursuites que ce créancier auroit commencées, ou lorsqu'elles sont faites pour arrêter le cours des intérêts, ou pour éteindre les hypothèques. Mais si le paiement offert ne procuroit aucun avantage au débiteur, et n'avoit d'autre effet que de lui faire changer de créancier, ces offres ne devroient pas être écoutées. *Voyez Molin., tr. de usur., q.* 45.

Le principe, que le paiement doit être fait pour le débiteur, par quelque personne que ce soit, est vrai à l'égard des obligations de donner quelque chose. La raison est qu'il n'importe jamais au créancier par qui la chose qui lui est due lui soit donnée, pourvu qu'elle lui soit effectivement donnée.

A l'égard des obligations de faire quelque chose, notre règle n'a pas toujours lieu : elle a lieu lorsque le fait qui est l'objet de l'obligation se trouve de telle nature qu'il n'importe au créancier par qui la chose soit faite. Par exemple, si j'ai fait marché avec un vigneron pour me façonner un arpent de vignes, tout autre vigneron pourra acquitter mon débiteur en le façonnant pour lui.

Il n'en est pas de même de l'obligation des faits dans lesquels on considère l'habileté et le talent personnel de l'ouvrier qui a contracté l'obligation; cette obligation ne

peut être acquittée que par le débiteur; l. 31, ff. *de solut.*
Par exemple, si j'ai fait marché avec un peintre pour me
peindre un plafond, il ne peut pas s'acquitter de son obligation en le faisant peindre par un autre peintre, à moins
que je n'y consente.

ARTICLE II.

À qui le paiement doit-il être fait?

501. Le paiement, pour être valable, doit être fait au
créancier, ou à quelqu'un qui ait pouvoir de lui, ou qualité pour recevoir.

§. I. Du paiement fait au créancier.

502. Nous entendons par créancier, non seulement la
personne même avec qui le débiteur a contracté, mais
pareillement les héritiers et tous ceux qui ont succédé
à sa créance, même à titre singulier.

Lorsque le créancier a laissé plusieurs héritiers, chaque
héritier ne devenant créancier que quant à la part pour
laquelle il est héritier, on ne peut payer valablement à l'un
des héritiers que la portion qui lui appartient dans la
créance, à moins qu'il n'ait le pouvoir de ses cohéritiers
de recevoir le total.

Celui à qui le créancier a cédé sa créance à quelque
titre que ce soit, soit de vente, soit de donation, soit
de legs, en devient le créancier par la signification
qu'il fait au débiteur de son titre de cession, ou par
l'acceptation volontaire que le débiteur fait du transport; et par conséquent le paiement qui lui est fait est
valable.

Au contraire, l'ancien créancier cesse de l'être par cette
signification que le cessionnaire fait au débiteur, ou par
l'acceptation du transport; et le paiement qui seroit fait
depuis à l'ancien créancier ne seroit pas valable.

Pareillement lorsque par une sentence un débiteur
arrêté a été condamné de payer à l'arrêtant ce qu'il
doit, et que l'arrêt a été déclaré pour consenti par le

créancier de cet arrêté, l'arrêtant devient par cette sentence aux droits du créancier de l'arrêté, et le paiement qui est fait par l'arrêté à cet arrêtant est valable.

503. On répute quelquefois pour créancier celui qu'on a juste sujet de croire tel, quoique ce soit une autre personne qui soit le créancier véritable; et le paiement fait à ce créancier putatif est valable, comme s'il eût été fait au créancier véritable.

Par exemple, vous êtes en possession d'une terre qui ne vous appartient pas, dont il dépend des mouvances féodales et censuelles : le paiement qui vous est fait, pendant que vous êtes en possession, des arrérages de cens et profits, soit censuels, soit féodaux, est valable, quoique n'étant pas propriétaire, vous n'en soyez pas proprement le créancier : et lorsque le véritable propriétaire sera apparu, et se sera fait restituer cette terre, quoiqu'il fût le vrai créancier de ces droits seigneuriaux qui vous ont été payés, il ne sera pas recevable à les demander à ceux qui vous les ont payés; le paiement qu'ils vous ont fait les a libérés. La raison est que tout possesseur étant de droit réputé et présumé propriétaire de la chose qu'il possède, tant que le vrai propriétaire n'apparoît point, ces débiteurs ont eu juste sujet de croire, en vous voyant en possession de la seigneurie, que vous en étiez propriétaire, et par conséquent le créancier des droits qu'ils vous ont payés. Leur bonne foi doit rendre valable le paiement qu'ils ont fait; c'est la faute du vrai propriétaire de ne s'être pas fait connoître plus tôt.

Par la même raison, les paiements faits à celui qui est en bonne et légitime possession d'une succession, par les débiteurs de cette succession, sont valables, quoique la succession ne lui appartienne pas; sauf au véritable héritier, lorsqu'il apparoîtra, à se faire faire raison par le possesseur de la succession, de ce qu'il a reçu.

A plus forte raison les paiements faits par les débiteurs de la succession à un héritier bénéficiaire sont valables, quoique par la suite cet héritier soit exclus de la succession par un parent qui se porte héritier pur et simple : car si, au moyen de cette exclusion, il n'étoit pas l'héritier, au moins il étoit l'administrateur de la succession, ce qui lui donnoit une qualité pour recevoir.

A plus forte raison encore le paiement fait à un héritier qui s'est depuis fait restituer contre son acceptation, ne laisse pas d'être valable.

504. Pour que le paiement fait, ou à la personne du créancier, ou à celles qui sont à ses droits, soit valable, il faut que la personne soit capable d'administrer son bien.

C'est pourquoi si le créancier étoit, par exemple, un mineur, un interdit ou une femme sous puissance de mari, le paiement qui lui seroit fait ne seroit pas valable, et ne procureroit pas au débiteur la libération.

Néanmoins si ce créancier, ou son tuteur ou curateur pour lui, sous le prétexte de la nullité de ce paiement, demandoit à être payé une seconde fois, et que le débiteur pût justifier que ce créancier a profité de la somme qui lui a été payée, et que ce profit subsistât encore au temps de la demande; *putà*, si ses dettes en ont été acquittées, si ses bâtimens en ont été réparés; le créancier devroit être débouté de sa demande, comme contraire à la bonne foi, qui ne permet pas que quelqu'un profite et s'enrichisse aux dépens d'autrui : *Neminem æquum est cum alterius damno locupletari.*

Observez que si la somme a été employée à lui acheter une chose qui lui étoit nécessaire, quoique cette chose ait depuis péri par un cas fortuit avant la demande, il ne laisse pas d'être censé, au temps de sa demande, profiter de cette chose : car dans la supposition que la chose lui étoit nécessaire, s'il n'eût pas employé à l'acheter la somme qui lui a été payée, il eût fallu qu'il y eût employé d'autres sommes, qu'il a par ce moyen conservées : *Hoc ipso quo non est pauperior factus, locupletior est; l.* 47, §. 1, ff. *de solut.*

Si la somme a été employée à acheter des choses qui

n'étoient pas nécessaires à ce créancier, il sera reçu dans sa demande, si elles ne subsistent plus ; et si elles subsistent, il pourra encore y être reçu, en offrant de les abandonner au débiteur ; *d. l.* 47, *princ.* ; l. 4, ff. *de excep.*

505. Le paiement que fait le débiteur à son créancier, au préjudice d'une saisie-arrêt faite entre ses mains par les créanciers de son créancier, est bien valable vis-à-vis de son créancier : mais il n'est pas valable vis-à-vis des créanciers arrêtants, qui peuvent obliger ce débiteur à payer une seconde fois, s'il est jugé que les arrêts soient valables ; sauf son recours contre son créancier, à qui il a payé au préjudice de l'arrêt.

Au reste, quoiqu'un homme soit en décret de prise de corps, ses débiteurs peuvent lui payer valablement, tant qu'il n'y a pas d'arrêts entre leurs mains ; l. 46, §. 6, ff. *de jur. fisc.* ; l. 41, ff. *de solut.*

§. II. De ceux qui ont pouvoir du créancier pour recevoir.

506. Le paiement fait à ceux qui ont pouvoir du créancier de recevoir pour lui, est réputé fait au créancier lui-même, et par conséquent il est aussi valable que s'il étoit fait au créancier. C'est ce qu'enseigne la loi 180, ff. *de reg. jur. Quod jussu alterius solvitur, pro eo est quasi ipsi solutum esset.*

507. Il suit de cette régle, 1° qu'il n'importe quelle soit la personne à qui le créancier a donné pouvoir : fût-ce un mineur, fût-ce un religieux, le paiement est valable. La raison est que le paiement étant censé fait à celui qui a donné le pouvoir, c'est sa personne, et non celle à qui il a donné le pouvoir, qui doit être considérée ; et il doit s'imputer d'avoir choisi cette personne ; l. 4, *Cod. de solut.*

508. Il suit, 2° de cette régle, qu'on peut payer valablement non seulement à celui qui a le pouvoir de la personne même du créancier, mais aussi à celui qui a pouvoir d'une personne qui a qualité pour recevoir pour

le créancier. Par exemple, si le créancier est un mineur, ou une femme mariée, le paiement fait à celui qui a pouvoir du tuteur, ou du mari, est valable ; l. 96, ff. *de solut.*

509. Il suit, 3° de cette règle, que le paiement fait à celui qui a le pouvoir de la personne même du créancier, n'est valable qu'autant qu'il auroit pu être valablement fait au créancier lui-même. C'est pourquoi si le créancier est un mineur ou un interdit, le paiement fait à celui à qui le mineur ou l'interdit a donné pouvoir de recevoir, n'est pas plus valable que s'il eût été fait au mineur ou à l'interdit.

510. Le paiement fait à celui à qui on a donné le pouvoir de recevoir, n'est valable qu'autant que son pouvoir dure encore lors du paiement.

C'est pourquoi si un créancier a donné pouvoir à quelqu'un de recevoir ce qui lui étoit dû pendant un certain temps, ou bien pendant le temps de son absence, le paiement fait à cette personne après l'expiration du temps, ou depuis le retour de ce créancier, ne sera pas valable, parceque le pouvoir ne subsistoit plus.

Pareillement si le créancier a révoqué le pouvoir qu'il avoit donné, le paiement fait depuis la révocation n'est pas valable : mais il faut pour cela que le débiteur qui a payé depuis la révocation, ait eu connoissance de la révocation, ou qu'elle lui ait été suffisamment notifiée, pour qu'il ait pu avoir cette connoissance ; autrement le paiement fait, quoique depuis la révocation, sera valable ; l. 12, §. 2 ; l. 34, §. 3 ; l. 51, ff. *de solut.*

La raison est que l'erreur du débiteur qui paye depuis la révocation de la procuration, vient plutôt de la faute du créancier, qui devoit avertir le débiteur de cette révocation, que de celle du débiteur, qui, voyant une procuration de recevoir, et ne pouvant deviner la révocation, a eu un juste sujet de payer à la personne qui avoit la procuration. C'est pourquoi il n'est pas juste que le débiteur souffre de cette erreur, et puisse être obligé de payer deux fois : le créancier qui est en faute doit seul en souffrir.

Ce cas-ci est bien différent du cas auquel un débiteur auroit payé sur un faux pouvoir du créancier : car, en ce cas, il n'y a nulle faute du créancier; c'est celle du débiteur, de ne s'être pas informé suffisamment de la vérité du pouvoir. C'est pourquoi un tel paiement est nul, et ne libère pas le débiteur; l. 34, §. 4, ff. *de solut.*

511. Le pouvoir expire aussi par la mort du créancier qui a donné ce pouvoir, ou par son changement d'état; *putà*, si c'est une femme, par son mariage; et par conséquent le paiement fait à celui qui a ce pouvoir, n'est pas valable, s'il est fait depuis la mort du créancier qui a donné le pouvoir; l. 108, ff. *de solut.*; ou depuis le changement d'état; *arg. L.* 58, §. 1.

Mais si la mort et le changement d'état n'étoient pas connus lors du paiement, la bonne foi du débiteur rendroit le paiement valable; l. 32, ff. *d. tit.*

512. Le pouvoir donné par celui qui avoit qualité de recevoir pour le créancier, expire lorsque sa qualité cesse. Par exemple, si le tuteur d'un mineur a donné pouvoir à quelqu'un de recevoir des débiteurs de son mineur, on ne pourroit plus payer, après la tutelle finie, à ce fondé de pouvoir; parceque la qualité de celui qui a donné ce pouvoir a cessé, et qu'on ne pourroit plus payer à lui-même. C'est encore une suite de la loi 180, ff. *de r. juris.*

513. Il nous reste à observer qu'il n'importe pas que le pouvoir du créancier soit un pouvoir spécial, ou un simple pouvoir général *omnium negotiorum,* pour que le paiement fait à celui qui a ce pouvoir, soit valable; l. 12, *de solut.*

Le titre exécutoire dont est porteur le sergent qui va de la part du créancier pour le mettre à exécution, équipolle à un pouvoir de recevoir la dette contenue en ce titre; et la quittance qu'il donne au débiteur est aussi valable que si elle eût été donnée par le créancier.

Il en est autrement d'un procureur *ad lites*, à qui j'ai

donné pouvoir de donner demande contre mon débiteur; cette procuration n'est pas censée renfermer le pouvoir de recevoir la dette; l. 86, ff. *de solut.*

C'est une question célèbre, si le pouvoir que nous donnons à quelqu'un de contracter pour nous, comme de vendre ou de louer une chose, renferme celui de recevoir pour nous le prix de la vente ou du louage. Barthole a tenu l'affirmative, et il est suivi par Fachin, II, *contr.* 94. Je trouve plus plausible l'opinion de Wissembach, *ad tit.* ff. *de solut. n.* 14, qui pense que le pouvoir de vendre ne renferme pas celui de recevoir le prix, à moins qu'il n'y ait des circonstances qui donnent lieu de le présumer. La loi 1, §. 12, ff. *de exerc. act.*, me paroît décisive pour cette opinion. Il y est dit que celui qui n'est préposé sur un vaisseau que pour faire avec le passager le marché de leur passage, n'a pas pouvoir d'en recevoir le prix. On ne peut pas dire plus formellement que le pouvoir de vendre ou de louer ne renferme pas celui de recevoir le prix.

Au reste, il peut se trouver des circonstances dans lesquelles celui qui a pouvoir de vendre est présumé avoir le pouvoir de recevoir le prix. Par exemple, s'il y a dans une ville certains revendeurs publics, qui soient dans l'usage de porter par les maisons les choses qu'on veut vendre, et d'en recevoir le prix des acheteurs; en remettant à une de ces personnes une chose pour la porter vendre, je suis censé lui avoir aussi donné pouvoir d'en recevoir le prix.

§. III. De ceux à qui la loi donne qualité pour recevoir.

514. Le paiement fait à ceux à qui la loi donne qualité pour recevoir à la place du créancier, est valable.

La loi donne cette qualité aux tuteurs, pour recevoir ce qui est dû à leurs mineurs; aux curateurs des interdits, pour recevoir ce qui est dû à ces interdits; aux maris, pour recevoir ce qui est dû à leurs femmes qui ne sont point séparées; aux receveurs d'hôpitaux, de fabriques, ce qui est dû auxdits hôpitaux, etc.

Ces personnes ont qualité pour recevoir non seulement

les revenus des biens des personnes dont elles ont l'administration, mais même les principaux de leurs rentes, lorsque les débiteurs jugent à propos de les rembourser, sans
qu'il soit besoin qu'il intervienne pour cet effet aucune
ordonnance du juge; et les débiteurs qui ont payé entre
les mains de ces personnes sont parfaitement libérés, et
n'ont aucun recours à craindre, quand même ces personnes
auxquelles ils ont payé deviendroient insolvables. La loi 25,
Cod. de adm. tut. qui requéroit le décret du juge pour mettre
le débiteur à couvert, en cas d'insolvabilité du tuteur à qui
il avoit payé, n'est pas suivie parmi nous.

515. La seule raison de proximité, quelque étroite
qu'elle soit avec la personne du créancier, n'est point une
qualité suffisante pour recevoir ce qui lui est dû.

C'est pourquoi, ni le père n'a qualité pour recevoir ce
qui est dû à son fils qui n'est plus sous sa puissance; ni le
fils pour recevoir ce qui est dû à son père; ni le mari pour
recevoir ce qui est dû à sa femme séparée d'avec lui; ni
encore moins la femme pour recevoir ce qui est dû à son
mari; l. 22, ff. *hoc tit.*; l. 11, *Cod. hoc tit.*

§. IV. De ceux à qui la convention donne qualité pour recevoir.

516. Quelquefois dans le contrat par lequel une personne s'oblige de payer quelque chose à une autre, il y a
une personne tierce indiquée entre les mains de laquelle
on convient que le paiement pourra se faire, comme en
celles du créancier. Une telle personne a qualité par la
convention même de recevoir pour le créancier; et par
conséquent le paiement qui lui est fait est aussi valable
que s'il étoit fait au créancier lui-même. Ces tierces personnes à qui l'on convient que le débiteur pourra payer,
sont celles qui sont appelées par les jurisconsultes romains,
adjecti solutionis gratiâ.

Ces tierces personnes à qui on indique au débiteur de
payer, sont le plus souvent des créanciers du créancier
qui les indique. Par exemple, vous me vendez un héritage

pour le prix de dix mille livres; et il est dit par le contrat que je paierai cette somme en votre acquit à un tiers, qui est votre créancier de pareille somme.

Quelquefois aussi la personne à qui je vous indique de payer la somme que vous vous obligez de me donner, est une tierce personne qui n'est point mon créancier, mais qui recevra pour moi cette somme, comme mon mandataire; ou bien qui la recevra comme mon donataire, si j'ai eu intention de la lui donner. Ce sont là proprement les *adjecti solutionis gratiâ* dont il est parlé dans les lois romaines.

517. On peut indiquer de payer à un tiers, non seulement la même chose que le débiteur s'oblige de payer à son créancier, mais même quelquefois une chose différente; comme si je vous loue le droit de paître vos porcs dans mes bois, à la charge que vous me paierez la somme de trente livres en mon domicile, ou bien un cochon du poids de tant de livres à mon vigneron d'un tel endroit : en ce cas, le paiement du cochon fait à mon vigneron vous libère envers moi des trente livres que vous me deviez; l. 34, §. 2, ff. *de solut.*; l. 141, §. 5, ff. *de verb. oblig.*

518. La somme qu'on indique par le contrat de payer à un tiers, peut être moindre que celle que le débiteur s'oblige par le contrat de payer au créancier.

De là naît la question agitée en la loi 98, §. 5, ff. *de solut.* de savoir si en ce cas le paiement de cette somme moindre, fait à ce tiers, libère entièrement le débiteur envers le créancier, ou seulement jusqu'à concurrence de cette somme. On doit, sur cette question, rechercher par les circonstances, quelle a été l'intention des parties : mais, à moins que le contraire ne paroisse évidemment, la présomption est que l'intention des parties a été que le paiement de la somme moindre, fait à la personne indiquée, ne libéreroit le débiteur que jusqu'à concurrence de cette somme.

519. L'indication qui se fait par le contrat d'une tierce

personne à qui on pourra payer, peut se faire pour un lieu ou pour un temps différent du lieu ou du temps auquel la chose est payable au créancier lui-même.

Par exemple, je puis convenir que vous paierez une somme à moi, en mon domicile à Orléans, ou à mon banquier à Paris. Pareillement, je puis convenir que vous me paierez une telle somme, ou à moi-même au temps d'une telle foire, ou à un tel après le temps de ladite foire. *Vice versâ,* je puis convenir que vous me paierez une telle somme, ou à moi au temps d'une telle foire, ou à un tel avant le temps de ladite foire; l. 98, §. 4 et 6, ff. *de solut.;* l. 141, §. 6, ff. *de verb. oblig.*

520. On peut aussi faire dépendre d'une condition l'indication, quoique l'obligation soit pure et simple : mais si l'obligation dépendoit elle-même d'une condition, l'indication, quand même elle auroit été faite purement et simplement, ou sous une autre condition, dépendroit nécessairement de la condition de laquelle on a fait dépendre l'obligation. Car on ne peut faire de paiement valable à la personne indiquée que d'une chose due ; et elle ne peut pas être due si la condition de l'obligation n'existe ; l. 141, §. 7 et 8, ff. *de verb. oblig.*

Il n'en est pas de même du terme de paiement : le paiement pouvant se faire valablement avant le terme, l'indication de payer à un tiers n'est pas nécessairement assujettie au terme que j'ai accordé à mon débiteur pour me payer. C'est pourquoi je puis, en contractant, permettre à mon débiteur de payer à un tiers, pourvu qu'il le fasse dans le mois, quoique je lui accorde le terme de deux mois pour me payer à moi-même ; *d.* l. 98, §. 4.

521. Le paiement fait à la personne indiquée est valable, non seulement lorsqu'il est fait par le débiteur lui-même à qui on a fait cette indication, mais par quelque personne que ce soit; l. 59, *vers. et si à filio,* ff. *de solut.*

522. Ce droit qu'a le débiteur de payer la somme à la personne indiquée aussi valablement qu'à la personne du créancier, est un droit qui passe aux héritiers du débi-

teur. Ils ont ce droit, quand même il auroit été omis d'en faire mention dans le titre nouvel qu'ils ont passé; car on ne présume jamais qu'on ait voulu innover au titre primordial par un titre nouvel.

523. Régulièrement ce ne peut être qu'à la personne même indiquée par le contrat qu'on peut payer valablement, et non à ses héritiers ou autres personnes qui la représenteroient; l. 55, ff. *de verb. oblig.*; l. 81, ff. *de solut.*

Néanmoins lorsqu'un vendeur indique à l'acheteur, par le contrat de vente, de payer le prix à un de ses créanciers, le paiement peut se faire valablement non seulement à la personne même du créancier, mais aux héritiers de ce créancier, et autres qui auroient succédé à sa créance. La raison est que dans cette indication, ce n'est pas tant la personne indiquée que sa qualité de créancier qui a été considérée, par l'intérêt que le vendeur avoit qu'on acquittât pour lui cette créance, et par celui qu'avoit l'acheteur de payer au créancier pour être subrogé aux droits et hypothèques de ce créancier.

524. On cesse de pouvoir valablement payer à la personne indiquée lorsqu'elle a changé d'état. C'est pourquoi si la personne à qui, par le contrat, il est indiqué de payer, a depuis perdu la vie civile, je ne pourrai pas lui payer valablement, l. 38, *de solut.*, quoique le créancier eût pu m'indiquer une personne qui, dès le temps du contrat, seroit morte civilement; et c'est en ce sens qu'on doit entendre la loi 95, §. 6, *dicto titulo*, qui paroît contraire. (*Vide Cujac. in Comment. ad Papin. ad h. l.*) La raison de cette différence est qu'on peut présumer que le créancier n'auroit pas voulu qu'on payât entre les mains de cette personne, s'il eût prévu qu'elle perdroit la vie civile. Mais lorsque dès le temps du contrat cette personne l'avoit perdue, et que le créancier le savoit, la volonté du créancier qu'on puisse payer entre ses mains, quoiqu'elle ne jouisse pas de l'état civil, ne peut plus être ambiguë.

Il faut dire la même chose d'une personne à qui on auroit indiqué de payer, et qui par la suite seroit interdite, ou passeroit sous puissance de mari, ou feroit banqueroute. Dans tous ces cas le débiteur ne peut plus lui payer valablement, la présomption étant qu'elle n'auroit pas été indiquée, si ces cas eussent été prévus.

525. Celui à qui le créancier, par la convention même, a indiqué de payer, est très différent de celui qui est simplement fondé de pouvoir du créancier pour recevoir. La faculté de payer à un simple fondé de pouvoir cesse par la révocation du pouvoir notifié au débiteur, que le créancier peut faire quand bon lui semble. La raison est que la faculté de payer à ce fondé de pouvoir n'étant fondée que sur la procuration que lui a donnée le créancier, laquelle est révocable comme toute autre procuration, il s'ensuit que cette procuration venant à cesser par la révocation, la faculté de lui payer doit cesser.

Au contraire, la faculté de payer à la personne indiquée par la convention ayant son fondement dans la convention même dont elle fait partie, et à laquelle on ne peut déroger que par le consentement des deux parties, le créancier ne peut pas en priver le débiteur, qui peut, malgré le créancier, selon la loi de la convention, payer entre les mains de la personne qui lui a été indiquée par la convention. C'est ce qu'enseignent la loi 12, §. 3, et la loi 106 ff. *de solut.*

Néanmoins si le créancier alléguoit qu'il a des raisons pour que le paiement ne se fasse pas entre les mains de cette personne indiquée par le contrat, et que le débiteur n'eût aucun intérêt de payer entre les mains de cette personne plutôt qu'au créancier lui-même, ou à quelque autre personne qu'il lui indiqueroit à la place de celle indiquée par le contrat, ce seroit de la part de ce débiteur une mauvaise humeur et une obstination déraisonnable de vouloir payer entre les mains de la personne indiquée; obstination que la justice ne devroit pas approuver.

526. Par le droit romain, la faculté de payer à la personne indiquée par la convention cessoit lorsque, sur la

demande faite par le créancier, il étoit intervenu contestation en cause; l. 57, §. 1, ff. *de solut.*; ce qui n'étoit fondé que sur une subtilité, que je ne pense pas devoir être suivie dans notre droit.

527. Il n'est pas douteux que le paiement fait d'une partie de la dette à la personne même du créancier, ne fait pas cesser la faculté de payer le restant à la personne indiquée; l. 71, ff. *de solut.*

§. V. De quelles manières le paiement fait à la personne qui n'avoit ni pouvoir, ni qualité pour recevoir, peut-il être rendu valable?

528. Le paiement fait à une personne qui n'avoit ni qualité ni pouvoir pour recevoir devient valable, 1° par la ratification et approbation que le créancier fait par la suite de ce paiement; l. 12, §. 4, ff. *de solut.*; l. 12, *Cod. dicto tit.*; l. 24, ff. *de neg. gest.*

Les ratifications ayant un effet rétroactif, suivant la règle *Ratihabitio mandato comparatur;* d. l. 12, §. 4; le paiement sera censé avoir été valable dès le temps qu'il a été fait. C'est pourquoi si quelqu'un s'est rendu caution envers moi pour mon débiteur, avec la clause que son cautionnement ne dureroit que jusqu'au premier janvier 1770, au bout duquel temps il en demeureroit quitte et déchargé de plein droit; le paiement qu'il a fait dans le cours de l'année 1769, à une personne qui n'avoit pas pouvoir de moi, sera valable, et il ne pourra répéter la somme payée, quoique je n'aie ratifié ce paiement qu'en l'année 1770; temps auquel il auroit cessé d'être mon débiteur, s'il n'eût pas payé : car, au moyen de l'effet rétroactif de ma ratification, le paiement est valable du jour qu'il a été fait; et il l'a été dans un temps auquel son obligation subsistoit; l. 71, §. 1, ff. *de solut.*

Suivant le même principe, si je suis débiteur d'une somme de mille livres envers Pierre et Paul, cocréanciers solidaires, et que j'aie payé cette somme en premier lieu à une personne qui l'a reçue pour Pierre, sans aucun pouvoir de lui, et que je l'aie payée une seconde fois à Paul,

la validité du paiement fait à Paul dépendra de la ratification de Pierre. Le premier paiement sera valable si Pierre
le ratifie ; et celui fait à Paul sera nul, comme étant le
paiement d'une dette acquittée. Si Pierre ne ratifie pas,
le premier paiement ne sera pas valable, et celui fait à
Paul le sera; l. 58, §. 2, ff. *d. tit.*

529. Le second cas auquel devient valable le paiement
fait à une personne qui n'avoit pas de qualité pour recevoir, est lorsque la somme payée a tourné par la suite au
profit du créancier; l. 28; l. 34, §. 9, ff. *de solut.* ; *putà*, si
elle a servi à libérer le créancier de ce qu'il devoit; l. 66,
verbo sed exceptione, ff. *d. titulo.*

Le troisième cas est si cette personne à qui le paiement
a été fait est devenue l'héritière du créancier, ou a succédé à quelque autre titre à la créance; l. 96, §. 4, ff. *dicto
titulo.*

ARTICLE III.

Quelle chose doit être payée ; comment, et en quel état.

§. I. Peut-on payer une chose pour une autre?

530. Régulièrement, c'est la chose due qui doit être
payée; et un débiteur ne peut obliger son créancier à
recevoir en paiement autre chose que ce qu'il lui doit;
l. 16, *Cod. de solut.*

Nous n'observons point la novelle 4, *cap.* 3, qui permet
au débiteur d'une somme d'argent, et qui n'a ni argent,
ni meubles pour en faire, d'obliger son créancier à recevoir en paiement des héritages pour l'estimation qui en
sera faite, si mieux n'aime le créancier lui trouver un
acheteur.

531. Non seulement le débiteur ne peut pas obliger le
créancier à recevoir en paiement autre chose que ce qui
lui est dû; mais si par erreur le créancier, croyant recevoir
ce qui lui étoit dû, avoit reçu autre chose, le paiement ne
seroit pas valable, et le créancier pourroit, en offrant de

rendre ce qu'il a reçu, exiger la chose qui lui est due. C'est ce que décide Paul en la loi 50, ff. *de solut. Si quùm aurum tibi promisissem, tibi ignoranti quasi aurum æs solverim, non liberabor.*

Si le créancier a bien voulu recevoir en paiement de ce qui lui étoit dû une autre chose, il n'est pas douteux que le paiement est valable; l. 17, *Cod. de solut.*; à moins qu'il n'y eût lieu à la restitution contre ce paiement en cas de lésion, pour cause de la minorité du créancier qui auroit donné imprudemment ce consentement, ou pour cause de dol, etc.; l. 26, ff. *de lib. leg.*

532. Le débiteur peut quelquefois obliger le créancier à recevoir en paiement de ce qui lui est dû, quelque autre chose; savoir, lorsque la faculté lui en a été accordée, soit par le contrat, soit par quelque convention postérieure, intervenue depuis avec le créancier; l. 57; l. 96, §. 2, ff. *de solut.*

Par le droit romain cette faculté cessoit lorsque, sur la demande du créancier, il y avoit eu contestation en cause; *d. l.* 57; ce que je ne pense pas devoir être suivi dans notre droit.

533. Ces conventions de payer quelque chose à la place de ce qui est dû, sont toujours présumées faites en faveur du débiteur. Ainsi il est toujours loisible au débiteur de payer la somme même qui est due, et le créancier ne peut exiger autre chose.

C'est pourquoi si par contrat de mariage un mari reçoit une certaine somme en dot, pour sûreté de laquelle il oblige certains héritages, et qu'il soit dit que lors de la dissolution du mariage la femme les recevra en paiement de sa dot, cette convention n'empêche pas le mari ou ses héritiers de retenir lesdits héritages, en offrant la somme reçue en dot dont la restitution est due; l. 45, ff. *de solut.*

Par la même raison, si j'ai affermé un lieu de vignes pour une somme de 500 liv. par an, payable en vins qui s'y recueilleront, la faculté de payer en vins est censée mise en faveur du fermier débiteur; et je ne pourrai l'obliger de me donner du vin, s'il offre de me payer en argent la somme de 500 livres, prix de sa ferme.

Mais si une fois le paiement avoit été fait d'une chose à la place de ce qui étoit dû, la chose étant consommée, le débiteur ne seroit plus recevable à répéter, en offrant de payer la somme qui étoit due; l. 10, l. 24, *Cod. de solut.*

§. II. Le créancier est-il tenu de recevoir par parties ce qui lui est dû?

534. Quoiqu'une dette soit divisible, tant qu'elle n'est pas encore divisée, le créancier n'est pas obligé de recevoir par parties ce qui lui est dû.

C'est sur ce principe que *Modestin* décide en la loi 41, §. 1, ff. *de usur.*, que s'il n'y a pas une clause au contrat, que le débiteur pourra payer par parties, la consignation par lui faite d'une partie, n'arrête pas le cours des intérêts, même pour la partie consignée. Cette décision suppose bien clairement le principe, qu'un créancier n'est pas obligé de recevoir par parties ce qui lui est dû. S'il y étoit obligé, et que la consignation de la partie offerte fût valable, les intérêts cesseroient d'en courir : car lorsque la dette d'une somme d'argent est acquittée pour partie, les intérêts ne courent plus que pour le surplus qui reste dû. C'est ce que décide la loi quatrième, *Cod. de comp.*, et c'est ce que le seul bon sens apprend.

Quel intérêt, dira-t-on, a un créancier de refuser à son débiteur la commodité de le payer par parties? La réponse est qu'on a intérêt de recevoir tout à-la-fois une grosse somme avec laquelle on fait ses affaires, plutôt que plusieurs petites sommes en différents temps, qui se dépensent imperceptiblement à mesure qu'on les reçoit. D'ailleurs, c'est un embarras pour le créancier de charger son registre d'une recette de plusieurs petites sommes, et d'avoir des calculs à faire. *Molin. Tr. de div. et ind. p .* 2, *n.* 14.

Il ne suffit pas même au débiteur d'offrir toute la somme principale qu'il doit, lorsqu'elle porte intérêt; le créancier n'est pas obligé de la recevoir, si on ne lui paye en même temps tous les intérêts qui en sont dus.

535. Lorsque plusieurs personnes se sont rendues cautions pour un débiteur, quoiqu'elles aient entre elles le bénéfice de division, néanmoins tant que le créancier ne les poursuit pas pour le paiement, chacune d'elles ne peut l'obliger de recevoir le paiement pour partie.

La raison est que la dette, à laquelle plusieurs cautions ont accédé, n'est pas de plein droit divisée entre elles : ces cautions n'ont qu'une exception pour faire prononcer la division de la dette ; c'est lorsqu'elles sont poursuivies pour le paiement : mais si elles se trouvent toutes alors solvables, cette exception ne peut point être proposée. La dette, jusqu'à ce temps, n'étant pas encore divisée, c'est une conséquence que le créancier ne puisse être tenu de la recevoir pour partie.

La sommation que la caution non poursuivie fait au créancier de recevoir sa part, si mieux il n'aime la décharger, n'est pas fondée, quelque temps qu'il y ait que cette caution s'est obligée : car ce n'est que contre le débiteur principal qu'elle a cautionné, et non contre le créancier, que la caution a l'action *mandati*, pour qu'il la fasse décharger.

Cette sommation n'est pas fondée, quand même la caution alléguerait que le débiteur principal et les cofidéjusseurs, quoique encore solvables, commencent à dissiper leurs biens, et qu'elle ne doit pas souffrir de la négligence du créancier à les poursuivre : cette caution n'a d'autre ressource que de payer toute la dette et de se faire subroger aux droits et actions du créancier. *Molin, Tract. de div. et ind. p.* 2, *n.* 54, 55, 56.

Dumoulin, *n.* 57, va plus loin : quand même l'obligation des cautions seroit entre elles divisée de plein droit ; *putà*, si trois personnes s'étoient rendues, chacune pour un tiers, cautions d'un débiteur, il pense que même en ce cas, la caution qni n'est pas poursuivie pour le paiement, ne peut forcer le créancier à recevoir le paiement de son tiers, parceque, dit-il, l'obligation des cautions ne doit.pas donner indirectement atteinte à l'obligation principale, et la rendre payable par parties, avant qu'elle soit divisée.

Je pense que Dumoulin va trop loin : en effet, cette caution n'étant obligée que pour le tiers, doit avoir la faculté de se libérer en payant ce tiers, qui est tout ce qu'elle doit; car il est permis à tout débiteur de se libérer en offrant tout ce qu'il doit. Je pense même que le débiteur principal qui ne pourroit en son nom payer pour partie, pourroit payer pour l'une des cautions le tiers que doit cette caution. Le débiteur ayant intérêt de payer pour cette caution, afin de se décharger de l'indemnité qu'il lui doit, le créancier ne peut refuser ce paiement. Dumoulin, *ibid. n.* 5o, convient que c'est le sentiment commun des docteurs, quoiqu'il soit d'un avis contraire.

536. La régle que le créancier ne peut être obligé à recevoir par parties ce qui lui est dû, tant que la dette n'est pas encore divisée, reçoit une première exception lorsqu'il y a clause au contrat, que la somme due sera divisée en un certain nombre de paiements; *putà*, en deux ou en trois paiements; ou lorsqu'en considération de la pauvreté du débiteur, le juge l'a ordonné ainsi par un jugement de condamnation. Le créancier est tenu, dans tous ces cas, de se conformer à ce qui est prescrit par la convention ou par le jugement de condamnation.

Lorsqu'on ne s'est pas expliqué sur la somme dont seroit chaque paiement, les paiements doivent s'entendre de paiements égaux entre eux. Par exemple, si je me suis obligé de payer une somme de dix mille écus en quatre paiements, chaque paiement doit être du quart de la somme, ni de plus ni de moins; sauf que je puis faire plusieurs paiements à-la-fois, en payant la moitié ou les trois quarts de la somme.

Lorsque la convention porte que le paiement sera fait en deux différents lieux qui sont unis par une conjonctive; comme s'il étoit dit que je paierai à Orléans à mon domicile, et à Paris au domicile de mon banquier; cette clause renferme celle que le paiement se fera par moitié en chacun desdits lieux. *Secùs*, si la particule est disjonctive; comme s'il est dit, Je paierai à Paris *ou* à Orléans, le créancier n'est tenu de recevoir qu'en un paiement, en l'un desdits lieux que choisira le débiteur.

537. Notre règle souffre une seconde exception, savoir, lorsqu'il y a contestation sur la quantité de ce qui est dû ; *putà*, si par un compte je me suis rendu reliquataire d'une certaine somme, et que celui à qui je rends compte prétende par ses débats que le reliquat doit monter à une plus grande somme ; la loi 31, ff. *de reb. cred.*, veut, en ce cas, que le créancier puisse être obligé de recevoir la somme dont je me fais reliquataire, sans préjudice du plus, en attendant la décision de la contestation. Cette décision étant très équitable, il est de la prudence du juge d'ordonner ce paiement provisionnel, lorsque le débiteur le demande.

538. La règle souffre une troisième exception dans le cas de la compensation ; car un créancier est obligé de compenser jusqu'à concurrence de la somme qui lui est due, celle qu'il doit à son débiteur, quoiqu'elle soit moindre que celle qui lui est due.

539. Celui qui est créancier d'une personne pour différentes dettes, est obligé de recevoir le paiement que son débiteur lui offre de l'une de ses dettes, quoiqu'il ne lui offre pas en même temps le paiement des autres dettes.

Par la même raison le débiteur de plusieurs années d'arrérages peut obliger le créancier à recevoir le paiement d'une année, quoiqu'il ne lui offre pas en même temps le paiement des autres années ; car tous ces termes d'arrérages sont autant de différentes dettes : le créancier ne peut néanmoins être obligé de recevoir les dernières années avant les précédentes, *ne rationes ejus conturbentur. Molin. ibid. n.* 44.

Suivant ce principe, Dumoulin, *ibid.*, décide qu'un emphytéote, sujet par la clause du bail à déchoir de son droit par la cessation du paiement de trois années de redevance, peut éviter cette peine en offrant le paiement d'une année avant l'expiration de la troisième.

§. III. Comment la chose qui est due peut-elle être payée ?

540. Le paiement d'une chose ne se fait qu'en transférant au créancier par la tradition la propriété irrévocable de cette chose : *Non videntur data quæ eo tempore quo dantur, accipientis non fiunt;* l. 167, ff. *de r. juris.*

De là il suit, comme il a déja été dit en l'*art.* 1, que le paiement d'une chose n'est pas valable lorsqu'elle n'appartient pas à celui qui la donne en paiement sans le consentement du propriétaire.

Néanmoins ce paiement peut devenir par la suite valable, si le créancier qui l'a reçue en paiement en est devenu propriétaire par le temps requis pour l'usucapion; ou du moins lorsqu'il a cessé d'avoir à craindre aucune éviction de cette chose; comme lorsque celui qui la lui a donnée en paiement est devenu l'héritier unique du propriétaire de cette chose; ou lorsque cette chose a cessé d'exister ou a été consommée de bonne foi par le créancier qui l'a reçue en paiement; l. 69; l. 78; l. 94, §. 2, ff. *de solut.*

La raison est que dans ces cas, ce qui est arrivé depuis a suppléé à ce qui manquoit au paiement, en faisant acquérir au créancier, ou la propriété de la chose qu'il a reçue en paiement, ou quelque chose d'équipollent au droit de propriété.

541. Mais lorsqu'un créancier reçoit en paiement par erreur sa propre chose, le paiement qui lui en est fait est tellement nul, qu'il ne peut jamais devenir valable; car il ne peut jamais être censé avoir acquis, soit réellement, soit équipollément, ce qui lui appartient déja : *Quod meum est, ampliùs meum esse non potest.*

542. Lorsque le paiement est fait à un tiers, de l'ordre du créancier, il faut pareillement que la propriété de la chose qui est payée soit transférée, ou au créancier, lorsque ce tiers la reçoit au nom du créancier, et pour la lui

acquérir; ou à ce tiers, lorsque l'intention du créancier a été qu'elle fût acquise à ce tiers.

De là il suit que lorsque j'ai donné ordre à celui qui m'a vendu un héritage, d'en faire la délivrance à ma femme, à qui j'avois volonté de le donner, le paiement ou la délivrance qu'il fait par mon ordre à ma femme de cet héritage, n'ayant pu en transférer la propriété à ma femme, parceque les donations entre mari et femme sont défendues par la loi; ni à moi, ma femme ne l'ayant pas reçu pour moi; mon vendeur est demeuré propriétaire de l'héritage dont il a fait la tradition à ma femme. Ce paiement donc, à ne considérer que la subtilité du droit, n'est pas valable, et n'a pas libéré mon vendeur; mais s'il ne l'a pas en ce cas libéré *ipso jure*, et selon la subtilité du droit, il est libéré *per exceptionem doli*, la bonne foi ne permettant pas que je lui demande un héritage qu'il s'est mis par mon fait hors d'état de me livrer, en le délivrant par mon ordre à ma femme. C'est pourquoi il n'est plus, dans cette espèce, tenu envers moi à autre chose qu'à me céder son droit de revendication, pour que je l'exerce à mes risques. C'est ce qui résulte de la loi 26, ff. *de donat. inter vir. et uxor.*, et de la loi 38, §. 1, ff. *de solut.*

Selon nos usages, il ne seroit pas même nécessaire que mon débiteur me subrogeât à son droit de revendication; la justice m'y subroge de plein droit.

Il faut expliquer à-peu-près de même la loi 34, §. 7, ff. *de solut.* Voyez cette explication dans les notes sur cette loi, *in Pandect. Justin. de solut. n.* 27.

543. Pour que le paiement soit valable, il ne suffit pas que la propriété en soit transférée au créancier; il faut, comme nous l'avons dit, qu'elle le soit d'une manière irrévocable : car ce n'est pas la lui transférer véritablement, que de la transférer de manière qu'il ne puisse pas toujours la retenir, suivant cette règle de droit : *Quod evincitur, in bonis non est;* l. 190, ff. *de r. jur.*

Par exemple, si la chose donnée en paiement étoit

chargée d'hypothéques, soit que ce fût cette chose elle-
même qui fût due, soit qu'elle eût été donnée en paiement
d'une somme, le débiteur ne seroit pas, par ce paiement,
quitte de sa dette, s'il ne purgeoit lesdites hypothéques;
l. 20; l. 69; l. 98, *de solut.* Car ce paiement n'ayant pas
transféré au créancier à qui il a été fait, une propriété de
la chose qu'il pût toujours retenir, n'est pas un paiement
valable, et n'a pas par conséquent éteint la dette.

Si, par une clause du contrat, le débiteur, qui s'étoit
obligé à donner une certaine chose, avoit chargé le créancier des risques de certaines évictions de cette chose, ou
que la chose fût déclarée par le contrat être d'une nature
sujette à une certaine espéce d'évictions, la sujétion à ces
évictions, pourvu qu'il n'y en ait pas d'autres à craindre
que celles dont on a chargé le créancier, n'empêchera pas
la validité du paiement qui lui a été fait de cette chose.

§. IV. En quel état la chose doit-elle être payée?

544. Lorsque la dette est d'un corps certain et déterminé, la chose peut être valablement payée, en quelque
état qu'elle se trouve, pourvu que les détériorations qui
sont survenues depuis le contrat ne viennent point du
fait ni de la faute du débiteur, ni de celle de certaines
personnes dont il est responsable, telles que peuvent être
ses ouvriers ou ses domestiques.

Si c'est par cas fortuit ou par le fait d'un étranger que
la chose a été détériorée, le débiteur peut valablement la
payer en l'état qu'elle se trouve. Il n'est pas obligé à davantage, si ce n'est à céder à son créancier les actions qu'il
peut avoir contre celui qui a causé le dommage; et quand
il ne les lui céderoit pas, le juge y subrogeroit le créancier qui se trouve être celui qui souffre de ce dommage.

545. Il n'en est pas de même lorsque la dette est d'un
corps indéterminé; comme si un marchand de chevaux
a promis par contrat de mariage à son gendre de lui
donner un cheval pour partie de la dot de sa fille, sans
spécifier quel cheval. Si l'un de ses chevaux est devenu

borgne ou galeux, il ne pourra pas donner ce cheval pour s'acquitter de sa dette; il doit en donner un qui n'ait aucun vice notable; l. 33, *in fin. ff. de solut.* Au lieu que s'il s'étoit obligé déterminément de donner à son gendre un tel cheval, il s'acquitteroit de son obligation en le lui donnant tel qu'il se trouve.

ARTICLE IV.

Quand le paiement doit-il être fait?

546. Il est évident qu'on ne peut faire le paiement d'une chose avant qu'elle soit due; car tant qu'il n'y a pas encore de dette, il ne peut y avoir de paiement. De là il suit que lorsqu'une dette est suspendue, parceque la condition sous laquelle elle a été contractée n'est pas encore accomplie, le paiement ne peut s'en faire. Non seulement le débiteur ne peut être obligé de payer, ni le créancier obligé de recevoir avant l'accomplissement de la condition; mais si le débiteur, ignorant la condition, avoit par erreur payé, il en auroit la répétition *per condictionem indebiti*: car il est vrai qu'en ce cas il auroit payé ce qu'il ne devoit pas encore. Mais ce paiement qui n'étoit pas valable, est confirmé et devient valable par l'accomplissement de la condition; car cet accomplissement a un effet rétroactif au temps du contrat, qui, en faisant réputer la dette due dès le temps du contrat (*suprà*, *n.* 220), fait, par une conséquence nécessaire, réputer valable le paiement qui a été fait avant la condition; l. 16, ff. *de cond. indebit.*

547. Il n'en est pas de même du terme de paiement que de la condition, le terme n'ayant pas l'effet de suspendre la dette, mais seulement d'en arrêter l'exigibilité (*suprà*, *n.* 230). Le paiement fait avant le terme est valable; l. 1, §. 1, ff. *de cond. et dem.*

Cette règle souffre néanmoins quelques exceptions. Par exemple, si un testateur ayant légué une somme à un mineur, pour empêcher que le tuteur ne la dissipât, avoit ordonné qu'elle ne seroit payée qu'à la majorité du légataire, l'héritier débiteur du legs qui l'auroit payée avant, ne seroit pas libéré dans le cas de l'insolvabilité du tuteur. *Voyez* l. 15, ff. *de ann. leg.*

Voyez, sur le terme de paiement, ce que nous avons dit *part. 2, ch. 3, art. 3.*

ARTICLE V.

Où le paiement doit-il être fait, et aux dépens de qui?

§. I. Où le paiement doit-il être fait?

548. Lorsque par la convention il y a un lieu convenu où le paiement doit se faire, il doit être fait en ce lieu. S'il n'y a aucun lieu désigné, et que la dette soit d'un corps certain, le paiement doit se faire au lieu où est la chose. Par exemple, si j'ai vendu à un marchand le vin de ma récolte, c'est dans ma grange où est ce vin que je dois en recevoir le paiement : il doit l'y envoyer chercher, le charger à ses dépens sur ses charrettes, le lui devant livrer où il est. Je ne suis point obligé de le déplacer, mais seulement de lui donner la clef de ma grange, et de souffrir qu'il l'enlève. Cela est conforme à la loi 47, §. 1, ff. *de leg.* 1°. *Si quidem certum corpus legatum est...ibi præstabitur ubi relictum est.*

Si le débiteur, depuis le marché, avoit transporté la chose du lieu où elle étoit en un autre lieu d'où l'enlèvement se trouveroit plus dispendieux au créancier, le créancier pourroit prétendre par forme de dommages et intérêts, ce que l'enlèvement lui coûteroit de plus qu'il ne lui auroit coûté si la chose fût restée au même lieu où elle étoit lors du marché; le débiteur ne devant pas par son fait rendre pire la condition du créancier.

549. Si la dette n'est pas d'un corps certain, mais d'une chose indéterminée; comme si l'on me donnoit une paire de gants indéterminément, une certaine somme d'argent, une certaine quantité de blé, de vin, etc., le lieu du paie-

ment ne pourroit plus être en ce cas le lieu où la chose est, puisque son indétermination empêche qu'on ne puisse assigner aucun lieu où elle soit. Quel sera-t-il donc? La loi ci-dessus citée dit qu'en ce cas la chose doit être payée au lieu où elle est demandée, *ubi petitur*; c'est-à-dire, au lieu du domicile du débiteur. *Molin. tr. de usur. q. 9.*

La raison est que les conventions sur les choses à l'égard desquelles les parties ne se sont pas expliquées, devant s'interpréter plutôt en faveur du débiteur qu'en faveur du créancier, *in cujus potestate fuit legem apertiùs dicere* (*suprà, n.* 97); il suit de ces principes que lorsqu'elles ne se sont pas expliquées sur le lieu où devoit se faire le paiement, la convention doit à cet égard s'interpréter de la manière qui est la moins onéreuse et la moins coûteuse au débiteur.

Notre principe, que les choses indéterminées sont payables au domicile du débiteur, lorsqu'il n'y a aucun lieu de paiement désigné par la convention, souffre une exception lorsque deux choses concourent, savoir, lorsque les demeures du créancier et du débiteur ne sont pas beaucoup éloignées l'une de l'autre, *putà*, lorsqu'ils demeurent dans la même ville, et lorsque la chose due consiste dans une somme d'argent ou dans quelque autre chose qui peut être portée ou envoyée sans frais chez le créancier. *Molin. ibid.* Le débiteur doit en ce cas à son créancier cette déférence qui ne lui coûte rien. Faute de payer au créancier, le créancier pourra faire un commandement à son débiteur au domicile de ce débiteur, qui en devra les frais; et le débiteur pourra payer à l'huissier qui lui fait le commandement.

Quoiqu'il soit dit expressément par l'acte, que la somme sera payable en la maison du créancier, qui, lors de l'acte, étoit dans la même ville que celle du débiteur, et à plus forte raison lorsqu'on ne s'est pas expliqué sur le lieu du paiement; si depuis le contrat le créancier a transféré son domicile dans une autre ville éloignée de celui du débiteur, le débiteur sera fondé à demander que le créancier élise domicile dans le lieu où il l'avoit lorsque le contrat a été passé; cette translation de domicile dans un lieu où le débiteur n'a aucunes habitudes, ne devant pas lui être onéreuse, et rendre sa condition pire qu'elle n'étoit, suivant cette régle : *Nemo alterius facto prægravari debet.*

Voyez, sur le lieu du paiement, ce qui a été dit ci-dessus, *part.* 2, *chap.* 3, *art.* 4.

§. II. Aux dépens de qui se fait le paiement.

550. Le paiement se fait aux dépens du débiteur; c'est pourquoi s'il veut une quittance par-devant notaires, c'est à ses dépens que doit être passée la quittance.

C'est aussi pour cette raison que celui qui a vendu du vin, doit payer au bureau des aides le congé nécessaire pour le livrer.

ARTICLE VI.

De l'effet des paiements.

551. L'effet du paiement est d'éteindre l'obligation, et tout ce qui en est accessoire, et de libérer tous ceux qui en sont débiteurs; l. 43, ff. *de solut.*

§. I. Si un seul paiement peut éteindre plusieurs obligations.

552. Quelquefois un seul paiement peut éteindre plusieurs obligations; cela arrive lorsque la chose qui est donnée en acquit d'une obligation est la chose même qui étoit l'objet d'une autre obligation.

Par exemple, si je suis convenu avec vous de vous vendre, en paiement de la somme que vous m'avez prêtée, la chose que je vous avois donnée en gage, ce paiement que je vous fais de cette chose éteint en même temps et l'obligation résultante du prêt que vous m'aviez fait, et celle résultante de la vente que je vous ai faite de la chose; l. 44, ff. *de solut.*: car cette chose que je vous paye en acquit de l'obligation résultante du prêt d'argent que vous m'avez fait, est la chose même qui fait l'objet de mon obligation, résultante de la vente que je vous ai faite.

553. Cette règle a lieu même à l'égard de différents créanciers. Par exemple, si vous devant dix mille livres, je les ai payées par votre ordre à votre créancier à qui vous deviez pareille somme, ce paiement éteint en même temps deux obligations, et la mienne et la vôtre; l. 64, ff. *dict. tit.* Il me libère envers vous, et il vous libère envers votre créancier. Ce paiement en contient deux, *juris effectu* : car c'est comme si je vous avois payé la somme, et que vous l'eussiez payée ensuite à votre créancier : *Celeritate conjungendarum inter se actionum, unam actionem occultari;* l. 3, §. 12, ff. *don. int. vir. et uxor.*

554. Cette règle, que le paiement fait en acquit d'une obligation éteint les autres obligations qui ont le même objet, a lieu aussi à l'égard de différents débiteurs.

Par exemple, si par votre mandement j'ai prêté une somme d'argent à Pierre, le paiement que me fait Pierre de la somme que je lui ai prêtée, éteint en même temps, et l'obligation de Pierre, et votre obligation résultante du mandement que vous m'aviez donné.

Ce que nous venons de dire, que lorsqu'il y a des obligations qui, quoiqu'elles procèdent de causes différentes, ont néanmoins un seul et unique objet, le paiement qui est fait de l'une de ces obligations éteint les deux, n'a lieu que dans le cas auquel le débiteur qui a payé n'avoit pas le droit de se faire céder les actions du créancier contre le débiteur de l'autre obligation. Mais dans le cas contraire, lorsque celui qui a payé avoit le droit de se faire céder les droits et actions du créancier contre le débiteur de l'autre obligation, il n'éteint, en payant, que son obligation; l'autre subsiste, non à l'effet que le créancier puisse se faire payer une seconde fois, mais à l'effet qu'il puisse céder l'action qui en naît à celui à qui il la doit céder.

Par exemple, en retenant l'espèce ci-dessus rapportée, si par votre mandement j'ai prêté une somme d'argent à

Pierre, nous avons vu que le paiement fait par Pierre étei-gnoit son obligation et la vôtre : mais si avant que Pierre m'ait payé, vous me payez vous-même cette somme pour vous libérer de l'obligation résultante du mandement que vous m'avez donné, ce paiement n'éteint que votre obli-gation, et non celle de Pierre ; parceque en me payant vous avez droit d'obtenir de moi la cession de mes droits et actions contre Pierre, qui par conséquent demeure obligé, non plus envers moi, qui ne puis pas exiger deux fois la même chose, mais envers vous, en conséquence de la cession de mes actions, que je dois vous faire ; l. 95, §. 10, ff. *de solut.;* l. 28, ff. *mand.*

Cette cession d'actions contre le débiteur d'une différente obligation peut se faire même *ex intervallo*, après le paie-ment; en quoi elle diffère de celle qui se fait contre les co-débiteurs de la même obligation, dont nous allons parler au paragraphe suivant.

§. II. Si le paiement fait par l'un des débiteurs éteint l'obligation de tous les autres débiteurs de la même obligation; et de la cession d'actions.

555. Si le paiement d'une obligation peut libérer les débiteurs d'une obligation différente, mais qui a le même objet, comme nous l'avons vu au paragraphe précédent; à plus forte raison, le paiement fait par l'un des débiteurs d'une même obligation doit libérer tous les autres débi-teurs de cette obligation, soit qu'ils soient débiteurs prin-cipaux, soit qu'ils soient débiteurs accessoires, tels que sont les fidéjusseurs.

556. Cette règle reçoit une limitation dans le cas de la cession d'actions : car si l'un des codébiteurs ou des cau-tions, en payant la dette, s'est fait céder les droits et ac-tions du créancier, la dette n'est pas censée éteinte vis-à-vis de ceux contre qui les actions du créancier lui ont été cédées.

On peut faire sur cette cession d'actions plusieurs ques-tions. 1° Qui sont ceux qui, en payant une dette, ont droit de se faire céder les actions du créancier contre les autres débiteurs qui en sont tenus? 2° Le créancier est-il tellement obligé à cette cession d'actions, qu'il soit non recevable à éxiger sa créance en tout ou en partie, de ceux à qui il étoit obligé de les céder, lorsqu'il s'est mis par son fait hors d'état de les leur pouvoir céder? 3 Cette cession d'actions a-t-elle lieu de plein droit, ou si elle doit être requise? Et quand peut-elle l'être? 4° Quels sont les effets de cette cession d'actions?

Sur la première question, on doit tenir pour principe, que tous ceux qui sont tenus d'une dette pour d'autres, ou avec d'autres par lesquels ils en doivent être acquittés, soit pour le tout, soit pour partie, ont droit, en payant cette dette, de se faire céder les actions du créancier contre les autres débiteurs qui en sont tenus.

C'est sur ce principe que Julien décide que le fidéjusseur doit, en payant, obtenir la cession des actions du créancier, tant contre le débiteur principal que contre tous les autres qui sont tenus de cette dette : *Fidejussoribus succurri solet, ut stipulator compellatur ei qui solidum solvere paratus est vendere cæterorum nomina* ; l. 17, ff. *fidejus.*

Par la même raison, le créancier ne peut refuser à un débiteur solidaire, de qui il exige le total de la dette, la cession de ses actions contre les autres débiteurs; l. 47, ff. *locat.*

Cette obligation du créancier de céder ses actions, est fondée sur cette règle d'équité, qu'étant obligés d'aimer tous les hommes, nous sommes obligés de leur accorder toutes les choses qu'ils ont intérêt d'avoir, lorsque nous pouvons les leur accorder sans qu'il nous en coûte rien.

Un débiteur solidaire ayant donc un juste intérêt d'avoir les actions du créancier contre ses codébiteurs solidaires, pour leur faire porter leur part d'une dette dont ils sont tenus aussi bien que lui, le créancier ne peut les lui refuser. Par la même raison, il ne les peut refuser à une caution, et généralement à tous ceux qui étant tenus de la dette, ont intérêt de s'en faire acquitter en tout ou en partie par ceux pour qui ou avec qui ils sont débiteurs.

Mais lorsqu'un étranger paye une dette dont il n'étoit pas tenu, et sans qu'il eût aucun intérêt de l'acquitter, le créancier n'est pas obligé, si bon ne lui semble, de lui céder ses actions; l. 5, *Cod. de solut.*; car il n'en avoit pas besoin, puisque rien ne l'obligeoit à payer.

Ceci souffre une exception à l'égard des lettres de change. Lorsqu'un étranger, pour faire honneur, soit au tireur, soit à quelqu'un des endosseurs, soit à l'accepteur, acquitte une lettre de change dont il n'est pas débiteur, non seulement la cession des actions du créancier de la lettre de change ne peut lui être refusée, il y est même subrogé de plein droit par l'ordonnance de 1673, comme on le verra en notre Traité des Lettres de Change; ce que la faveur du commerce a fait établir.

557. Sur la seconde question, qui est de savoir si le créancier doit être exclus de sa demande, *per exceptionem cedendarum actionum*, contre un des débiteurs, lorsque par son fait il s'est mis hors d'état de pouvoir lui céder ses actions contre les autres débiteurs; cela ne souffre pas de difficulté à l'égard des *mandatores pecuniæ credendæ*. Papinien le décide en termes formels en la loi 95, §. 11, ff. *de solut. Si creditor à debitore culpâ suâ causâ ceciderit, propè est ut actione mandati nihil à mandatore consequi debeat; cùm ipsius vitio acciderit, ne mandatori possit actionibus cedere.*

La raison en est évidente : c'est un principe commun à tous les contrats synallagmatiques, que lorsque nous avons contracté des obligations réciproques, je ne suis pas recevable à vous demander l'exécution de la vôtre, lorsque par ma faute je manque à la mienne. Suivant ce principe, lorsque par mon ordre vous avez prêté une certaine somme d'argent à Pierre, et que par votre faute vous vous êtes laissé déchoir de l'action que vous aviez requise par ce prêt, et que vous ne pouvez plus par conséquent me céder, vous ne devez pas être recevable à me demander cette somme, au remboursement de laquelle je me suis obligé par le contrat de mandat intervenu entre nous ; puisque de votre côté vous vous êtes mis par votre faute hors d'état de pouvoir remplir l'obligation que vous aviez par ce contrat contractée envers moi, de me céder l'action que vous avez acquise par le prêt que vous avez fait à Pierre, en exécution de mon mandat. *Voyez* supra, *n.* 445.

Doit-on décider la même chose à l'égard des fidéjusseurs ? Un fidéjusseur à qui le créancier demande le paiement d'une dette pour laquelle il s'est rendu caution, peut-il faire déclarer ce créancier non recevable dans sa demande, pour ce que ce fidéjusseur auroit pu répéter par la cession des actions du créancier, lorsque ce créancier s'est mis par son fait hors d'état de les lui céder ? La raison de douter est que je ne vois aucun texte de loi qui le décide formellement à l'égard des fidéjusseurs. La loi 95, §. 11, ci-dessus citée, qui donne cette fin de non recevoir aux *mandatores pecuniæ credendæ*, ne me paroît pas décisive pour les fidéjusseurs ; car il n'y a pas même raison. Celui qui a prêté une somme d'argent à Pierre par l'ordre de quelqu'un, a, par le contrat de mandat que l'ordre qu'il a exécuté renferme, contracté une obligation formelle envers le *mandator pecuniæ credendæ*, de lui céder et de lui conserver l'action qu'il acquerroit par le prêt qu'il feroit à Pierre en exécution du mandat. On ne peut pas dire de même à l'égard d'un fidéjusseur, que le créancier ait contracté envers lui l'obligation de lui conserver et de lui céder ses actions ; le cautionnement est un contrat unilatéral par lequel il n'y a que la caution qui s'oblige. Si le créancier est obligé de céder ses actions au fidéjusseur lors du paiement qu'il lui fait, ce n'est que la seule équité qui l'y oblige, parcequ'il n'a aucun intérêt de les refuser ; mais il ne doit être obligé de les céder qu'autant qu'il les a, et telles qu'il les a ; et on ne doit pas lui imputer s'il ne les a pas conservées, et s'il s'est mis hors d'état de les pouvoir céder. Ajoutez une autre différence que Cujas observe *ad L.* 21, ff. *de pact.* Celui par l'ordre de qui j'ai prêté une somme à Pierre, n'ayant aucune action contre Pierre, a besoin absolument que je lui cède mes actions contre Pierre; mais un fidéjusseur ayant de son chef une action contre le débiteur principal qu'il a cautionné, n'a pas absolument besoin de la cession de l'action du créancier contre le débiteur principal, quoique la cession des hypothèques puisse lui être utile : *Nec usquàm legitur*, dit Cujas, *cogi creditorem fidejussori cedere actionibus sortis.*

Non seulement il n'y a pas de texte de droit qui décide que le fidéjusseur puisse exclure le créancier de sa demande pour le tout ou pour partie, lorsqu'il s'est mis par son fait hors d'état de pouvoir céder ses actions, soit contre le débiteur principal, soit contre quelqu'un des autres fidéjusseurs; il y en a qui paroissent supposer le contraire. Telle est la loi 22, ff. *de pactis*, où il est dit qu'un créancier peut avoir convention avec le débiteur principal, de ne point lui demander le paiement de la dette, et de se réserver néanmoins de pouvoir le demander à la caution. Dans cette espèce, le créancier peut demander à la caution le paiement de la dette, quoiqu'il se soit mis hors d'état de pouvoir lui céder son action contre le débiteur principal, qui est devenue inefficace par la convention que le créancier a eue avec ce débiteur, qui a acquis à ce débiteur l'exception *pacti*. Là loi 15, §. 1, ff. *de fidej.* paroît aussi décider que le créancier qui, par son fait, s'étoit mis hors d'état de pouvoir céder à l'un des fidéjusseurs ses actions contre l'autre, n'étoit pas pour cela exclus aucunement de sa demande. *Si ex duobus qui apud te fidejusserant in viginti, alter,* NE AB EO PETERES, *quinque tibi dederit vel promiserit; nec alter liberabitur, et si ab altero quindecim petere institueris, nullâ exceptione summoveris.* Néanmoins le créancier s'étoit mis hors d'état de pouvoir faire à celui de qui il exigeoit les quinze écus qui lui restoient dus, la cession de ses actions contre l'autre, par laquelle il auroit eu recours pour cinq écus. Nonobstant ces raisons, il faut décider que lorsque le créancier s'est mis par son fait hors d'état de pouvoir céder au fidéjusseur ses actions, soit contre le débiteur principal, soit contre les autres fidéjusseurs, soit parcequ'il les a déchargés, soit parcequ'il a par sa faute laissé donner congé de sa demande contre eux, le fidéjusseur peut, *per exceptionem cedendarum actionum*, faire déclarer le créancier non recevable en sa demande, pour ce qu'auroit pu procurer au fidéjusseur la cession des actions que le créancier s'est mis hors d'état de pouvoir lui céder.

Cela ne souffre pas de difficulté à l'égard de l'action contre le débiteur principal : car, comme nous l'avons observé *suprà, n.* 371, étant de l'essence de la caution de ne pouvoir être obligée à plus que le débiteur principal, la décharge que le créancier accorde au débiteur principal décharge pareillement la caution ; et toutes les exceptions *in rem*, et prescriptions qu'acquiert le débiteur principal, sont acquises à la caution. Nous avons répondu *suprà*, n. 381, à la loi 22, *de pactis*.

Lorsque le créancier s'est mis hors d'état de pouvoir céder aux autres fidéjusseurs l'action qu'il avoit contre l'un d'eux, en déchargeant ce fidéjusseur, ou en laissant donner congé de sa demande contre lui, on doit pareillement décider que le créancier doit être, *per exceptionem cedendarum actionum*, exclus de sa demande contre les autres fidéjusseurs, non pour le total, mais pour la part pour laquelle ils auroient eu recours contre le fidéjusseur déchargé, si le créancier ne s'étoit pas mis hors d'état de leur céder son action contre lui. Par exemple, s'ils étoient quatre fidéjusseurs tous solvables, le créancier ne peut demander sa dette aux trois autres que sous la déduction du quart pour lequel ils auroient eu recours contre celui qui a été déchargé ; et si entre les trois autres il y en avoit un d'insolvable, le créancier doit faire déduction aux deux solvables, non seulement du quart pour lequel celui qui a été déchargé étoit tenu de son chef, mais encore du tiers que ce fidéjusseur eût dû porter dans la portion de l'insolvable.

La raison de cette décision est, que lorsque plusieurs

personnes se rendent ensemble cautions pour un débiteur principal, elles comptent sur le recours qu'elles auront les unes contre les autres : ce n'est que dans cette confiance qu'elles contractent leur engagement, qu'elles n'auroient pas contracté sans cela ; il n'est donc pas juste que le créancier les en prive par son fait.

Observez que si le fidéjusseur déchargé par le créancier ne s'étoit rendu caution que depuis le cautionnement des autres, ceux-ci n'auroient pas l'exception *cedendarum actionum* contre le créancier : car en contractant leur cautionnement, ils n'ont pas dû compter sur un recours contre celui qui a été déchargé, puisqu'il ne s'étoit pas encore rendu caution : c'est à ce cas qu'il faut restreindre la décision de la loi 15, §. 1, ci-dessus citée.

Il faut dire à l'égard des débiteurs solidaires ce que nous avons dit à l'égard des fidéjusseurs. Lorsque plusieurs personnes contractent une obligation solidaire, elles ne s'obligent chacune au total, que dans la confiance qu'elles pourront avoir recours contre les autres, en payant le total. C'est pourquoi, lorsque le créancier, par son fait, les a privés de ce recours, en se mettant par son fait hors d'état de pouvoir céder ses actions contre l'un d'eux qu'il a déchargé, il ne doit plus être recevable à agir solidairement contre les autres, si ce n'est sous la déduction des portions pour lesquelles ils auroient eu recours contre celui qu'il a déchargé. *Voyez suprà, n.* 275.

Lorsque le créancier a laissé perdre quelque droit d'hypothéque sur des biens de quelqu'un de ses débiteurs, soit en manquant de s'opposer aux décrets qui en ont été faits, soit en manquant d'interrompre les tiers acquéreurs, qui ayant acquis sans la charge de l'hypothèque, en ont acquis la libération par la possession de dix ou vingt ans, les codébiteurs solidaires et les fidéjusseurs peuvent-ils opposer à ce créancier l'exception *cedendarum actionum*, sur le fondement qu'il s'est mis hors d'état de leur céder l'action hypothécaire qui résultoit de cette hypothèque qu'il a laissé perdre, et sur laquelle action ils comptoient pour la sûreté du recours qu'ils avoient à exercer, en payant le total, contre le débiteur à qui appartenoient les biens dont le créancier a laissé perdre l'hypothéque? Je ne crois pas qu'ils y soient fondés. L'exception *cedendarum actionum* ne me paroît devoir lui être opposée que lorsque c'est ou par un fait positif de sa part qu'il s'est mis hors d'état de céder ses actions contre l'un des débiteurs, en déchargeant sa personne ou son bien; ou lorsqu'en laissant donner congé de la demande qu'il avoit donnée contre ce débiteur, il s'est rendu suspect de collusion. Mais une simple négligence de sa part, de n'avoir pas interrompu les acquéreurs, ou de ne s'être pas opposé aux décrets, ne doit pas lui être imputée; 1° parceque n'étant obligé à la cession de ses actions que par une pure raison d'équité, n'ayant contracté à cet égard envers les autres débiteurs et fidéjusseurs aucune obligation précise de les leur conserver, il suffit qu'il apporte à cet égard de la bonne foi, c'est-à-dire, qu'il ne fasse rien de contraire à cette obligation; et il ne doit pas être tenu à cet égard d'une pure négligence. 2° Les autres débiteurs et fidéjusseurs ont pu, aussi bien que lui, veiller à la conservation du droit d'hypothéque qui s'est perdu : ils pouvoient le sommer d'interrompre à leurs risques les tiers acquéreurs, ou de s'opposer aux décrets. Ce n'est que dans ce cas où ils auroient mis le créancier en demeure, qu'ils peuvent se plaindre qu'il a laissé perdre ses hypothéques : mais lorsqu'ils n'ont pas plus veillé que lui, ils ne sont pas recevables à lui opposer une négligence qui leur est commune avec lui.

558. La troisième question, si la cession des actions du créancier se fait de plein droit, a déja été agitée *suprà,* *n.* 280, à l'égard des débiteurs solidaires. Nous y avons établi, contre l'avis de Dumoulin, qu'elle n'avoit pas lieu de plein droit, et qu'elle devoit être requise; mais que lorsqu'elle l'avoit été, il n'étoit pas nécessaire dans notre pratique françoise de poursuivre en ce cas le créancier qui étoit refusant, et que la loi suppléoit au refus du

créancier, et transféroit ses actions à celui qui en avoit requis la cession. Tout ce que nous avons dit à l'égard des débiteurs solidaires, a pareillement lieu à l'égard des fidé-jusseurs.

Cette cession doit être faite ou requise dans le temps même du paiement; sans cela, le paiement ayant éteint la créance et les actions du créancier, on ne peut plus faire la cession d'actions qui n'existent plus.

Il n'y a que les *mandatores pecuniæ credendæ* qui, par une raison particulière, peuvent *ex intervallo* se faire céder les actions du créancier. Voyez cette raison *suprà*, n. 446.

Observez qu'il y a certains cas dans lesquels la loi transfère les droits et actions du créancier à la personne qui a payé la dette, quoiqu'elle n'ait pas requis cette cession. Ces cas sont, 1° lorsque quelqu'un, pour empêcher le protêt et faire honneur, a de son bon gré acquitté une lettre ou billet de change : il est alors subrogé de plein droit à tous les droits et actions du créancier de la lettre ou billet de change, comme nous l'avons vu *suprà*, n. 556 *in fine*.

2° Lorsque pendant la communauté de biens entre deux conjoints par mariage, une rente, qui n'étoit due que par l'un d'eux, a été rachetée des deniers de la communauté, l'autre conjoint ou ses héritiers sont, pour leur part en la communauté, subrogés de plein droit à toutes les actions du créancier contre celui des conjoints qui étoit le débiteur de la rente ou contre ses héritiers; *Paris*, 244, 245.

Voyez ce que nous en avons dit *en notre Introduction au titre* 10 *de la Coutume d'Orléans, chap.* 6, §. 4.

3° Lorsqu'un créancier hypothécaire, pour fortifier son droit d'hypothèque, paye à un autre créancier hypothécaire ce qui lui est dû par le débiteur commun, ce créancier n'a pas besoin de requérir la subrogation : il est subrogé de plein droit à la créance qu'il a acquittée, et aux hypothèques et droits qui en dépendent; l. 4, *Cod. de his qui in prior*. Il est évident qu'il ne payoit que pour avoir cette subrogation. *Voyez notre Introduction au titre* 20 *de la Coutume d'Orléans*, *n.* 71.

A l'égard du tiers détenteur d'un héritage, qui, pour en éviter le délais, a payé la dette à laquelle son héritage étoit hypothéqué; si, en payant, il a manqué de requérir la subrogation aux droits du créancier, il ne sera pas à la vérité subrogé à tous les droits du créancier; mais il pourra au moins, selon nos usages, les exercer sur cet héritage dont il est détenteur, contre tous les autres créanciers postérieurs à celui qu'il a payé. Car en libérant l'héritage de cette hypothéque, *meliorem fecit in eo fundo cæterorum creditorum pignoris causam;* ce qui lui donne contre eux *exceptionem doli,* pour retenir ce qu'il a payé, et pour libérer cette hypothéque : la bonne foi ne permet pas qu'ils profitent à ses dépens de cette libération : *Dolo faciunt, si velint cum ejus damno locupletari.* Ce cas est semblable à celui auquel le détenteur d'un héritage sujet à des hypothéques, y a fait des améliorations. *Voyez notre Introduction, ibid. n.* 72.

La cession d'actions, ou du moins la réquisition de cette cession est nécessaire pour être subrogé aux créances hypothécaires, sauf dans les cas que nous venons de rapporter. Mais à l'égard des créances auxquelles il y a un privilége personnel attaché, telles que celles des frais funéraires, des frais de la dernière maladie, des loyers de maison et des arrérages de rentes foncières, du fisc, etc., il n'est pas nécessaire d'en requérir la subrogation : le privilége attaché à ces créances passe de plein droit à ceux qui les ont acquittées, et ils l'exercent de la manière que l'eût exercé le créancier privilégié qu'ils ont payé de leurs deniers : *Eorum ratio prior est creditorum quorum pecunia ad creditores privilegiarios pervenit;* l. 24, §. 3, ff. *de reb. auth. Jud. poss. alias;* l. 9, §. 3, ff. *de privil. cred.*

559. Sur la quatrième question, quel est l'effet de la cession des actions, il faut voir la loi 36, ff. *de fidej.* Elle nous apprend que le paiement qui est fait par quelqu'un

à un créancier, avec subrogation à ses droits et actions, est réputé n'être pas tant un paiement qu'une vente, que ce créancier est réputé faire de sa créance et de tous les droits qui en dépendent, à celui de qui il reçoit l'argent : *Non in solutum accepit, sed quodammodò nomen debitoris vendidit*, d. l. C'est pourquoi la créance ainsi acquittée est, en faveur de celui qui est subrogé, réputée subsister encore avec tous les droits qui en dépendent : il peut les exercer comme auroit pu faire le créancier, duquel il est censé être le procureur *in rem suam*.

Cette subrogation ne se fait pour le total que lorsque celui qui paye doit avoir recours pour le total; comme lorsque celui qui paye est un fidéjusseur qui a recours pour le total contre le débiteur principal.

Mais lorsque celui qui paye ne doit avoir recours que pour partie, et qu'il est débiteur sans recours et pour lui-même du surplus, la subrogation n'aura lieu que pour les portions pour lesquelles il peut avoir recours, et le paiement sera pour la portion dont il est débiteur sans recours, et pour lui-même, un paiement pur et absolu, qui aura entièrement éteint la dette pour cette partie.

Par exemple, supposons qu'il y ait quatre débiteurs solidaires d'une dette; si l'un d'eux, qui est débiteur pour le total envers le créancier, et débiteur pour un quart vis-à-vis de ses codébiteurs, paye cette dette en entier avec subrogation, la subrogation ne peut avoir lieu que pour les trois quarts, pour lesquels il doit avoir recours contre ses codébiteurs; mais pour le quart dont il étoit débiteur sans retour, le paiement fait par ce débiteur est un paiement pur et absolu, qui éteint la dette pour cette partie.

560. C'est une grande question, si ce débiteur peut exercer solidairement contre chacun de ses codébiteurs les actions du créancier auxquelles il est subrogé pour les trois quarts : nous l'avons traitée avec étendue *suprà*, n.°281. On peut faire la même question à l'égard d'un fidéjusseur subrogé aux actions du créancier contre ses cofi-

déjusseurs, et on la doit décider de même; les mêmes raisons se rencontrent.

Il nous reste à observer que ce n'est que par une fiction de droit, établie en faveur de celui qui a payé avec subrogation, que la créance est réputée subsister. Dans la vérité elle est payée et éteinte : car la véritable intention des parties a été de faire un paiement, et non un transport. C'est pourquoi, lorsque quelqu'un, en remboursant une rente dont il étoit débiteur solidaire ou caution, s'est fait subroger aux droits du créancier de cette rente, il n'est pas sujet aux hypothèques que les créanciers du créancier propriétaire de cette rente avoient sur cette rente, comme le seroit un véritable cessionnaire, à qui le créancier en auroit fait un transport; le remboursement qu'il en a fait, quoique avec subrogation, étant un véritable paiement, a éteint la rente, et par conséquent les hypothèques, qui s'éteignent *rei obligatæ interitu*. La subrogation aux actions du créancier n'étant qu'une fiction établie en faveur de celui qui a payé, ne peut lui être opposée, suivant la maxime, *quod in favorem alicujus introductum est, non debet contrà ipsum retorqueri*.

§. III. De l'effet des paiements partiels.

561. Régulièrement le paiement d'une partie de ce qui est dû éteint la dette pour cette partie. Par exemple, si vous me devez dix écus, et que vous m'en payiez cinq, la dette est éteinte pour moitié; l. 9, §. 1, ff. *de solut*.

562. Cette règle reçoit trois exceptions. La première, à l'égard des obligations alternatives, qui ne sont acquittées en aucune partie par le paiement qui est fait d'une partie de l'une des deux choses dues sous une alternative, jusqu'à ce que l'autre partie de cette même chose soit payée. Par exemple, si un paysan a promis à sa fille en mariage une telle vache, ou vingt écus, et qu'il paye à son gendre dix écus, il n'acquitte par ce paiement aucune partie de son obligation, tant que la vache vivra, jusqu'à ce qu'il ait payé les dix écus restants. Le paiement qu'il a

fait est jusqu'à ce temps en suspens; et c'est celui des dix écus restants qui le validera, et acquittera totalement la dette. S'il jugeoit à propos de payer la vache, le paiement des dix premiers écus qu'il auroit fait, seroit nul, et il pourroit répéter cette somme, comme payée et non due; l. 26, §. 13, ff. *de cond. ind.*

Si après avoir payé les premiers dix écus, la vache vient à mourir, en ce cas la vache ne pourra plus être payée, et l'obligation devenant déterminée à la somme de vingt écus promise, le paiement des premiers dix écus deviendra valable, et la dette en sera éteinte pour moitié.

563. La seconde exception est à l'égard des obligations d'un corps indéterminé, *obligationes generis :* il faut dire, à cet égard, les mêmes choses que nous avons dites à l'égard des obligations alternatives. Par exemple, si un paysan a promis à sa fille en mariage un cheval indéterminément, et qu'en acquit de cette obligation il lui donne la part qu'il a dans un certain cheval qui lui est commun avec son voisin, il n'est quitte en aucune partie de son obligation, jusqu'à ce qu'il ait pu racheter la part que son voisin a dans ce cheval, et qu'il l'ait cédée à son gendre : jusque-là, nonobstant le paiement qu'il a fait de la part qu'il avoit dans ce cheval, son gendre peut lui demander un cheval en entier, aux offres néanmoins de lui rendre celui qu'il lui a donné pour partie; l. 9, §. 1, ff. *de solut.*

Ces décisions ont lieu, soit que l'obligation alternative, ou d'une chose indéterminée, ait été contractée par un seul ou par plusieurs débiteurs, soit qu'elle l'ait été envers un seul ou plusieurs créanciers; l. 34, §. 1, ff. *de solut.;* d. l. 26, §. 14, ff. *de cond. indeb.*

564. La troisième exception est, lorsqu'un débiteur a donné un ou plusieurs corps certains en paiement d'une somme qu'il devoit : si ce paiement se trouvoit n'être pas valable pour une partie, par l'éviction que souffriroit le créancier, d'une partie des choses qu'il a reçues en paiement, il n'auroit éteint la dette pour aucune partie; et le créancier pourroit, en offrant de lui rendre ce qui lui

reste des choses qui lui ont été données en paiement, exiger la dette entière; parcequ'il n'auroit pas reçu ces choses en paiement, s'il n'eût cru retenir le tout; l. 46, *pr.* et §. 1, ff. *de solut.*

ARTICLE VII.

Règles sur les imputations.

PREMIÈRE RÈGLE.

565. Le débiteur, lorsqu'il paye, a le pouvoir de] déclarer sur quelle dette il entend imputer la somme qu'il paye : *Quoties quis debitor ex pluribus causis, unum solvit debitum, est in arbitrio solventis, dicere quod potiùs debitum voluerit solutum;* l. 1, ff. *de solut.*

La raison qu'en porte Ulpien est évidente : *Possumus enim certam legem dicere ei quod solvimus;* d. l.

Suivant notre règle, quoique régulièrement les intérêts doivent se payer avant le capital, néanmoins si le débiteur qui devoit capital et intérêts, en payant une somme d'argent, a déclaré qu'il payoit sur le capital, le créancier qui a bien voulu recevoir, ne peut plus par la suite contester cette imputation : *Respondi si quis dabat, in sortem se dare dixisset, usuris non debere proficere;* l. 102, §. 1, ff. *de solut.*

SECONDE RÈGLE.

566. Lorsque le débiteur, en payant, ne fait point d'imputation, le créancier à qui il est dû pour différentes causes, peut la faire par la quittance qu'il lui donne : *Quoties non dicimus in id quod solutum sit, in arbitrio est accipientis, cui potiùs debito acceptum ferat;* d. l.

Il faut, 1° que cette imputation ait été faite dans l'instant : *Dummodò in re præsenti fiat, in re agendâ, ut vel creditori liberum sit non accipere, vel debitori non dare, si alio nomine solutum quis eorum velit; posteà non permittitur;* l. 2, l. 3, ff. *hoc tit.*

Il faut, 2° que l'imputation que fait le créancier, soit équitable : *In arbitrio est accipientis, cui potiùs debito acceptum ferat; dummodò,* ajoute la loi, *in id constituat so-*

*lutum, in quod ipse, si deberet, esset soluturus; id est *; non in id debitum quod est in controversiâ, aut in illud quod pro alio quis fidejusserat, aut cujus dies nondùm venerat; d. l. 1, ff. de solut.*

Bachovius, *ad Treut. t.* 2, *disp.* 29, *th.* 3, *l. C.*, dit que cette limitation doit s'entendre en ce sens, que tant que la chose est encore entière, tant que le débiteur n'a pas encore reçu du créancier la quittance qui renferme l'imputation, il peut s'opposer à ce que le créancier impute le paiement qui lui a été fait, sur celle des dettes que le débiteur a le moins d'intérêt d'acquitter, et en conséquence exiger que le créancier, ou fasse une imputation équitable par sa quittance, ou lui rende son argent. Mais lorsque le débiteur a consenti l'imputation, en recevant la quittance qui la renferme, il ne peut pas, selon Bachovius, contredire cette imputation, quoiqu'elle soit faite sur la dette qu'il avoit le moins d'intérêt d'acquitter; parceque *volenti non fit injuria*, et parceque autrement il ne seroit pas vrai de dire que lorsque l'imputation n'a pas été faite par le débiteur, le choix de l'imputation est référé au créancier. Car, si on suppose que le créancier ne peut faire l'imputation que sur la créance que le débiteur avoit le plus d'intérêt d'acquitter, et par conséquent sur la créance sur laquelle de droit l'imputation se feroit, dans le cas auquel le créancier n'en auroit fait aucune, il s'ensuit que celle que le créancier fait est inutile, et qu'il n'a pas le choix. Tel est le raisonnement de Bachovius.

On peut répondre à ce raisonnement, que pour que la régle qui réfère au créancier le choix de l'imputation, lorsque le débiteur ne la fait pas, soit véritable, il n'est pas nécessaire que le créancier puisse dans tous les cas user de ce choix; il suffit qu'il puisse user de ce choix en certains cas : et il le peut, lorsque les différentes dettes dont le débiteur est tenu sont telles qu'il importe peu au

---

* C'est ici où doit être placée la négation, qui se trouve déplacée dans le texte florentin : cette correction est nécessaire pour le sens du texte.

débiteur que l'une soit acquittée plutôt que l'autre. En ce cas le créancier a le choix de l'imputation, lorsque le débiteur ne la fait pas ; et au lieu que s'il n'y avoit aucune imputation de faite, elle se feroit sur la dette la plus ancienne, ou sur toutes par contribution ; en cas de concurrence de dettes, comme nous le verrons ci-après, l'imputation se fera sur celle sur laquelle le créancier aura choisi de la faire.

Supposons, par exemple, que je sois votre créancier d'une somme de mille livres pour le prix d'un héritage que je vous ai vendu en 1760, par acte devant notaires ; plus, d'une autre somme de mille livres pour le prix d'un autre héritage que je vous ai vendu par acte devant notaires en 1770. Après m'avoir payé les intérêts des deux sommes, vous me payez une somme de mille livres, sans faire d'imputation sur laquelle des deux dettes vous entendez la payer : il vous est indifférent sur laquelle des deux l'imputation se fasse, puisque l'une et l'autre sont hypothécaires, exigibles, et produisent des intérêts ; mais il m'importe fort à moi de faire cette imputation sur la dette de 1770, afin de conserver mon hypothèque de 1760 : car, si je ne faisois pas cette imputation, ce seroit la dette de 1760 qui, comme la plus ancienne, seroit censée payée.

L'autre moyen, opposé par Bachovius, paroît plus plausible, savoir, que le débiteur qui, en acceptant la quittance qui renferme l'imputation, a consenti à cette imputation, n'est pas recevable à la contredire, quelque intérêt qu'il eût qu'elle se fît sur l'autre dette. Cependant je ne crois pas qu'on doive décider indistinctement qu'il n'y soit pas recevable : car, si le débiteur est une personne qui ne sait pas lire, ou une personne simple et rustique, cette imputation glissée dans la quittance ne doit pas lui préjudicier, lorsque la somme payée égaloit ou surpassoit celle des dettes que le débiteur avoit le plus d'intérêt d'acquitter, tellement que le créancier n'auroit pu avoir aucune raison pour se dispenser de faire l'imputation que le débiteur avoit intérêt qui fût faite. Par exemple, je suppose qu'un

paysan doit d'une part à un procureur une somme de 3oo liv.
exigible pour le prix d'un morceau d'héritage qu'il lui a
vendu, et environ une année d'intérêts; et qu'il lui doit
d'autre part cinq ou six cents livres pour salaires. Si ce
paysan porte au procureur une somme de quatre cents livres, et que ce procureur lui donne une quittance de cette
somme, avec mention que c'est à compte des salaires qui
lui sont dus, il est évident que cette imputation qu'il fait
sur ses salaires, est une surprise qu'il fait au débiteur, et
que le débiteur est en droit de demander que nonobstant
ce qui est porté par la quittance, le paiement soit imputé
sur les trois cents livres qu'il devoit pour le prix de l'héritage, et que les intérêts soient déclarés en conséquence
avoir cessé du jour de la quittance. Au contraire, lorsque
le créancier a pu avoir une raison suffisante pour se dispenser de faire l'imputation sur celle des dettes qu'il impor-
toit le plus au débiteur d'acquitter, *putà*, parceque la somme
payée étoit moindre que celle due pour cette cause, et
que le créancier n'étoit pas obligé de recevoir pour partie
le paiement de cette dette; l'imputation faite sur une autre
dette ne peut en ce cas être contredite, parceque en ce
cas le créancier, qui étoit maître de refuser le paiement
qui lui a été fait, ne l'a accepté qu'à la condition de l'imputation qu'il en a faite, et qui a été convenue entre lui et
le débiteur.

Observez que lorsqu'il est porté expressément par la
quittance que la somme est reçue à valoir sur toutes les
différentes créances du créancier, *ex universo credito,* cette
imputation générale n'est censée comprendre que les
créances pour lesquelles le créancier a action, et non les
créances purement naturelles; l. 94, §. *fin. de solut.*

Cette expression me paroît aussi ne devoir comprendre
que les créances dont le terme du paiement est échu.

TROISIÈME RÈGLE.

567. Lorsque l'imputation n'a été faite ni par le débi-

teur ni par le créancier, l'imputation doit se faire sur celle
des différentes dettes que le débiteur avoit pour lors le
plus d'intérêt d'acquitter.

COROLLAIRE PREMIER.

L'imputation doit se faire plutôt sur la dette non contestée que sur celle qui étoit contestée; plutôt sur celle
dont le paiement étoit échu, lorsque le débiteur a payé,
que sur celle dont le terme n'étoit pas encore échu; l. 3,
§. 1, l. 103, ff. *de solut.*

COROLLAIRE II.

Entre plusieurs dettes dont le terme est venu, l'imputation doit se faire plutôt sur la dette pour laquelle le
débiteur étoit contraignable par corps, que sur les dettes
purement civiles.

COROLLAIRE III.

Entre les dettes civiles, l'imputation doit se faire plutôt
sur celles qui produisent intérêt que sur celles qui n'en
produisent point.

COROLLAIRE IV.

L'imputation doit être faite plutôt sur une dette hypothécaire que sur une dette chirographaire; l. 97, ff. *de solut.*

COROLLAIRE V.

L'imputation se fait plutôt sur la dette pour laquelle le
débiteur avoit donné des cautions, que sur celles qu'il
devoit seul; *d.* l. 4, *in fin.*; l. 5, ff. *d. tit.* La raison est,
qu'en l'acquittant il se décharge envers deux créanciers,
envers son créancier principal et envers sa caution, qu'il
est obligé d'indemniser. Or, on a plus d'intérêt de s'acquitter envers deux qu'envers un seul.

COROLLAIRE VI.

L'imputation doit se faire plutôt sur une dette dont

4.

celui qui a payé étoit débiteur principal, que sur celles qu'il devoit comme caution d'autres personnes; *d.* l. 97; l. 4, ff. *dict. tit.*

Tous ces corollaires peuvent recevoir, par les circonstances, des exceptions qui sont laissées à l'arbitrage du juge.

Par exemple, quoique la dette dont le terme est échu prévale, pour l'imputation, sur celle dont le terme n'est pas échu, néanmoins si celle dont le terme n'est pas échu devoit échoir dans peu de jours, et qu'elle emportât contrainte par corps, je pense qu'elle devroit prévaloir, pour l'imputation, à une dette ordinaire, dont le terme étoit échu : car il étoit de l'intérêt du débiteur d'acquitter plutôt une dette pour laquelle il seroit, dans peu de jours, contraignable par corps, quoique le terme de paiement n'en fût pas encore échu, que d'acquitter d'autres dettes ordinaires dont le terme étoit échu.

Pareillement, quoique la dette qui porte la contrainte soit préférable pour l'imputation aux dettes purement civiles, néanmoins si le débiteur étoit un homme à qui sa dignité et ses richesses donnassent lieu de se flatter que son créancier n'useroit pas envers lui de la rigueur de cette contrainte par corps, cette dette, si elle ne portoit pas intérêt, devroit céder, pour l'imputation, à la dette purement civile qui porteroit intérêt.

QUATRIÈME RÈGLE.

568. Lorsque les dettes étoient d'égale nature, et telles que le débiteur n'avoit pas d'intérêt d'acquitter l'une plutôt que l'autre, l'imputation doit se faire sur la plus ancienne : *Si nulla causa prægravet, in antiquiorem;* l. 5, ff. *d tit.*

Observez qu'entre deux dettes contractées le même jour, mais avec différents termes qui sont l'un et l'autre échus, celle dont le terme étoit plus court, et par conséquent échu plus tôt, est réputée à cet égard la plus ancienne; l. 89, §. 2, ff. *hoc tit.*

CINQUIÈME RÈGLE.

569. Si les différentes dettes étoient de même date, et toutes choses d'ailleurs égales, l'imputation se fera proportionnellement sur chacune : *Si par et dierum et contractuum causa sit, ex summis omnibus proportione solutum;* l. 8, ff. *de solut.*

SIXIÈME RÈGLE.

570. Dans les dettes qui sont de nature à produire des intérêts, l'imputation se fait d'abord sur les intérêts avant le capital : *Primò in usuras, id quod solvitur, deindè in sortem, accepto feretur;* l. 1, Cod. *hoc tit.*

Cela a lieu, quand même la quittance porteroit que la somme a été payée à compte *du principal et des intérêts ;* IN SORTEM ET USURAS. La clause s'entend en ce sens, que la somme est reçue à compte du principal, après les intérêts acquittés; l. 5, §. *fin.* ff. *de solut.*

Observez que si la somme payée excède ce qui est dû pour les intérêts, le surplus s'impute sur le principal, quand même l'imputation auroit été faite expressément sur les intérêts, sans parler du principal; l. 102, §. *fin.* ff. *de solut.*

Cette décision doit s'entendre du sort principal exigible. Mais si le débiteur d'une rente constituée avoit, par erreur, payé plus qu'il ne devoit pour les arrérages de cette rente, il auroit la répétition de ce qu'il auroit payé de plus; et il n'en pourroit pas demander l'imputation sur le principal de la rente : car, à proprement parler, le principal d'une rente constituée n'est pas dû; il n'est qu'*in facultate luitionis*, et le créancier n'est pas présumé avoir consenti le rachat de sa rente pour partie.

571. La règle que nous avons établie, que l'imputation doit se faire sur les intérêts avant que de se faire sur le principal, n'a pas lieu à l'égard de ceux qui sont dus par un débiteur pour peine de sa demeure, du jour de la demande en justice. Ces intérêts sont adjugés comme des

dommages et intérêts, et forment une dette distincte du principal ; et ce que le débiteur paye, lorsqu'il n'y a point d'imputation de faite, s'impute sur le principal plutôt que sur les intérêts, suivant le troisième corollaire ci-dessus. Telle est notre jurisprudence. Arrêt du 8 juillet 1649, *au premier tome du Journal des Audiences*; autre arrêt du 15 juillet 1706, *au Journal des Audiences*.

Lorsque le créancier se paye par lui-même du prix d'une chose qui lui étoit hypothéquée, et qu'il a fait vendre, on suit, pour l'imputation, d'autres régles que celles qui ont été ci-dessus établies.

PREMIÈRE RÈGLE.

La première régle est, que l'imputation doit en ce cas se faire sur la dette à laquelle la chose étoit hypothéquée, plutôt que sur celles auxquelles elle ne l'étoit pas, quelque intérêt qu'eût le débiteur de les acquitter plutôt que celle-ci ; l. 101, §. 1, ff. *de solut.*

Nota. Lorsque la dette à laquelle la chose étoit hypothéquée porte intérêt, le créancier peut faire l'imputation sur les intérêts avant de la faire sur le capital ; l. 48, *dict. tit.*

SECONDE RÈGLE.

Lorsque la chose étoit obligée à différentes dettes, l'imputation se fait sur celle dont le droit d'hypothéque étoit le plus fort. Par exemple, si l'une des dettes a une hypothéque privilégiée, et que les autres n'aient qu'une hypothéque simple, l'imputation se fera d'abord sur la dette dont l'hypothéque étoit privilégiée. Entre des hypothéques simples, l'imputation se fera sur la dette dont l'hypothéque étoit la plus ancienne. Si les droits d'hypothéque étoient égaux, l'imputation doit se faire sur toutes par contribution, *pro modo debiti*; l. 96, §. 3, ff. *dict. tit.*

ARTICLE VIII.

De la consignation, et des offres de paiement.

572. La consignation est un dépôt que le débiteur fait par autorité de justice, de la chose ou de la somme qu'il doit, entre les mains d'une tierce personne.

573. La consignation n'est pas proprement un paiement : car le paiement renferme essentiellement la translation de la propriété de la chose qui est payée, en la personne du créancier; *suprà*, n. 540. Or il est évident que la consignation ne transfère pas la propriété de la chose consignée en la personne du créancier, le créancier ne pouvant l'acquérir qu'en recevant volontairement la chose qui lui est offerte : *Dominium non acquiritur, nisi corpore et animo*. Mais quoique la consignation qui se fait sur le refus du créancier de recevoir la chose ou la somme à lui due qui lui est offerte, ne soit pas un véritable paiement, néanmoins, lorsqu'elle est faite valablement, elle équipolle à un paiement, et elle éteint la dette, de même que l'éteindroit le paiement réel qui seroit fait au créancier : *Obsignatione totius debitæ pecuniæ solemniter factâ, liberationem contingere manifestum est;* l. 9, *Cod. de solut.*

574. Pour que cette consignation soit valable et équipolle à paiement, il faut qu'il n'ait pas tenu au débiteur de payer au créancier, et que le créancier ait été mis en demeure de recevoir par des offres valables qui lui aient été faites.

Pour que les offres soient valables, il faut, 1° qu'elles soient faites au créancier, s'il est capable de recevoir; sinon à celui qui a qualité pour recevoir à sa place, tel qu'est son tuteur, son curateur, etc.

S'il y avoit une personne indiquée par le contrat, à qui le paiement pût se faire, les offres pourroient se faire à cette personne : car le débiteur ayant droit, par la loi de la convention, de payer à cette personne, c'est une suite de ce droit qu'il ne soit pas obligé d'aller chercher le créancier.

Il faut, 2° qu'elles soient faites par une personne capable de payer : car celui qui n'est pas capable de payer n'est pas capable d'offrir.

575. Il faut, 3° que les offres soient de la somme entière, à moins que les lois de la convention n'accordent la faculté au débiteur de payer par parties : autrement les offres n'ont pu mettre en demeure le créancier, qui n'étoit pas obligé de recevoir sa dette par parties.

576. Il faut, 4° lorsque la dette a été contractée sous une condition, que cette condition soit arrivée ; et s'il y a un terme de paiement stipulé en faveur du créancier, que ce terme soit échu : car tant que le créancier ne peut être obligé de recevoir, les offres qui lui sont faites ne peuvent le mettre en demeure.

577. Il faut, 5° que ces offres soient faites au lieu où doit se faire le paiement : *Ità demùm oblatio debiti liberationem parit, si eo loco quo debetur, solutio fuerit celebrata;* l. 9, *Cod. solut.*

C'est pourquoi, si la somme due est payable au créancier en sa maison, les offres ne peuvent lui être valablement faites qu'en sa maison. Si la somme est payable en un autre lieu, la sommation peut lui être faite au domicile par lui élu en ce lieu pour recevoir : et s'il n'en a point élu, il faudra l'assigner à sa personne ou à son domicile, devant son juge, pour faire ordonner qu'il sera tenu d'élire un domicile où le débiteur puisse faire son paiement, sinon qu'il sera permis au débiteur de consigner.

Si la chose due est un corps certain qui doit être livré au lieu où il se trouve, il faudra faire sommation au créancier, à personne ou domicile, de l'enlever ; et sur cette sommation, qui tient lieu d'offre de paiement, le débiteur pourra obtenir du juge la permission de mettre cette chose en dépôt dans quelque lieu, s'il a besoin des cénacles que cette chose occupe.

578. Enfin il doit être dressé un acte des offres et de la

sommation faite en conséquence au créancier de recevoir.

Cet acte de sommation doit se faire par un huissier ou sergent, et être revêtu des formalités des autres exploits : il est d'usage qu'il soit recordé de témoins pour attester les offres.

Cette sommation contient aussi assignation devant le juge, sans délai, pour faire ordonner de la consignation : la sentence qui ordonne de la consignation se signifie au créancier, avec assignation pour être présent à la consignation chez un tel, à tel jour, à telle heure.

Il n'est pas néanmoins nécessaire, pour la validité de la consignation, qu'elle ait été précédée de l'ordonnance du juge. Quoique le débiteur, par sa sommation, n'ait pas donné d'assignation devant le juge au créancier, et qu'il ait déclaré simplement au créancier que sur son refus il alloit consigner en tel lieu, à tel jour, à telle heure, la consignation faite en conséquence, dûment signifiée au créancier, est valable, et le jugement qui intervient par la suite, et qui la confirme, a un effet rétroactif au temps où elle a été faite ; *arrêt du 11 août 1703, au Journal des Audiences.*

579. Cette consignation doit se faire au jour et à l'heure indiqués : elle doit, pour être valable, être de la somme due, à moins qu'il n'y eût faculté, par la convention, de payer par parties.

On dresse un acte de consignation, qui contient le bordereau des espèces dans lesquelles elle a été faite ; et on le signifie au créancier.

580. L'effet de la consignation est que, si elle est jugée valable, le débiteur est censé avoir été pleinement libéré par la consignation : et quoique, *subtilitate juris*, il demeure propriétaire des espèces consignées, jusqu'à ce qu'elles aient été retirées par le créancier, ces espèces cessent d'être à ses risques, et elles deviennent aux risques du créancier, qui, de créancier qu'il étoit d'une somme, devient créancier desdites espèces, *tanquàm certorum corporum ;* et il est créancier, non plus de son débi-

teur, qui a été pleinement libéré par la consignation; mais il est créancier du consignataire, qui, par la consignation, s'oblige, *tanquàm ex quasi contractu*, à restituer lesdites espèces au créancier, si la consignation est jugée valable, ou au débiteur qui les a consignées, si la consignation est déclarée nulle.

De là il suit que l'augmentation ou diminution qui surviendroit dans les espèces doit être au profit ou à la perte du créancier, si la consignation est jugée valable; car lorsque la chose due est un corps certain, elle est aux risques du créancier. Si la consignation n'est pas jugée valable, le débiteur retirera les espèces telles qu'elles se trouveront.

En cas d'une augmentation survenue sur les espèces depuis la consignation, le débiteur n'est pas recevable, pour profiter de cette augmentation, à vouloir retirer les espèces consignées, et à soutenir la consignation nulle : car nul n'est recevable à arguer sa propre procédure. Les formes auxquelles le débiteur auroit manqué, étant établies en faveur du créancier, il n'y a que le créancier qui ait droit de se plaindre, si elles n'ont pas été observées.

Il reste une question : c'est de savoir si la consignation ayant été régulièrement faite, et le débiteur ayant retiré volontairement les espèces par lui consignées, cette consignation doit être regardée comme non avenue vis-à-vis des cautions et des coobligés de ce débiteur, et si en conséquence les cautions et les coobligés demeurent obligés. Pour la négative, on peut dire que la consignation ayant été faite régulièrement, a éteint la dette, et libéré tous ceux qui en étoient tenus ; que ces cautions et ces coobligés ayant été libérés, il ne peut être au pouvoir du débiteur de faire, en retirant les espèces consignées, revivre leur obligation qui a été éteinte. On tire argument de la loi *fin. ff. de pact.*, qui décide que lorsque le débiteur a acquis à lui et à ses cautions, par le pacte de *non petendo*, intervenu entre le créancier et lui, une exception contre l'action du créancier, il ne peut plus, en renonçant à ce pacte, par une convention contraire, priver ses cautions de l'exception qui leur a été acquise : à plus forte raison, dit-on, il ne doit pas être en son pouvoir de faire revivre l'obligation de ses cautions, après qu'elles ont été libérées de plein droit par la consignation. On ajoute que de même qu'après un paiement réel qui éteint la dette, la restitution volontaire que le créancier feroit à son débiteur des espèces qu'il lui a payées ne feroit pas revivre la dette, de même après la consignation, qui tient lieu de paiement, et qui a la même vertu d'éteindre la dette, la restitution des espèces consignées, faite au débiteur, ne peut pas faire revivre la dette. Nonobstant ces raisons, il a été jugé par un arrêt de 1624, rapporté par Basset, IV, 21, 2, que la consignation devoit être en ce cas réputée comme non avenue, et que les cautions demeuroient obligées. Basset donne pour raison de cette décision, que la consignation qui éteint la dette n'est pas une consignation momentanée, mais une consignation *quæ in suo statu permanserit*, et qui n'ait pas été retirée par le débiteur qui l'a faite. Mais ne peut-on pas répliquer que c'est une pétition de principe ? Car il est précisément question de savoir si le débiteur qui a fait une consignation dans les règles, peut la retirer au préjudice de ses cautions. Je penserois qu'on doit distinguer, si la consignation a été retirée par le débiteur avant qu'elle ait été ordonnée ou déclarée valable par le juge, ou si elle n'a été retirée que depuis. Au premier cas, je pense que la consignation doit être regardée comme non avenue, et que les cautions ne sont pas libérées : car la consignation n'étant pas en soi-même un paiement, c'est de l'autorité du juge qu'elle tient la vertu qu'elle a d'équipoller à un paiement, et d'éteindre la dette. La sentence du juge qui déclare valable une consignation a, je l'avoue, un effet rétroactif, et la consignation confirmée par cette sentence est censée avoir éteint la dette dès l'instant qu'elle a été faite ; mais une consignation qui n'a été ni ordonnée ni confirmée par le juge, et que le débiteur a retirée, n'a pu avoir la vertu d'éteindre la dette, ni de libérer par conséquent les cautions ; et elle doit être regardée comme non avenue. Dans le second cas, lorsque le débiteur n'a retiré les deniers par lui consignés qu'après que la consignation a été déclarée valable, je ne pense pas que cela puisse préjudicier aux cautions et aux codébiteurs qui ont été libérés par cette consignation.

CHAPITRE II.

De la novation.

Ce chapitre sera divisé en six articles. Nous verrons dans le premier ce que c'est que la novation, et quelles en sont les différentes espèces; dans le second, nous traiterons des dettes qui doivent servir de matière à la novation; dans le troisième, des personnes qui peuvent faire novation; dans le quatrième, comment se fait la novation; dans le cinquième, de l'effet de la novation; nous parlerons, dans le sixième, de la délégation, qui est une espèce particulière de novation.

ARTICLE PREMIER.

Ce que c'est que la novation, et quelles sont ses différentes espèces.

581. La novation est la substitution d'une nouvelle dette à une ancienne.

L'ancienne est éteinte par la nouvelle qui est contractée en sa place : c'est pourquoi la novation est comptée parmi les manières dont s'éteignent les obligations.

582. La novation peut se faire de trois différentes manières, qui forment trois différentes espèces de novations.

La première est celle qui se fait sans l'intervention d'aucune nouvelle personne, lorsqu'un débiteur contracte un nouvel engagement envers son créancier, à la charge qu'il sera quitte d'un précédent. Cette espèce de novation s'appelle simplement *novation*.

583. La seconde espèce de novation est celle qui se fait par l'intervention d'un nouveau débiteur, lorsque quel-

qu'un se rend à ma place débiteur envers mon créancier, qui l'accepte pour son débiteur, et me décharge en conséquence.

Celui qui se rend ainsi débiteur pour un autre qui est en conséquence déchargé, s'appelle en droit *expromissor*; et cette espèce de novation s'appelle *expromissio*.

Cet *expromissor* est très différent de la caution qu'on appelle en droit *adpromissor*; car celui qui se rend caution pour quelqu'un ne le décharge pas de son obligation, mais il y accède, et se rend débiteur conjointement avec lui.

584. La troisième espèce de novation est celle qui se fait par l'intervention d'un nouveau créancier, lorsqu'un débiteur, pour demeurer quitte envers son ancien créancier, de l'ordre de cet ancien créancier, contracte quelque engagement envers un nouveau créancier.

Il y a une espèce particulière de novation qu'on appelle *délégation*, qui assez souvent renferme une double novation. Nous en traiterons à l'article VI.

Nous ne dirons rien de celle qui résultoit *ex litis contestatione*, les principes du droit romain à cet égard n'étant plus d'usage parmi nous.

ARTICLE II.

Des dettes qui font la matière nécessaire de la novation.

585. Il résulte de la définition que nous avons donnée de la novation, qu'il ne peut y avoir de novation qu'il n'y ait eu deux dettes contractées, dont l'une soit éteinte par l'autre qui lui est substituée.

De là il suit que si la dette dont on veut faire novation par un autre engagement est une dette conditionnelle, novation ne pourra avoir lieu que lorsque la condition existera; l. 8, §. 1, ff. *de novat.*

C'est pourquoi si la condition vient à manquer, il n'y aura point de novation, parcequ'il n'y aura point eu de première dette à laquelle la nouvelle ait pu être substituée.

Pareillement, si la dette conditionnelle dont on a voulu

faire novation par un autre engagement, étoit d'un corps certain, et qu'avant l'existence de la condition la chose fût périe, il n'y aura pas de novation, quand même la condition existeroit; car la condition ne pouvant pas confirmer la dette d'une chose qui n'existe pas, il n'y aura pas encore eu de première dette à laquelle la nouvelle ait pu être substituée.

586. *Vice versâ*, si la première dette ne dépendoit d'aucune condition, mais que le second engagement, par lequel on a voulu faire novation de cette première dette, dépende d'une condition, la novation ne pourra s'accomplir que par l'existence de la condition du nouvel engagement avant l'extinction de la première dette.

. C'est pourquoi il n'y aura pas de novation, non seulement dans le cas auquel cette condition manqueroit, mais même dans le cas auquel, avant l'existence de cette condition, la première dette auroit été éteinte; *putà*, par l'extinction de la chose qui en faisoit l'objet; car l'existence de la condition ne peut opérer la novation d'une dette qui n'est plus; l. 14, ff. *de novat.*

587. Le simple terme de paiement est bien différent de la condition : la dette ne laisse pas d'exister, quoique le terme de paiement ne soit pas encore échu. C'est pourquoi on peut faire novation d'une dette dont le terme de paiement n'est pas encore échu, par un autre engagement pur et simple; ou d'une dette pure et simple, par un autre qui contiendra un terme pour le paiement; et dans l'un et dans l'autre cas, la novation s'accomplira d'abord, sans attendre l'échéance du terme; l. 5; l. 8, §. 1; ff. *de novat.*

588. Il est, à la vérité, de l'essence de la novation qu'il y ait deux dettes contractées; une première, et une seconde qui lui soit substituée : mais il suffit que la première ait précédé la seconde d'un pur instant de raison. La novation de la première dette peut se faire par la seconde, dans le même instant que la première est contractée.

Par exemple, si vous me vendez un héritage pour le prix de dix mille livres; que par le même contrat un tiers s'engage à ma place à vous payer cette somme, et que vous l'acceptiez pour votre seul débiteur, on doit supposer, pendant un instant de raison, une dette que je contracte pour le prix de l'héritage que j'achète, et dont il se fait novation par l'engagement que contracte ce tiers de payer ce prix à ma place. Quoique cette dette que je contracte n'ait subsisté pendant aucun instant réel, il s'en fait novation dans le même instant que je l'ai contractée. Voyez un autre exemple en la loi 8, §. 2, ff. *de novat.*

589. La novation est valable, quelle que soit la première dette à laquelle on en substitue une nouvelle, et quelle que soit celle qu'on lui substitue : *Non interest qualis præcessit obligatio, seu civilis, seu naturalis, qualiscumque sit novari potest; dummodò sequens obligatio, aut civiliter teneat, aut naturaliter; l. 1, §. 1, ff. de novat.*

Il faut néanmoins que ces obligations ne soient pas de celles que la loi réprouve formellement, et déclare nulles; car ce qui est nul ne peut être susceptible d'aucun effet. *Voyez suprà, part. 2, ch. 2.*

ARTICLE III.

Quelles personnes peuvent faire novation.

590. Le consentement que donne le créancier à la novation de la dette, étant quelque chose d'équipollent, quant à l'extinction de la dette, au paiement qui lui en seroit fait, il suit qu'il n'y a que ceux à qui on peut payer valablement qui *puissent* faire novation de la dette.

Donc, par la même raison qu'on ne peut payer valablement à un mineur, à une femme non autorisée de son mari, à un interdit, on doit décider que ces personnes ne peuvent faire novation de ce qui leur est dû; l. 3; l. 20, §. 1, ff. *d. tit.*

591. *Vice versâ*, celui à qui on peut payer une dette peut aussi ordinairement faire novation : *Cui rectè solvitur, is etiam novare potest; l. 10, ff. de novat.*

Il suit de là qu'un créancier solidaire peut faire novation. Ainsi le décide Vénuleïus, l. 31, §. 1, ff. *de novat. et de leg.* dont la décision me paroît devoir être suivie, quoique Paul soit d'un sentiment contraire; l. 27, ff. *de pactis.* Les interprètes ont fait de vains efforts pour les concilier. *Voyez Wissembach, ad tit. de novat.* 10.

592. Pareillement un tuteur, un curateur, un mari, peuvent faire novation; l. 20, §. 1; l. *fin.* §. 1, ff. *d. tit.* Un fondé de procuration générale du créancier le peut aussi. Celui qui n'a qu'un pouvoir particulier pour recevoir des débiteurs ne le peut, parceque son pouvoir étant borné à recevoir, *non debet egredi fines mandati.* Il en est de même de ceux qu'on appelle *adjecti solutionis gratiâ,* dont nous avons parlé au chapitre précédent, art. 2, §. 4 : ils ne peuvent faire novation, l. 10, ff. *de solut.,* quoiqu'on puisse leur payer valablement.

ARTICLE IV.

Comment se fait la novation.

§. I. De la forme de la novation.

593. Par le droit romain, la novation ne se pouvoit faire que par la stipulation. La forme de la stipulation n'est point d'usage dans notre droit; les simples conventions y ont la même force qu'avoit par le droit romain la stipulation : c'est pourquoi la novation se fait par la simple convention.

§. II. De la volonté de faire novation.

590. Il faut pour la novation une volonté de la faire dans la personne du créancier, ou dans celle qui a pouvoir de lui, ou qualité pour faire la novation en sa place.

Par l'ancien droit romain cette volonté de faire novation se présumoit facilement : mais suivant la constitution de Justinien en la loi dernière, *Cod. de novat.,* cette volonté de faire novation doit être expressément déclarée, sans quoi il n'y a pas de novation, et le nouvel engagement qui est contracté, est censé fait plutôt pour confirmer le premier et pour y accéder, que pour l'éteindre.

La raison de cette loi est que personne ne doit facilement être présumé abdiquer les droits qui lui appartiennent. C'est pourquoi la novation renfermant une abdication que le créancier fait de la première créance, à laquelle la seconde est substituée, cette novation ne doit pas facilement se présumer, et les parties doivent s'en expliquer.

Nous ne nous sommes pas néanmoins attachés, dans notre jurisprudence, d'une manière tellement littérale à cette loi, qu'il faille toujours que le créancier déclare en termes précis et formels, qu'il entend faire novation : il suffit que, de quelque manière que ce soit, sa volonté de faire novation paroisse si évidente, qu'elle ne puisse être révoquée en doute. C'est ce qu'établit d'Argentré, sur l'article 273 de l'ancienne coutume de Bretagne.

En voici un exemple. Je suis créancier de Pierre d'une somme de mille livres : il se passe un acte entre Jacques, débiteur de Pierre, et moi, par lequel il est dit que Jacques s'oblige envers moi à me payer la somme de mille livres qui m'est due par Pierre; et il est ajouté que j'ai bien voulu, *pour faire plaisir à Pierre*, me contenter de la présente obligation qui m'est subie par Jacques. On doit décider dans cette espèce qu'il y a novation, et que Pierre est déchargé envers moi, quoiqu'il ne soit pas dit en termes formels et précis, que je décharge Pierre, et que j'accepte l'obligation de Jacques en faisant novation de celle de Pierre : car les termes dont je me suis servi, que je me *contentois* de l'obligation de Jacques, *pour faire plaisir à Pierre*, déclarent suffisamment que j'ai voulu décharger Pierre, et me contenter de Jacques pour débiteur à sa place.

Mais, à moins qu'il ne paroisse évidemment que le créancier a eu intention de faire novation, la novation ne se présume pas. C'est pourquoi si, dans la même espèce, ayant fait une saisie et arrêt sur Jacques, pour le fait de

Pierre mon débiteur, Jacques s'est obligé envers moi purement et simplement, par un acte, à me payer la somme de mille livres qui m'est due par Pierre, et pour laquelle j'ai fait arrêt, sans qu'il ait été ajouté, comme dans l'espèce ci-dessus, *que j'ai bien voulu, pour faire plaisir à Pierre, me contenter de l'obligation de Jacques*, ou quelque autre chose semblable, qui feroit connoître évidemment que j'ai voulu décharger Pierre, je ne serai point censé avoir fait de novation, et Jacques sera censé avoir accédé à l'obligation de Pierre, qui demeure toujours mon obligé. C'est ce qui a été jugé par un arrêt du parlement de Toulouse, rapporté par Catelan, *tom.* 2, *l.* 5, *ch.* 38.

Pareillement si, depuis la dette contractée, il a été passé quelque acte entre le créancier et le débiteur, par lequel on auroit accordé un terme pour le paiement, ou par lequel on seroit convenu d'un nouveau lieu pour le paiement, ou par lequel on auroit accordé la faculté au débiteur de payer à une autre personne que le créancier, ou de payer une chose à la place de celle qui est due, ou même par lequel le débiteur se seroit obligé de payer une plus grande somme, ou d'en payer une moindre à laquelle le créancier auroit bien voulu se restreindre; dans tous ces cas et autres semblables, suivant notre principe, que la novation ne se présume pas, il faut décider qu'il n'y a pas de novation, et que les parties ont seulement voulu modifier, diminuer ou augmenter la dette, plutôt que de l'éteindre pour y en substituer une nouvelle, si elles ne s'en sont pas expliquées.

§. III. Si la constitution d'une rente, pour le prix d'une somme due par le constituant, renferme essentiellement une novation.

595. Lorsque, par une convention entre le créancier et le débiteur d'une somme d'argent, le débiteur a constitué une rente à son créancier pour la somme qu'il lui devoit, y a-t-il nécessairement en ce cas novation? Plusieurs prétendent qu'il n'y a pas en ce cas de novation, lorsque les parties ne s'en sont pas expliquées, et à plus forte raison, lorsqu'elles ont déclaré expressément par la constitution

de rente, qu'elles n'entendoient faire aucune novation. Ils prétendent que par l'acte de constitution de rente, le créancier ne donne pas quittance de la somme qui lui est due; qu'il consent seulement de ne pas exiger la somme qui lui est due, tant qu'on lui paiera les intérêts de cette somme; conséquemment que c'est toujours l'ancienne dette qui subsiste, quoique sous une nouvelle modification; c'est-à-dire, que d'exigible qu'elle étoit, elle est devenue une dette dont le principal est aliéné, et qui ne peut plus s'exiger tant que le débiteur en paye les arrérages. Cette opinion me paroît souffrir beaucoup de difficulté : il est de l'essence du contrat de constitution de rente, qui est un contrat réel, que celui qui constitue la rente reçoive le prix de la constitution. Lorsque mon débiteur d'une certaine somme, *putà*, de mille livres, me constitue pour cette somme cinquante livres de rente, il faut donc qu'il reçoive la somme de mille livres pour le prix de la rente qu'il me constitue, et il ne peut être censé la recevoir que par la quittance que je lui en donne en paiement de la rente qu'il me constitue. Cette constitution de rente renferme donc une quittance que je lui donne de cette somme : elle renferme une compensation de la dette de cette somme dont il m'étoit débiteur, avec pareille somme que je devois lui donner pour prix de la rente qu'il me constitue : or il est évident que cette quittance et cette compensation éteignent cette dette, et forment une novation.

On ne peut pas dire que le principal de la rente qui m'est constituée est mon ancienne créance de mille livres contre Pierre, qui continue de subsister sous une nouvelle modification de principal de rente, au lieu de créance exigible qu'elle étoit : car outre qu'elle a été éteinte par la constitution de rente, comme nous venons de le faire voir, c'est que la créance d'une rente est proprement la créance des arrérages qui en courront à perpétuité jusqu'au rachat, plutôt que du principal, qui, ne pouvant pas être exigé, n'est pas proprement dû, et est *in facultate luitionis magìs quàm in obligatione.*

Ces raisons paroissent concluantes pour décider qu'un acte par lequel le débiteur d'une certaine somme constitue une rente à son créancier pour cette somme, renferme essentiellement une novation, quand même il seroit porté expressément par l'acte, que les parties n'ont pas entendu faire une novation ; car une protestation ne peut empêcher l'effet nécessaire et essentiel d'un acte. C'est pourquoi cette clause me paroît ne pouvoir avoir d'autre effet que d'empêcher l'extinction des hypothéques de l'ancienne dette, et de les transférer à la nouvelle, comme cela se peut, suivant la loi 12, §. 5, ff. *qui potior.*

Quoique ces raisons me paroissent très fortes pour décider que l'acte par lequel une dette exigible est convertie en une constitution de rente, contient essentiellement une novation, néanmoins l'opinion contraire paroît avoir en sa faveur le suffrage des auteurs. On l'autorise par deux arrêts qu'on prétend avoir jugé la question : le premier, qui est du 13 avril 1683, est rapporté au Journal du Palais, *tom. 2 de l'édition in-fol.*

Dans l'espéce de cet arrêt, Ligondez, débiteur solidaire avec Sablon, d'une somme de six mille livres, en avoit depuis constitué rente, tant en son nom, qu'en se faisant fort de Sablon ; et le contrat portoit réserve de l'obligation et des hypothéques. Le créancier ayant assigné Sablon, pour qu'il passât contrat de constitution, ou payât ladite somme de six mille livres, Sablon a été condamné. L'arrêtiste infère de cet arrêt, qu'il a été jugé qu'un débiteur d'une somme d'argent pouvoit constituer rente pour cette somme, sans qu'il se fît novation de sa dette. Mais je crois la conséquence mal tirée, et que les moyens respectifs des parties qui sont rapportés au Journal, ne touchent pas au point de décision de la cause. La raison décisive pour laquelle Sablon a été condamné par cet arrêt à payer, ou à passer contrat de constitution, me paroît être que Ligondez ayant passé contrat, tant en son nom que se faisant fort de Sablon, et par conséquent le créancier n'ayant consenti à la conversion de sa créance de six mille livres en un contrat de constitution, que sous la condition que le contrat-seroit passé par ses deux débiteurs, la conversion de la créance de six mille livres en un contrat de constitution, la novation, et l'extinction de cette créance qui devoit en résulter, dépendoient de cette condition. C'est pourquoi le refus de Sablon de passer le contrat, faisant manquer la condition, il n'y avoit point de novation; la créance subsistoit, et Sablon a été bien condamné par l'arrêt à payer.

L'autre arrêt est du 6 septembre 1712, et est rapporté au tome sixième du Journal des Audiences. Dans l'espèce de cet arrêt, plusieurs personnes avoient subi solidairement l'obligation de payer une certaine somme : deux avoient payé réellement chacun leur tiers, et le créancier, en le recevant, avoit réservé la solidité. Lebegue et de Villemenard avoient, par un billet, promis de passer contrat de constitution de rente pour le tiers restant, et il étoit dit par le billet, *sans que cela pût nuire à la solidité.* Long-temps après le créancier assigna Montpensier, l'un de ceux qui avoient payé leur tiers sous la réserve de la solidité, pour qu'il eût à payer le restant, ou à accéder au contrat de constitution, et l'arrêt l'y a condamné. Donc, dit-on, il a été jugé qu'un contrat de constitution de rente, fait par un débiteur pour la somme qu'il devoit, n'emportoit pas nécessairement novation et extinction de la dette de cette somme : autrement, dans l'espèce proposée, Montpensier, codébiteur solidaire de la somme qui restoit due, et pour laquelle la rente a été constituée, auroit été libéré de cette dette par la constitution de rente, et n'auroit pas été condamné par l'arrêt à payer.

Je ne sais pas quelle a été la raison sur laquelle a été fondée la décision de l'arrêt; mais, pour sauver les principes, on pourroit dire que l'arrêt n'a pas jugé ce qu'on en infère, mais qu'il a plutôt jugé que par la clause de réserve de solidité, le créancier étoit censé avoir apposé à la conversion de sa créance en un contrat de constitution de rente, cette condition, que tous les débiteurs solidaires de cette dette accéderoient au contrat de constitution, et qu'en conséquence le refus de Montpensier d'y accéder, faisant défaillir cette condition, la créance subsistoit.

596. Lorsqu'il se fait une nouvelle convention entre le même créancier et le même débiteur, sans l'intervention d'aucune nouvelle personne, quoiqu'il soit expressément déclaré par l'acte qui contient le nouvel engagement, que les parties entendent faire novation, il faut, pour que la novation soit valable, que cet acte contienne quelque chose de différent de la première obligation qui a été contractée ; soit dans la qualité de l'obligation, comme si la première étoit déterminée, et la seconde alternative, *aut vice versâ* ; soit sur les accidents accessoires de l'obligation, comme sur le temps ou sur le lieu du paiement. C'est aussi une différence suffisante, si la première obligation avoit été contractée sous la caution d'une autre personne, ou sous l'hypothèque de mes biens, et que par la nouvelle je m'engage sans caution et sans hypothèque, *aut vice versâ*.

Si le nouvel engagement fait sans l'intervention d'une nouvelle personne ne contient rien de différent du premier, il est évident que ce nouvel engagement est inutilement contracté ; *Instit. tit. quib. mod. toll. obl. §. 4.*

597. Lorsque la novation se fait avec l'intervention d'un nouveau débiteur ou d'un nouveau créancier, la différence de créancier ou de débiteur est une différence suffisante pour rendre la novation utile, sans qu'il soit nécessaire qu'il en intervienne d'autre.

598. La novation qui se fait par l'intervention d'un nouveau débiteur peut se faire entre le créancier et ce nou-

veau débiteur, sans que le premier, dont la dette doit s'éteindre par la novation, y ait aucune part, et sans qu'il y consente : *Liberat me is qui quod debeo promittit, etiamsi nolim; l. 8, §. 5, ff. de novat.* La raison est que la novation, à l'égard du premier débiteur, ne renferme autre chose que l'acquittement de sa dette, par la nouvelle que le tiers contracte en sa place : or on peut acquitter la dette d'un autre sans qu'il y consente, comme nous l'avons vu au chapitre précédent : *Ignorantis enim et inviti conditio melior fieri potest; l. 53, de solut.*

ARTICLE V.

De l'effet de la novation.

599. L'effet de la novation est que la première dette est éteinte de la même manière qu'elle le seroit par un paiement réel.

Lorsque l'un de plusieurs débiteurs solidaires contracte seul un nouvel engagement avec le créancier pour faire novation du premier, la première dette étant éteinte par la novation, comme elle le seroit par un paiement réel, tous ses codébiteurs sont libérés aussi bien que lui. Pareillement, comme l'extinction de l'obligation principale entraîne celle de toutes les obligations accessoires, la novation qui se fait de la dette principale éteint toutes les obligations accessoires, telles que celles des cautions.

Si le créancier vouloit conserver l'obligation des autres débiteurs et des cautions, il faudroit qu'il mît pour condition à la novation, que les codébiteurs et les cautions accéderoient à la nouvelle dette; auquel cas, faute par eux d'y vouloir accéder, il n'y auroit pas de novation, et le créancier conserveroit son ancienne créance.

Du principe que la novation éteint l'ancienne dette, il suit aussi qu'elle en éteint les hypothèques qui en étoient accessoires : *Novatione legitimè factâ liberantur hypothecæ; l. 18, ff. de novat.*

Mais le créancier peut, par l'acte même qui contient la

novation, transférer à la seconde dette les hypothéques qui étoient attachées à la première; l. 12, §. 5, ff. *qui potior.*

Par exemple, si par acte de 1760 vous m'avez emprunté une somme de mille livres sous l'hypothéque de vos biens, et que par un autre acte passé entre nous en 1770, vous ayez contracté envers moi une nouvelle obligation, et qu'il soit porté par l'acte, qu'au moyen de cette nouvelle obligation, vous demeurerez quitte de celle de 1760, *dont les parties ont entendu faire novation, sous la réserve des hypothéques,* je serai, par cette clause, conservé dans mon ordre d'hypothéque pour ma nouvelle créance, du jour de la date de l'ancienne; l. 3, l. 21, ff. *dicto titulo.*

Observez que si la nouvelle créance étoit plus forte que la première, je ne serois conservé dans mon rang d'hypothéque que jusqu'à concurrence de la somme qui m'étoit due par l'acte de 1760, cette translation des hypothéques de l'ancienne créance à la nouvelle ne devant pas être préjudiciable aux créanciers intermédiaires.

Observez aussi que cette translation des hypothéques, de l'ancienne créance à la nouvelle, ne peut se faire qu'avec le consentement de la personne à qui les choses hypothéquées appartiennent. Dans l'espéce ci-dessus rapportée, il est clair que vous avez consenti à cette translation d'hypothéque, puisque vous êtes partie à l'acte où la réserve de ces hypothéques est stipulée. Mais si un tiers, par acte de 1770, s'est obligé envers moi à me payer la somme que vous me deviez par l'acte de 1760, et qu'il soit dit qu'au moyen des présentes, la dette de 1760 demeure acquittée, *sous la réserve des hypothéques,* quoique la novation puisse se faire sans que vous interveniez à l'acte; la translation de l'hypothéque de vos biens attachée à votre dette de 1760 ne peut se faire à la nouvelle dette de 1770, si vous n'intervenez à l'acte pour la consentir; le nouveau débiteur à qui les choses hypothéquées n'appartiennent pas, ne pouvant pas, sans vous à qui elles appartiennent, les hypothéquer à la nouvelle dette. C'est ce que décide Paul en la loi 30, ff. *de novat. Paulus respondit, si creditor à Sempronio, animo novandi stipulatus esset, ita ut à primâ obligatione in universum discederetur, rursùm easdem res à posteriore debitore, sine consensu debitoris prioris, obligari non posse.*

Suivant les mêmes principes, si l'un d'entre plusieurs débiteurs solidaires contracte envers le créancier une nouvelle obligation, et qu'il soit porté par l'acte, que les parties ont entendu faire novation de la première dette, *sous la réserve des hypothèques*, cette réserve ne peut avoir d'effet que pour l'hypothèque des biens de ce débiteur qui contracte la nouvelle dette, et non pour les hypothéques des biens de ses codébiteurs, leurs biens ne pouvant pas être hypothéqués à cette nouvelle dette sans leur consentement.

Quelque réserve que fasse le créancier par l'acte qui contient la novation, les cautions de l'ancienne dette ne peuvent être obligées à la nouvelle, si elles n'y consentent.

ARTICLE VI.

De la délégation.

§. I. Ce que c'est que la délégation, et comment elle se fait.

600. La délégation est une espèce de novation par laquelle l'ancien débiteur, pour s'acquitter envers son créancier, lui donne une tierce personne, qui, à sa place, s'oblige envers ce créancier ou envers la personne qu'il indique.

Delegare est vice suâ alium reum dare creditori, vel cui jusserit; l. 11, ff. *de novat.*

Il résulte de cette définition, que la délégation se fait par le concours de trois personnes, et qu'il en intervient quelquefois une quatrième.

1° Il faut le concours du déléguant, c'est-à-dire de l'ancien débiteur qui donne à son créancier un autre débiteur en sa place.

2° De la personne du délégué qui s'oblige envers le

créancier, à la place de l'ancien débiteur, ou envers la personne indiquée par le créancier.

3° Du créancier, qui en conséquence de l'obligation que la personne déléguée contracte envers lui, ou envers la personne qu'il lui indique, décharge le déléguant.

Quelquefois il intervient dans la délégation une quatrième personne; savoir, celle que le créancier indique, et envers qui, sur l'indication du créancier et de l'ordre du déléguant, la personne déléguée s'oblige.

Pour qu'il y ait délégation, il faut que la volonté du créancier de décharger le premier débiteur, et de se contenter de l'obligation de ce nouveau débiteur qui s'oblige envers lui à la place du premier, soit bien marquée. C'est pourquoi si Pierre, l'un des héritiers de mon débiteur, pour se décharger d'une rente envers moi, a, par un partage, chargé Jacques, son cohéritier, de me la payer à sa décharge, il n'y aura pas de délégation; et Pierre ne sera pas déchargé envers moi, si je n'ai pas, par quelque acte, déclaré formellement que je déchargeois Pierre : sans cela, quoique j'aie reçu de Jacques seul les arrérages pendant un temps considérable, on n'en pourra pas conclure que je l'ai accepté pour mon seul débiteur à la place de Pierre, et que j'ai déchargé Pierre; *arg.* l. 40, §. 2, ff. *de pact.*

§. II. De l'effet de la délégation.

601. La délégation renferme une novation; savoir, l'extinction de la dette du déléguant, et l'obligation que la personne déléguée contracte en sa place. Ordinairement même la délégation contient une double novation : car ordinairement la personne déléguée est un débiteur du déléguant, lequel, pour s'acquitter envers le déléguant de son obligation, contracte, de l'ordre du déléguant, une nouvelle obligation envers le créancier du déléguant. Il se fait en ce cas une novation, et de l'obligation du déléguant envers son créancier, à qui le déléguant donne un autre débiteur en sa place, et de l'obligation de la personne

déléguée envers le déléguant, en conséquence de celle qu'elle contracte de son ordre envers son créancier.

602. Si la personne déléguée n'étoit pas débitrice du déléguant, quoiqu'elle ne se fût obligée en sa place envers son créancier que dans la fausse persuasion qu'elle étoit débitrice du déléguant, l'obligation qu'elle auroit contractée envers ce créancier n'en seroit pas moins valable, et elle ne pourroit se défendre de le payer, sauf à elle son recours contre le déléguant, pour qu'il fût tenu de l'acquitter. Le créancier, qui, par l'obligation que contracte envers lui la personne déléguée, ne fait que retirer ce qui lui étoit dû par son ancien débiteur qu'il a déchargé, ne doit point souffrir de cette erreur : *Si per ignorantiam promiserit, nullâ quidem exceptione uti poterit adversùs creditorem, quia ille suum recepit; sed is qui delegavit, tenetur conditione*; l. 12, ff. *de novat.*

Il en seroit autrement si celui envers qui la personne déléguée s'est obligée, n'étoit point créancier du déléguant, soit que le déléguant fût lui-même dans l'erreur, et qu'il crût être débiteur, soit qu'il voulût lui faire donation. En l'un et l'autre cas, la personne déléguée qui s'est obligée envers lui par erreur, dans la fausse persuasion qu'elle étoit débitrice du déléguant, ne sera pas valablement obligée, et pourra se défendre de payer, l'erreur étant découverte; l. 7, ff. *de dol. except.*; l. 2, §. 4, ff. *de donat.*

La raison de cette différence est que, dans cette espèce-ci, celui envers qui la personne déléguée s'est obligée, *certat de lucro captando*; pendant que la personne déléguée, qui s'est par erreur obligée envers lui, *certat de damno vitando*. Or on doit plutôt subvenir à celui qui *certat de damno*, qu'à celui qui *certat de lucro*. C'est pourquoi on doit non seulement le décharger de son obligation contractée par erreur, mais même lui accorder la répétition de ce qu'il auroit payé en conséquence, suivant cette règle de droit, *Melius est favere repetitioni, quàm adventitio lucro*. Au contraire, dans l'espèce précédente, le créancier envers qui la personne déléguée s'est obligée, *versaretur in damno*, si la personne déléguée étoit déchargée de son obligation.

603. Si la personne déléguée ne s'oblige que sous une condition, tout l'effet de la délégation sera en suspens jusqu'à l'échéance de la condition ; et de même qu'en ce cas il dépend de l'échéance de la condition que la personne déléguée soit obligée, de même il dépend de l'échéance de la même condition que le déléguant soit libéré de son obligation, laquelle ne peut être éteinte que par la nouvelle obligation de la personne déléguée, qui doit être substituée en sa place. L'obligation de la personne déléguée envers le déléguant dépend pareillement de cette condition : car la personne déléguée ne peut être libérée envers le déléguant qu'autant qu'elle s'oblige en sa place envers le créancier.

Quoique la personne déléguée ne soit pas libérée envers le déléguant jusqu'à l'échéance de cette condition, néanmoins le déléguant, par l'ordre duquel elle s'est obligée sous condition, ne peut faire aucune poursuite contre elle, jusqu'à ce que cette condition soit faillie : car tant qu'elle peut exister, il est incertain si elle demeurera obligée envers lui, ou si elle le sera envers le nouveau créancier : c'est la décision de la loi 36, ff. *de reb. cred.*

§. III. Si le déléguant est tenu de l'insolvabilité du délégué.

604. Régulièrement, lorsque la personne déléguée s'est obligée valablement envers le créancier à qui elle a été déléguée, le déléguant est pleinement libéré envers ce créancier, et ce créancier n'a aucun recours contre lui, dans le cas auquel le nouveau débiteur à lui délégué deviendroit insolvable : ce créancier, en acceptant la délégation, a suivi la solvabilité du débiteur qui lui étoit délégué; *nomen ejus secutus est.*

Ce principe souffre exception, dans le cas auquel il auroit été convenu que le déléguant donneroit *à ses risques* un nouveau débiteur à sa place. Paul décide qu'en ce cas le créancier peut agir *actione mandati contrariâ*, contre le déléguant, pour être indemnisé de la somme dont il n'a pu être payé par l'insolvabilité du nouveau débiteur à lui délégué. Car lorsqu'à la prière de mon ancien débiteur j'accepte, à ses risques, un autre débiteur à sa place, c'est un contrat de mandat qui intervient entre nous ; je suis son mandataire en acceptant la délégation, et par conséquent je dois être par lui indemnisé de ce qu'il m'en coûte pour l'avoir acceptée. Or il m'en coûte la somme dont je n'ai pu être payé par le débiteur délégué : j'en dois donc être indemnisé par lui.

Observez qu'il faut pour cela qu'on ne puisse me reprocher de n'avoir pas fait les diligences qui auroient pu me procurer mon paiement, pendant que le débiteur délégué étoit solvable : car en ce cas c'est ma faute si je n'ai pas été payé. Or, selon les règles du contrat de mandat, un mandataire n'a d'action pour être indemnisé, que de ce qu'il lui en a coûté sans sa faute : *Venit in actione mandati quod mandatario ex causâ mandati abest inculpabiliter.*

Comme ce n'est pas la délégation par elle-même, mais le contrat de mandat qu'on suppose intervenu entre le déléguant et le créancier, qui rend le déléguant responsable de l'insolvabilité du débiteur délégué, c'est au créancier qui prétend se servir de ce contrat de mandat, à faire voir par écrit qu'il est intervenu, et qu'il n'a accepté la délégation qu'aux risques du déléguant. Cette convention ne se suppose point ; c'est ce qui a été jugé par un arrêt rapporté par Bouvot.

Cujas, *ad l.* 26, §. 2, ff. *mand. ad libr.* 33, *Paul ad edic.* rapporte une seconde exception à notre principe, qui est que, quoique la délégation n'ait pas été faite à la charge qu'elle seroit aux risques du déléguant, néanmoins si, dès le temps de la délégation, l'insolvabilité du débiteur délégué étoit arrivée, et ignorée du créancier, le déléguant en devroit être tenu. Cette décision de Cujas est fondée en équité : la délégation renferme entre le déléguant et le créancier une convention de la classe de celles qui sont intéressées de part et d'autre, dans lesquelles chacun entend recevoir autant qu'il donne. L'équité de ces conventions consiste dans l'égalité : elles sont iniques lorsque l'une des parties donne beaucoup, et reçoit peu à la place. Suivant ces principes, la délégation que vous me faites d'une créance de mille livres que vous doit Pierre insolvable, à la place d'une pareille somme dont vous m'êtes débiteur, est manifestement inique : car par cette délégation vous recevez la remise de votre dette de mille livres, laquelle remise a une valeur réelle et effective de mille livres ; et pour cette valeur de mille livres que vous recevez de moi, vous me donnez une créance sur un débiteur insolvable, qui n'a aucune valeur, ou n'en a presque aucune ; il faut donc que, pour réparer l'iniquité de la convention, vous soyez tenu envers moi de l'insolvabilité de ce débiteur que j'ai accepté par erreur pour mon débiteur à votre place.

Il en seroit autrement si, lors de la délégation que vous m'avez faite de ce débiteur à votre place, j'avois connoissance de l'insolvabilité. La délégation ne renferme pas en ce cas une convention de la classe de celles qui sont intéressées de part et d'autre ; mais elle renferme un bienfait que j'ai bien voulu vous faire, en acceptant ce débiteur à votre place, quelque insolvable qu'il fût. Vous ne m'avez fait aucun tort, puisqu'en connoissance de cause j'ai bien voulu l'accepter : *Volenti non fit injuria.*

Despeisses rejette le sentiment de Cujas, et prétend qu'à moins qu'il n'ait été expressément convenu que le déléguant déléguoit à ses risques, *suo periculo*, le créancier ne peut jamais se plaindre de l'insolvabilité du débiteur qui lui a été délégué, et qu'il a bien voulu accepter, quelque ignorance qu'il allègue en sa faveur. Sa raison est qu'autrement la délégation n'auroit jamais l'effet de libérer le déléguant, qui est l'effet qu'elle doit avoir par sa nature, puisque le créancier diroit toujours qu'il a ignoré l'insolvabilité du débiteur qu'on lui a délégué.

Ces raisons peuvent faire rejeter, dans le for extérieur, l'opinion de Cujas; mais elle me paroît indubitable dans le for de la conscience.

§. IV. Différence entre la délégation, le transport, et la simple indication.

605. Il nous reste à observer que la délégation est quelque chose de différent du transport, aussi bien que de la simple indication.

Le transport que fait un créancier à quelqu'un de sa créance, ne contient aucune novation : c'est la même créance qui passe du cédant au cessionnaire, lequel même n'est, à proprement parler, que le *procurator in rem suam* du créancier qui la lui a cédée. D'ailleurs ce transport ne se passe qu'entre deux personnes, le cédant et le cessionnaire, sans qu'il soit besoin que le consentement du débiteur intervienne.

Nous traiterons du transport dans notre Traité du contrat de vente, *part. 6, chap. 3.*

La novation diffère aussi de la simple indication.

Lorsque j'indique à mon créancier une personne de qui il recevra le paiement de la somme que je lui dois, et sur laquelle pour cet effet je lui donne une rescription, cet acte ne contient qu'un simple mandat. Il ne contient ni un transport, ni une novation; je demeure toujours le débiteur de mon créancier; la personne que je lui indique, et sur qui je lui donne une rescription, ne le devient pas à ma place.

Pareillement, lorsqu'un créancier indique à son débiteur une personne à qui il pourra payer, cette indication ne contient aucune novation; le débiteur ne devient pas le débiteur de la personne à qui on lui indique de payer, il demeure toujours le débiteur de l'indiquant. *Voyez* sur cette espèce d'indication *suprà, ch.* 1, *art.* 2, §. 4.

CHAPITRE III.

De la remise d'une dette.

606. La remise que fait le créancier de la dette, est aussi une des manières dont s'éteignent les obligations ; car elle libère de plein droit.

ARTICLE PREMIER.

Comment se fait la remise d'une dette.

§. I. Si la remise d'une dette peut se faire par une simple convention.

607. Selon les principes du droit romain, il y avoit sur ce point une différence entre les obligations civiles qui résultoient des contrats consensuels, et qui se contractoient par le seul consentement des parties, et entre les autres obligations civiles qui résultoient des contrats réels, ou de la stipulation. A l'égard de celles qui se contractoient par le seul consentement des parties, la remise pouvoit s'en faire par une simple convention, par laquelle le créancier convenoit avec le débiteur de l'en tenir quitte ; et cette convention éteignoit de plein droit l'obligation ; *l.* 35, ff. *de R. J.* A l'égard des autres obligations civiles, pour que la remise que le créancier en faisoit au débiteur pût éteindre de plein droit l'obligation, il falloit avoir recours à la formalité de l'acceptilation, ou *simple*, si l'obligation résultoit d'une stipulation, ou *Aquilienne*, si elle résultoit d'un contrat réel ; *Voyez tit. de acceptil. in Instit. et Pandect.* La simple convention par laquelle le créancier étoit convenu avec le débiteur de le tenir quitte, n'éteignoit pas de plein droit ces obligations ; mais elle donnoit seulement au débiteur une exception ou fin de non recevoir contre l'action du créancier qui auroit demandé le paiement de la dette, contre la foi de la convention.

Cette distinction et ces subtilités ne sont pas reçues dans notre droit françois : nous n'y connoissons pas la forme de l'acceptilation ; et toutes les dettes, quelles qu'elles soient, et de quelque façon qu'elles aient été contractées, s'éteignent de plein droit par la simple convention de remise entre le créancier et le débiteur, pourvu que le créancier soit capable de disposer de son bien, et que le débiteur ne soit pas une personne à qui il soit défendu au créancier de donner.

C'est pourquoi tout ce qui est dit au titre du ff. *de accept.* sur la forme de l'acceptilation, ne reçoit aucune application dans notre droit françois, et notamment que l'acceptilation ne peut se faire sous une condition, l. 4, ff. *de acceptilat.*

Parmi nous rien n'empêche qu'un créancier puisse faire dépendre d'une condition la remise qu'il fait de la dette ; et l'effet d'une telle remise est de rendre la dette conditionnelle, de même que si elle eût été contractée sous une condition contraire.

§. II. En quel cas présume-t-on une remise tacite ?

608. La remise de la dette peut se faire non seulement par une convention expresse, mais aussi par une convention tacite qui résulte de certains faits qui la font présumer. Par exemple, si le créancier a rendu au débiteur son billet, ou le brevet d'obligation, il est présumé lui avoir remis la dette : *Si debitori meo reddiderim cautionem, videtur inter nos convenisse ne peterem;* l. 2, §. 1, ff. *de pact.*

Si le billet étoit souscrit par plusieurs débiteurs solidaires, et que le créancier l'eût rendu à l'un d'eux, quelques docteurs cités par Bruneman, *ad* l. 2, ff. *de pact.*, ont pensé que la restitution du billet ne devoit en ce cas faire présumer qu'une décharge personnelle de la dette, que le créancier a bien voulu accorder à celui à qui il a remis le billet. Il me paroît au contraire qu'on doit présumer qu'il a entendu remettre et éteindre entièrement la dette : car s'il n'eût voulu décharger que l'un des débiteurs, il auroit retenu le billet, qui lui auroit été nécessaire pour faire payer les autres.

609. La possession en laquelle le débiteur se trouve du billet, fait-elle présumer que le créancier le lui a rendu? Boiceau, après quelques anciens docteurs, fait une distinction : il dit que si le débiteur allégue qu'il a payé, la possession en laquelle il est du billet, fait présumer le paiement, et que le billet lui a été rendu comme acquitté, à moins que le créancier ne prouve le contraire : mais s'il allégue que le créancier lui a remis la dette, la possession en laquelle il est du billet, n'est pas, selon lui, suffisante, et il doit prouver que le créancier lui a volontairement remis et rendu son billet; parceque la remise est une donation qui ne se présume point, suivant cette régle, *Nemo donare facilè præsumitur;* et que d'ailleurs c'est une convention qui doit, suivant l'ordonnance, s'établir par écrit. Je ne crois pas cette distinction solide, et je pense qu'on doit indistinctement décider que la possession du billet par le débiteur doit faire présumer qu'il lui a été rendu par le créancier, ou comme acquitté, ou comme remis; à moins que le créancier ne justifie le contraire; *putà,* que le billet lui a été volé. En vain dira-t-on que la donation ne se présume pas; car cela veut dire qu'elle ne se présume pas facilement, et sans qu'il y ait un sujet suffisant pour la présumer : or, suivant la loi citée, il y a un sujet suffisant de présumer la donation et remise de la dette, lorsque le créancier a remis le billet au débiteur; et la possession du billet par le débiteur doit aussi faire présumer que le créancier le lui a rendu, puisque c'est la voie naturelle par laquelle la possession en a pu passer de la personne du créancier en laquelle il étoit, en celle du débiteur. L'argument tiré de l'ordonnance, qui veut que les conventions dont l'objet excéde cent livres se prouvent par écrit, n'est pas meilleur. L'ordonnance n'a voulu exclure par là que la preuve testimoniale, et non pas les

présomptions résultantes des faits avoués par les parties.

La distinction de Boiceau sur la qualité de la personne du débiteur est plus plausible. Si le débiteur étoit le facteur du créancier, ou autre domestique à portée de se saisir du billet, la possession en laquelle il seroit du billet, pourroit n'être pas une présomption suffisante, ni de la remise, ni même du paiement de la dette. *Idem*, si c'étoit un voisin chez lequel le créancier eût porté ses effets, dans le cas d'un incendie.

Ce qui est décidé à l'égard d'un billet ou d'un brevet d'obligation, ne doit pas s'étendre à la grosse d'un contrat de constitution, ou d'une obligation dont il y a une minute. Quoique cette grosse se trouve entre les mains du débiteur, il n'en résulte pas une présomption suffisante du paiement ou de la remise de la dette, à moins que d'autres circonstances ne concourent : car la minute qui demeure chez le notaire, et qui n'est pas quittancée, réclame en faveur du créancier à qui la grosse a pu être volée, ou qui, se fiant à la minute, a pu s'en dessaisir, et la confier au débiteur.

610. La restitution que le créancier a faite au débiteur, des choses qu'il lui avoit données en nantissement de sa dette, ne fait pas non plus présumer la remise ni le paiement de la dette ; l. 3, ff. *de pact.* : car il a pu en cela n'avoir d'autre intention que de lui remettre le nantissement, et non de lui remettre la dette.

611. Un créancier est présumé avoir remis la solidité à des débiteurs solidaires, lorsqu'il les a admis à payer seulement leur part. *V. suprà, n.* 277, *et suiv.*

612. Lorsqu'après un contrat synallagmatique fait entre nous, avant qu'il ait été exécuté ni de part ni d'autre, il intervient entre nous une nouvelle convention, par laquelle il est dit que je vous décharge de ce contrat, vous êtes censé pareillement m'avoir déchargé tacitement de l'obligation réciproque que j'avois contractée envers vous. Par exemple, si, après que vous m'avez vendu une chose,

nous convenons que je vous décharge de la vente que vous m'avez faite, vous êtes censé m'avoir pareillement déchargé de mon achat; l. 23, ff. *de accept.*

613. Le défaut de réserve d'une dette, dans la quittance que le créancier donne d'une autre dette, ne forme point de présomption de la remise de la dette dont il n'a point fait de réserve; l. 29, ff. *de oblig. et act.*

Pareillement, si dans un compte entre deux parties qui étoient en relation de commerce, l'une d'elles n'a pas compris un article de créance qu'elle avoit contre l'autre, il n'en résulte aucune présomption de la remise de cette créance : on présumera au contraire que c'est une omission faite par oubli, qui n'empêchera point le créancier d'exiger sa dette, nonobstant le compte dans lequel elle n'a point été comprise.

Néanmoins il peut résulter une présomption de la remise de la dette non employée dans les comptes, lorsque trois circonstances concourent : 1° lorsque le créancier et le débiteur étoient unis par les liens du sang, ou d'une amitié très étroite; 2° lorsqu'il ne s'est pas fait pour un seul compte entre les parties, mais plusieurs, dans aucun desquels la dette n'a été employée; 3° enfin lorsque le créancier est mort sans l'avoir demandée. Du concours de ces trois circonstances, Papinien fait résulter une présomption suffisante de la remise de la dette. C'est la décision de la célèbre loi *Procula,* 26, ff. *de probat.*

§. III. Si la remise peut se faire par la seule volonté du créancier, sans convention.

614. Nous avons vu que la remise d'une dette peut se faire valablement par une convention expresse ou tacite entre le créancier et le débiteur : quelques auteurs pensent qu'elle peut se faire par la seule volonté du créancier, qui déclareroit qu'il fait la remise, pourvu qu'il soit capable de disposer de ses biens. C'est le sentiment de Barbeyrac en ses notes sur Pufendorf. Sa raison est, que toute personne qui a la disposition de ses biens, peut, par sa

seule volonté, répudier les droits qui lui appartiennent, et qu'elle les perd en les répudiant. Paul, en la loi 2, §. 1, ff. *pro derel.*, décide expressément que nous pouvons par notre seule volonté répudier et perdre le droit de domaine d'une chose corporelle qui nous appartient. Par la même raison, nous pouvons par notre seule volonté répudier le droit de créance que nous avons contre notre débiteur : et comme il ne peut y avoir de dette sans un droit de créance au profit de celui envers qui elle est contractée, la répudiation et l'abandon que le créancier fait de son droit de créance, entraînent nécessairement l'extinction de la dette. Suivant ces principes, si un créancier d'Orléans a écrit à son débiteur de Marseille une lettre par laquelle il lui marque qu'il lui fait remise de sa dette, quoique le débiteur soit mort depuis la lettre écrite, mais avant qu'elle lui soit parvenue, et qu'ainsi on ne puisse dire qu'il soit intervenu aucune convention entre le créancier et lui, néanmoins, suivant les principes de Barbeyrac, il faudra décider que la dette est éteinte, et que le créancier qui a par cette lettre déclaré sa volonté de répudier sa créance, n'est pas recevable à la demander aux héritiers du débiteur.

Je ne crois pas que ce sentiment de Barbeyrac puisse être suivi dans la pratique. Je conviendrai volontiers avec lui, qu'en supposant un cas métaphysique, un créancier qui auroit une volonté absolue d'abdiquer son droit de créance, pourroit par sa seule volonté l'éteindre : mais lorsqu'un créancier déclare qu'il fait remise à son débiteur de sa dette, ce n'est pas cette volonté absolue d'abdiquer sa créance qu'on doit supposer en lui, mais plutôt la volonté d'en faire don à son débiteur. Or, comme tout don exige une acceptation du donataire, on doit penser que ce créancier n'a entendu vouloir abdiquer son droit que lorsque la remise et le don qu'il entend faire à son débiteur auroient reçu leur perfection par l'acceptation de ce débiteur. C'est pourquoi dans l'espèce proposée, je pense qu'on doit décider, contre le principe de Barbeyrac, que la remise d'une dette portée par une lettre ne doit avoir aucun effet, si le débiteur à qui on faisoit la remise est mort avant que la lettre lui soit parvenue.

Quand même le principe de Barbeyrac devroit être suivi, ce ne pourroit être que lorsque la remise est pure et simple. Lorsqu'elle est faite sous certaines conditions, il est évident qu'elle ne peut avoir d'effet avant que le débiteur ait accepté les conditions.

§. IV. Si la remise peut se faire pour partie.

615. La remise d'une dette peut se faire pour le total ou pour partie. Les lois romaines exceptoient, à l'égard de l'acceptilation, le cas auquel la chose due n'étoit pas susceptible de parties. Par exemple, si je m'étois obligé envers vous d'imposer sur mon héritage un certain droit de servitude pour l'utilité du vôtre, l'acceptilation de cette dette ne pouvoit se faire par parties; l. 13, §. 1, ff. *de acceptil.* Mais parmi nous rien n'empêche qu'une pareille dette ne puisse être remise pour partie, *putà*, pour la moitié, le tiers, etc.; et l'effet de cette remise fera que vous ne pourrez exiger de moi ce droit de servitude qu'en me faisant raison de la moitié du prix, ou du tiers.

ARTICLE II.

Des différentes espèces de remises.

On peut distinguer deux différentes espèces de remises qu'un créancier peut faire de sa dette : l'une, que nous appelons *remise réelle*; l'autre, que nous appelons *décharge personnelle.*

§. I. De la remise réelle.

616. La remise réelle est lorsque le créancier déclare qu'il tient la dette pour acquittée; ou lorsqu'il en donne quittance, comme s'il en avoit reçu le paiement, quoiqu'il ne l'ait pas reçu.

Cette remise équipolle au paiement, et fait que la chose

n'est plus due; et par conséquent elle libère tous ceux qui en étoient débiteurs, ne pouvant plus y avoir de débiteurs lorsqu'il n'y a plus de chose due.

§. II. De la décharge personnelle.

617. La remise ou décharge personnelle est celle par laquelle le créancier décharge simplement le débiteur de son obligation. Cette décharge *magis eximit personam debitoris ab obligatione quàm extinguit obligationem* : elle n'éteint la dette qu'indirectement, dans le cas auquel le débiteur à qui elle seroit accordée seroit le seul débiteur principal, parcequ'il ne peut y avoir de dette sans débiteur.

Mais s'il y a deux ou plusieurs débiteurs solidaires, la décharge accordée à l'un n'éteint pas la dette; elle ne libère que celui à qui elle est accordée, et non son codébiteur. La dette est éteinte néanmoins pour la part de celui à qui la décharge est accordée, et l'autre ne demeure obligé que pour le surplus. La raison est; que si chacun devoit le total, ce n'étoit qu'à condition que le créancier lui céderoit ses droits et actions contre l'autre. Le créancier s'étant mis par son fait hors d'état de les céder contre celui qu'il a déchargé, l'autre n'en doit pas souffrir, comme nous l'avons vu *suprà*, n. 557.

La décharge accordée au débiteur principal emporte celle de ses cautions; car il seroit inutilement déchargé, si les cautions ne l'étoient pas; puisque les cautions, étant obligées de payer, auroient recours contre ce débiteur : d'ailleurs il ne peut y avoir de caution sans un débiteur principal. Cette règle reçoit néanmoins une espèce d'exception à l'égard des contrats d'atermoiement; *suprà*, n. 380.

Contrà vice versâ, la décharge accordée à la caution ne décharge pas le débiteur principal : car l'obligation de la caution dépend bien de celle du débiteur principal; mais celle du débiteur principal ne dépend pas de celle de la caution : il ne peut y avoir de caution sans débiteur principal; mais il peut y avoir un débiteur principal sans qu'il y ait de caution.

La décharge personnelle accordée à une caution ne décharge pas non plus ses cofidéjusseurs; l. 23, ff. *de pact.*; l. 15, §. 1, ff. *de fidejus.* Néanmoins si les cofidéjusseurs ont pu compter sur le recours qu'ils auroient, en payant, contre cette caution que le créancier a déchargée, ayant contracté leurs cautionnements avec elle ou depuis elle, il est équitable que la décharge accordée à cette caution les libère, quant à la part pour laquelle, en payant, ils auroient eu recours contre cette caution, si elle n'eût pas été déchargée. Le créancier n'ayant pu, en déchargeant cette caution, et en les privant de ce recours, leur préjudicier, ils peuvent en ce cas opposer pour cette part au créancier l'exception *cedendarum actionum*, comme nous l'avons vu *suprà, n.* 557.

Cette décision, que la décharge accordée à une caution ne libère ni le débiteur principal ni les cofidéjusseurs, a lieu, quand même le créancier auroit reçu une somme d'argent de la caution pour la décharger de son cautionnement. Le débiteur principal ne sera pour cela déchargé de rien : car cette somme n'est pas donnée en paiement et pour venir en déduction de la dette; mais elle est donnée pour le prix de la décharge du cautionnement.

§. III. Si le créancier peut licitement recevoir quelque chose d'une caution pour la décharger, sans l'imputer sur la dette; et plusieurs questions qui en dépendent.

618. Ce que nous venons de dire conduit à la célèbre question de savoir, si lorsqu'une personne s'est rendue caution envers moi pour un débiteur à qui j'ai prêté une somme d'argent, je puis, non seulement dans le for extérieur, mais même dans le for de la conscience, recevoir quelque chose de la caution pour la décharge de son cautionnement, et exiger ensuite du débiteur principal la somme entière que je lui ai prêtée, sans rien imputer de ce que j'ai reçu de la caution. Dumoulin, en son Traité *de*

usur. q. 34, décide que je le puis licitement, pourvu que lorsque j'ai déchargé la caution il y eût·sujet de craindre l'insolvabilité du débiteur principal. Je ne commets en cela aucune usure; car l'usure consiste à recevoir quelque chose au-delà de la somme prêtée, pour le prix et la récompense du prêt; elle consiste à tirer un lucre d'un office qui doit être gratuit. Mais dans cette espèce la somme que j'ai reçue de la caution, et que je me trouve avoir outre la somme que j'ai prêtée, qui m'a été depuis rendue en entier, n'est pas une somme que j'ai reçue pour le prix et pour la récompense du prêt que j'ai fait : je l'ai reçue pour une cause toute différente. Le risque de l'insolvabilité du débiteur, qui étoit à craindre, étoit un risque qui devoit tomber sur la caution, et non sur moi. Je veux bien prendre ce risque sur moi, et en décharger la caution : je ne suis pas obligé de le faire pour rien. Ce risque est appréciable, et je puis licitement recevoir une somme pour le prix de ce risque. *Finge.* J'étois créancier de Pierre d'une somme de 12,000 livres; vous étiez sa caution. Les affaires de Pierre se dérangeoient, et il y avoit lieu de craindre qu'il n'y eût moitié à perdre sur ce qu'il devoit, et peut-être plus. Ce risque vous regardoit. Vous m'offrez 3,000 liv. pour que je me charge de ce risque en vous déchargeant de votre cautionnement; j'accepte vos offres. Il arrive depuis que les affaires de Pierre se rétablissent, et qu'il me paye entièrement; je gagne les trois mille livres que j'ai reçues de vous. Ce gain est très licite; il est le prix du risque dont j'ai bien voulu me charger à votre place, d'en perdre six, et peut-être davantage; le débiteur principal ne peut s'en plaindre, ni vous. Le débiteur principal ne le peut; car il n'y a aucun intérêt; il n'a payé que ce qu'il me devoit, et rien au-delà : vous ne pouvez pas non plus vous en plaindre; car si vous m'avez donné 3,000 livres, excédant la somme qui m'étoit due, je vous en ai donné l'équivalent en me chargeant à votre place du risque d'en perdre six, ou plus : c'est un contrat aléatoire qui est intervenu entre nous, qui est aussi licite que les contrats d'assurance de mer. On opposera peut-être que c'est un principe, en matière de prêt, que le risque de l'insolvabilité du débiteur ne peut donner droit au créancier de recevoir rien au-delà du principal qui lui est dû. Je réponds que ce principe n'est vrai que vis-à-vis du débiteur; le risque qu'un créancier court de perdre la somme qu'il lui prête, par son insolvabilité, ne peut lui donner droit d'exiger de lui rien au-delà de cette somme, parceque le débiteur payeroit cela en pure perte pour lui, il ne reçoit rien à la place : d'ailleurs sa pauvreté doit être une raison pour le soulager, plutôt que pour le charger. Mais le risque de l'insolvabilité du débiteur peut donner droit au créancier de recevoir quelque chose d'un tiers qui est chargé de ce risque, lorsque le créancier s'en est chargé en sa place; car ce tiers reçoit quelque chose pour ce qu'il donne, savoir, la décharge du risque.

Lorsqu'il n'y a aucun sujet de craindre l'insolvabilité du débiteur, en ce cas, Dumoulin décide, *ibidem*, que le créancier ne peut licitement rien recevoir de la caution, pour la décharger de son cautionnement. On opposera contre cette décision, que le droit que j'avois contre la caution étoit un droit qui étoit *in bonis*, qui faisoit partie de mes biens. Je lui donne ce droit, lorsque je lui en fais remise : pourquoi ne me sera-t-il pas permis de recevoir d'elle quelque chose à la place de ce que je lui donne? Je réponds que, selon les règles de la justice commutative, je ne puis exiger à la place de la chose que j'ai donnée, que l'équivalent de cette chose, c'est-à-dire, ce à quoi elle est appréciable : si elle n'est appréciable à rien, je ne puis rien exiger pour cette chose. Or tel est, dans cette espèce, le droit que j'ai contre la caution, et dont je lui fais don et remise. *Finge.* J'ai une bonne créance de cent pistoles contre Pierre : il n'y a aucun sujet de craindre son insolvabilité; il y a des biens fonds de la valeur de plus de dix fois autant, qui y sont hypothéqués. Vous étiez sa caution, je vous décharge de votre cautionnement : à quoi peut s'apprécier le droit qui résultoit de ce cautionnement? Ma créance, avec tous les droits qui en résultoient, valoit cent pistoles, et rien de plus : sans votre cautionnement dont je vous ai fait don et remise, ma créance vaut encore la somme entière de cent pistoles, puisqu'on la suppose bien assurée ; par conséquent le droit dont je vous ai fait remise n'est appréciable à rien ; en vous le remettant, je ne souffre aucune diminution dans mes biens, et par conséquent je ne puis licitement rien recevoir à la place.

Observez que lorsqu'une caution a donné quelque chose au créancier pour être déchargée de son cautionnement, on doit présumer dans le for extérieur qu'il y avoit lieu de craindre l'insolvabilité du débiteur : car on n'est pas présumé donner sans sujet ce qu'on donne : *Nemo res suas jactare facilè præsumitur.*

Quand même il seroit pleinement justifié qu'il n'y avoit aucun sujet de craindre que le débiteur devînt insolvable lorsque la caution a donné de l'argent pour être déchargée de son cautionnement, la caution, dans le cas auquel la dette ne seroit pas encore acquittée, n'auroit la répétition de ce qu'elle a donné, qu'aux offres qu'elle feroit de demeurer obligée, comme elle l'étoit avant la décharge qui lui a été donnée. *Molin. ibidem.*

La caution pourroit aussi en ce cas offrir de payer la dette, en imputant et faisant déduction de ce qu'elle a donné sans sujet pour être déchargée de son cautionnement; et si c'étoit d'une rente qu'elle fût caution, cette imputation se devroit faire d'abord sur les arrérages qui en sont dus, et ensuite sur le principal. Elle peut, en faisant le paiement, exiger la subrogation aux droits du créancier : car quoiqu'elle ait été déchargée, elle ne doit pas être regardée comme une personne entièrement étrangère, puisqu'elle fait le paiement pour se faire faire raison de ce qu'elle a déja donné pour être déchargée. *Molin. ib.*

A l'égard du débiteur principal, il ne peut jamais répéter contre le créancier ce que le créancier a reçu indûment pour décharger la caution, ni en rien retenir sur la somme qu'il doit, lorsqu'il la paiera : car la caution n'ayant aucun recours contre le débiteur principal pour la somme qu'elle a donnée indûment pour la décharge de son cautionnement, le débiteur principal est sans intérêt.

Mais si la caution avoit un recours contre le débiteur principal, pour la somme qu'elle a donnée pour la décharge de son cautionnement; *putà*, si le débiteur principal s'étoit obligé envers elle à payer la dette dans un certain temps, et qu'on fût convenu qu'après que le débiteur auroit été mis en demeure de le faire, il seroit permis à la caution d'acheter du créancier la décharge de son cautionnement à la meilleure condition que faire se pourroit, dont elle seroit indemnisée par le débiteur principal; en ce cas, il n'est pas douteux que le débiteur principal pourroit retenir cette somme sur la dette, lorsqu'il la paieroit au créancier : car au moyen du recours que la caution a contre lui, c'est comme si c'étoit lui qui l'eût payée au créancier. *Molin. ibidem.*

ARTICLE III.

Quelles personnes peuvent faire remise, et à qui.

§. I. Quelles personnes peuvent faire remise.

619. Il n'y a que le créancier, lorsqu'il a le pouvoir de disposer de ses biens, qui puisse remettre la dette, ou une personne fondée de son pouvoir spécial pour faire cette remise.

Un procureur général de toutes les affaires, un tuteur, un curateur, un administrateur, n'ont pas ce droit; l. 37, ff. *de pact.*; l. 22, ff. *de adm. tut. et passim.*; car toutes ces personnes n'ont pouvoir et qualité que pour administrer, et non pas pour donner : or la remise est une donation.

Il faut excepter la remise qui se fait de partie de la dette à un débiteur en cas de faillite. Comme elle ne se fait pas tant *animo donandi*, que dans l'intention de s'assurer par ce moyen le paiement du surplus de la dette, et de ne pas tout perdre, cette remise peut passer pour un acte d'administration dont ces personnes sont capables.

Les remises qui se font d'une partie des profits seigneuriaux à une personne qui vient composer desdits profits avant que de conclure le marché de l'héritage qu'elle se propose d'acheter, sont aussi des actes d'administration que les tuteurs et autres administrateurs peuvent faire : car ces remises sont en ce cas des compositions plutôt que des donations : elles ne se font pas tant *animo donandi*, que pour ne pas laisser échapper le profit, le refus de la remise pouvant faire manquer le marché de l'héritage.

Les tuteurs et autres administrateurs peuvent faire remise d'une partie des profits, même après le marché conclu, et dans le cas des mutations nécessaires, pourvu qu'elles ne soient pas excessives, et qu'elles soient conformes à celles que les seigneurs sont dans l'usage de faire. Car quoiqu'on ne puisse disconvenir que de telles remises soient de vraies donations, *liberalitas nullo jure cogente facta*, néanmoins l'usage a fait de ces remises, non pas à la vérité une obligation, mais une espèce de devoir de bienséance : or les donations qui sont de bienséance ne sont pas interdites aux tuteurs et autres administrateurs. *Arg.* l. 12, §. 3. ff. *de adm. tut.*

C'est sur ce fondement que les receveurs des domaines du roi sont autorisés à faire la remise du quart qui leur est passée à la chambre des comptes, pourvu que les acquéreurs déclarent leur acquisition, et paient dans les trois mois. Lettres-patentes de 1556, citées par *Livonière en son Traité des Fiefs.*

Lorsqu'il y a plusieurs créanciers solidaires, *correi credendi*, l'un d'eux peut sans les autres faire remise de la dette ; et cette remise décharge le débiteur envers tous les créanciers, de même que le paiement réel qui lui auroit été fait l'auroit déchargé envers tous ; l. 13, §. 12, ff. *de accept.*

§.-II. A qui la remise peut-elle être faite?

620. Il est évident que la remise d'une dette ne peut être faite qu'au débiteur : au reste, elle est censée faite au débiteur, soit que la convention qui contient cette remise intervienne avec la personne même du débiteur, soit qu'elle intervienne avec la personne de son tuteur, de son curateur, de son procureur, ou des autres administrateurs de ses biens.

Les parents de la ligne ascendante ayant, par l'ordonnance de 1731, *art.* 7, qualité pour accepter les donations faites à leurs enfants mineurs, quoiqu'ils ne soient pas sous leur tutèle, c'est une conséquence qu'ils peuvent accepter valablement la remise que les créanciers de leurs enfants veulent leur faire.

621. Lorsqu'il y a plusieurs débiteurs solidaires, le créancier peut, par la remise de la dette qu'il fait à l'un d'eux, éteindre la dette et libérer tous les autres ; l. 16, ff. *d. tit.* Mais il faut qu'il paroisse que le créancier a eu intention d'éteindre la dette : car s'il n'a eu intention que de décharger la personne du débiteur, ses codébiteurs ne sont pas libérés, si ce n'est pour la part de celui qui a été déchargé, comme il a été dit au paragraphe précédent.

622. La remise étant une donation, il faut, pour qu'elle soit valable, que le débiteur à qui elle est faite ne soit pas une personne à qui les lois défendent de donner. La remise qu'une femme feroit à son mari de ce qu'il lui doit, celle qu'un malade feroit à son médecin, ne seroient pas valables.

Cela ne doit pas être étendu aux remises qui se font plutôt par composition que par donation, telles que celles qui se font en cas de faillite, et les compositions pour les profits seigneuriaux.

Quoique la remise d'une partie d'un profit seigneurial, faite à une personne à qui les lois ne permettent pas de donner, n'ait pas été faite par forme de composition, mais par pure libéralité, *putà*, dans le cas d'une mutation nécessaire, elle doit être valable, et ne doit pas passer pour donation prohibée, lorsqu'elle n'excéde pas celles que le seigneur est dans l'usage de faire à des étrangers, *putà,* lorsque ce n'est qu'une remise d'un quart.

CHAPITRE IV.

De la compensation.

623. La compensation est l'extinction qui se fait des dettes dont deux personnes sont réciproquement débitrices l'une envers l'autre, par les créances dont elles sont créancières réciproquement l'une de l'autre : *Compensatio est debiti et crediti inter se contributio;* l. 1, ff. *de compens.* Par exemple, si je vous dois une somme de 500 liv., *putà,* pour cause du prêt que vous m'avez fait de cette somme, et que d'un autre côté je sois votre créancier de pareille somme de 500 liv., *putà,* pour le loyer de ma maison, qui a couru depuis; la dette dont je suis tenu envers vous sera éteinte par droit de compensation, par la créance de pareille somme que j'ai contre vous; et *vice versâ,* la dette dont vous êtes tenu envers moi sera éteinte par la créance que vous avez contre moi.

L'équité de la compensation est évidente : elle est établie sur l'intérêt commun des parties entre qui la compensation se fait. Il est évident qu'elles ont chacune intérêt de compenser, plutôt que d'être obligées à tirer de la poche pour payer ce qu'elles doivent, et à faire des poursuites pour se faire payer de ce qui leur est dû. C'est la raison qu'apporte Pomponius en la loi, ff. *de compens. Ideò compensatio necessaria est, quia interest nostrâ potiùs non solvere, quàm solutum repetere.* Ajoutez que la compensation évite un circuit inutile. *Quod potest breviùs per unum actum expediri compensando, incassùm protraheretur per plures solutiones et repetitiones.* C'est la raison que Balde rend du droit de compensation.

Nous verrons, sur cette matière, 1° contre quelles dettes la compensation peut être opposée; 2° quelles dettes peuvent être opposées en compensation; 3° comment se fait la compensation, et quels en sont les effets.

§. I. Contre quelles dettes peut-on opposer la compensation?

624. On peut régulièrement opposer la compensation contre les dettes de toutes les choses qui en sont susceptibles.

Les dettes des choses susceptibles de compensation sont les dettes d'une certaine somme d'argent, d'une certaine quantité de blé, de vin, et autres choses *fongibles*.

La dette d'une chose indéterminée d'un certain genre, quoiqu'elle ne soit pas du nombre des choses fongibles, est aussi susceptible de compensation. Par exemple, si par un marché fait entre nous, vous vous êtes obligé de me donner un cheval, *indeterminatè*, sans dire quel cheval; cette dette d'un cheval, dont je suis créancier par notre marché, est susceptible de compensation; et si par la suite, avant que j'en eusse été payé, je devenois l'héritier unique d'une personne qui vous auroit légué un cheval *indeterminatè*, et, en cette qualité, votre débiteur d'un cheval, il est évident que vous pourriez m'opposer en compensation cette dette d'un cheval dont je suis débiteur envers vous par le testament de celui à qui j'ai succédé, contre la dette d'un cheval dont vous êtes débiteur envers moi par notre marché.

Au contraire, lorsqu'une chose, quoique de sa nature chose fongible, est due comme corps certain et déterminé, la dette n'est pas susceptible de compensation. Par exemple, si je vous ai acheté les six pièces de vin que vous avez recueillies cette année dans votre vigne de Saint-Denis, et que d'un autre côté, avant que vous me les ayez livrées, je sois devenu héritier unique d'une personne qui vous a légué six pièces de vin par son testament, et, en cette qualité, votre débiteur de cette quantité de six pièces de vin, vous ne pouvez pas m'opposer contre la dette de six pièces de vin de votre récolte que je vous ai achetées, celle de six pièces de vin dont je suis débiteur envers vous; et je serai fondé à demander que, sans avoir égard à cette compensation, vous soyez tenu de me livrer les six pièces de votre récolte que je vous ai achetées, aux offres que je ferai de vous donner six autres pièces de vin bon et loyal, telles que je voudrai. La raison est que la compensation étant un paiement réciproque que se font les deux parties, un créancier ne peut être obligé de recevoir en compensation autre chose que ce qu'il seroit obligé de recevoir en paiement : or, suivant la règle, *Aliud pro alio invito creditori solvi non potest*, *suprà*, n. 530, le créancier d'un corps certain et déterminé ne peut être obligé de recevoir autre chose en paiement que le corps certain et déterminé qui lui est dû ; et l'on ne seroit pas recevable à lui offrir en paiement une autre chose, quoique du même genre que le corps certain et déterminé qui lui est dû. Par la même raison, on ne peut l'obliger à accepter, en compensation de la dette d'un corps certain et déterminé qui lui est dû, la dette de choses d'un même genre dont il est débiteur; la dette d'un corps certain et déterminé, quoique du nombre des choses fongibles, n'est donc pas susceptible de compensation.

Il y a un cas néanmoins auquel la dette d'un corps certain et déterminé pourroit être susceptible de compensation : car si j'étois votre créancier d'une part indivise d'un corps certain ; *putà*, si vous m'aviez vendu une part indivise que vous aviez dans un certain héritage, et qu'avant que vous me l'eussiez livrée, je fusse devenu l'héritier d'une personne qui étoit votre débiteur d'une autre part indivise dans le même héritage, vous pourriez opposer contre la dette de la part de cet héritage dont vous êtes tenu envers moi, la compensation de la dette d'une part dans le même héritage, dont je suis tenu envers vous. *Sebast. de Medicis, Tract. de compens. p. 1, §. 3.*

625. Lorsque la chose due est susceptible de compensation, on peut opposer la compensation contre la

dette de cette chose, de quelque cause que cette dette procéde.

On peut l'opposer même contre la dette d'une somme due en vertu d'une condamnation judiciaire; l. 2, *Cod. de compens.*

Il y a néanmoins quelques dettes contre lesquelles le débiteur n'est pas écouté à proposer aucune compensation.

1º En matière de spoliation, on ne peut opposer aucune compensation contre la demande pour la restitution des choses dont quelqu'un a été dépouillé, suivant cette maxime si connue : *Spoliatus ante omnia restituendus.* Voyez *Sebast. de Medicis, Tract. de compens., p.* 2, §. 28.

2º Un dépositaire n'est pas admis à opposer aucune compensation contre la demande qui lui est faite pour la restitution du dépôt qui lui a été confié : *In causâ depositi compensationi locus non est. Paul, sent.* 11, 12, 13.

Ce texte de Paul doit être entendu principalement du dépôt irrégulier, tel que celui dont il est parlé dans les lois 24, 25, §. 1; et 26, §. 1, ff. *depos.*, par lequel on donne en garde à quelqu'un une somme d'argent, pour la mêler avec d'autres sommes qui sont déposées par d'autres personnes, et rendre, non les mêmes espéces, mais la même somme. Si le dépôt étoit un dépôt ordinaire, tel que celui d'un sac d'argent cacheté et étiqueté, il n'y auroit pas lieu à la compensation, non pas seulement parceque c'est un dépôt, mais par la régle générale, que les dettes de corps certains n'en sont pas susceptibles.

Le dépositaire ne peut, à la vérité, opposer contre la restitution du dépôt qui lui est demandé, la compensation des créances qu'il auroit contre celui qui le lui a confié, lorsque ces créances ont une cause étrangère au dépôt; mais lorsque la cause pour laquelle le dépositaire est créancier de celui qui lui a confié le dépôt, procéde du dépôt même, comme lorsqu'il est créancier pour les dépenses qu'il a été obligé de faire pour la conservation du dépôt, non seulement il a en ce cas le droit de compensation, lorsque le dépôt est un dépôt irrégulier; mais même, lorsque c'est un corps certain qui est l'objet du dépôt, il a le droit de le retenir, *quasi quodam jure pignoris*, jusqu'à ce qu'il soit payé de sa créance. C'est la décision commune des docteurs cités par *Sebast. Med. Tract. de compens., p. 1, §. 19.*

C'est suivant ce principe que les receveurs des consignations retiennent, sur les sommes consignées, les droits de consignations attribués à leurs offices.

3° La dette d'une somme qui m'a été donnée ou léguée pour servir à mes aliments, et avec la clause qu'elle ne pourroit être saisie par mes créanciers, est une dette contre laquelle on ne peut m'opposer aucune compensation : car de même que cette clause empêche qu'elle ne puisse être saisie par des tiers, et qu'elle ne puisse être employée au paiement de ce que je devrois à des tiers ; elle empêche, par la même raison, que cette somme ne puisse, par le moyen de la compensation, être employée au paiement de ce que je devrois à celui qui en est le débiteur. *Sebast. de Medicis, Tract. de comp., p. 1, §. 14,* apporte une autre raison de cette décision, savoir, que les aliments étant une chose nécessaire à la vie, ce seroit une espèce d'homicide que commettroit celui qui est chargé de les fournir, s'il les refusoit, sous quelque prétexte que ce fût, même de compensation : *Necare videtur qui alimonia denegat; l. 4, ff. de agnosc. liber.*

4° Un censitaire ne peut opposer la compensation d'une somme qui lui seroit due par son seigneur de censive, pour se décharger de l'obligation en laquelle il est d'aller ou d'envoyer, au jour et au lieu accoutumés, lui payer le cens qu'il lui doit. La raison est que la dette du cens ne renferme pas seulement la dette d'une somme d'argent, mais celle de la reconnoissance de la seigneurie directe, qui est quelque chose d'inestimable, et n'est pas par conséquent susceptible de compensation.

Le cens n'est pas susceptible de compensation, même contre une dette de pareille nature. *Finge.* Je vous dois pour un héritage situé dans votre censive, trois deniers de ceus, payables en votre hôtel seigneurial, le jour de la Saint-Martin, à peine de cinq sous de défaut. Vous me devez, pour un héritage situé dans la mienne, pareille somme de trois deniers de cens payables le même jour, sous la peine de trois autres deniers seulement de défaut. La compensation ne peut avoir lieu dans cette espéce, et nous décharger l'un envers l'autre d'aller payer le cens. La raison est que la compensation, pour qu'elle puisse avoir lieu, doit donner à chacune des parties ce qui lui appartient. Par exemple, si je vous dois 500 liv., et que vous m'en deviez autant, la compensation, par la décharge qu'elle me procure des 500 livres que je vous devois, me donne véritablement les 500 livres qui m'étoient dues par vous; car la libération de 500 livres que je devois, vaut véritablement 500 livres. Mais dans notre espéce, la décharge de reconnoître votre seigneurie pour l'héritage que je tiens de vous, ne peut faire que je sois reconnu de la mienne pour celui que vous tenez de moi : il ne peut donc pas y avoir lieu en ce cas à la compensation, puisqu'elle ne peut nous donner à chacun ce qui nous appartient : d'ailleurs *monumenta censuum interturbarentur*. Molin. *in Cons. Par. ad art.* 85, *gl.* 1, *n.* 38.

Observez que le cens n'est pas susceptible de compensation en ce sens, que le censitaire ne peut être déchargé d'aller ou d'envoyer payer le cens : mais il peut en être susceptible en ce sens, que le censitaire qui est créancier d'une somme d'argent de son seigneur, peut aller, aux jour et lieu auxquels le cens est payable, offrir à son seigneur, à la place de la somme d'argent qu'il doit pour le cens, une quittance de pareille somme sur celle qui lui est due par son seigneur; car il satisfait, en se transportant sur le lieu et en faisant ces offres, à l'obligation de reconnoître la seigneurie. Cette compensation ne doit néanmoins être permise que lorsque le cens consiste dans une somme un peu considérable, et ne doit point avoir lieu pour les menus cens. *Molin. ibid.*

On a mis autrefois en question si le débiteur qui s'est

obligé par serment au paiement de la dette peut, dans le for de la conscience comme dans le for extérieur, opposer la compensation de ce qui lui est dû par son créancier. Plusieurs docteurs, sur-tout des canonistes, ont tenu la négative, par une raison frivole, que le serment doit être accompli *in formâ specificâ*. L'opinion de ceux qui tiennent l'affirmative est la meilleure. Le serment ajouté à une obligation ne sert à autre chose qu'à rendre plus coupable le débiteur lorsqu'il y contrevient, et à le porter, par la crainte de se rendre coupable de parjure, à n'y pas contrevenir; mais l'obligation, quoique confirmée par serment, demeure la même, et le serment ne peut empêcher qu'elle ne puisse être acquittée par toutes les manières dont les obligations peuvent être acquittées, et conséquemment par la compensation. *Seb. Medicis, Tract. de comp.*, *p.* 2, §. 25.

On peut opposer la compensation non seulement contre des dettes qui sont dues à des particuliers, mais même contre les dettes qui sont dues à des villes, ou à des corps ou communautés. La loi 3, *cod. de compens.* excepte néanmoins certaines espèces de dettes dues aux villes, contre lesquelles elle ne permet pas au débiteur d'opposer aucune compensation de ce que la ville lui devroit.

La loi 1, *cod. d. tit.* admet la compensation, même contre le fisc, pourvu néanmoins que tant la dette dont on se défend par la compensation, que celle qu'on oppose en compensation, dépendent l'une et l'autre de la même régie ou bureau : *Rescriptum est compensationi in causâ fiscali locum esse, si eadem statio quid debeat quæ petit: de leg.* 1. Par exemple, je ne pourrois pas opposer en compensation de ma capitation que je dois à Orléans, les arrérages de rente qui me sont dus sur les tailles de Paris.

§. II. Quelles dettes peuvent être opposées en compensation.

626. Pour qu'une dette puisse être opposée en compensation, il faut, 1° que la chose due soit du même genre que celle qui fait l'objet de la dette contre laquelle on

oppose la compensation : *Compensatio debiti ex pari specie, licet ex causâ dispari, admittitur : Paul. sent.* II, v, 3. Par exemple, je veux opposer en compensation d'une somme d'argent que je vous dois, la dette d'une pareille somme d'argent que vous me devez : ces dettes sont *ex pari specie.* Mais je ne puis opposer en compensation d'une somme d'argent que je vous dois, la dette d'une certaine quantité de blé que vous me devez.

La raison est que la compensation étant un paiement, de même que je ne puis payer à mon créancier malgré lui autre chose que ce que je lui dois, *infrà*, *n.* 630, je ne puis, par la même raison, l'obliger à recevoir en compensation d'une somme d'argent que je lui dois, le blé qu'il me devoit : car ce seroit l'obliger à recevoir du blé pour de l'argent qui lui est dû, par conséquent à recevoir en paiement autre chose que ce qui lui est dû.

Quoiqu'on ne puisse opposer contre la dette d'un corps certain et déterminé, la dette d'une quantité, quoique de choses de même genre, comme nous l'avons vu en l'article précédent, *n.* 624, *contrà vice versâ*, on peut, contre la dette d'une quantité, opposer la compensation d'un corps certain et déterminé de même genre. Par exemple, si je suis votre créancier de six pièces de vin de votre récolte que vous m'avez vendues, et en même temps votre débiteur de six pièces de vin *in genere*, qu'une personne à qui j'ai succédé vous a léguées, vous ne pouvez pas m'opposer contre la dette de six pièces de vin que vous m'avez vendues, celle de six pièces *in genere* que je vous dois ; parcequ'il ne vous est pas permis de me payer autre chose que ces six mêmes pièces de vin. Au contraire, si vous me demandez le paiement des six pièces de vin *in genere* que je vous dois, je puis vous opposer en compensation la dette de six pièces de vin que vous m'avez vendues ; parceque si vous me les aviez livrées, je pourrois vous les donner en paiement des six pièces de vin que je vous dois.

Observez néanmoins que cette compensation *speciei mihi debitæ ad quantitatem*, dépendant de mon choix, elle n'a lieu que du jour que je déclare mon choix, et que j'oppose cette compensation; au lieu que les compensations qui se font *quantitatis ad quantitatem*, ont lieu dès l'instant que le créancier est devenu débiteur, comme nous le verrons par la suite.

627. Il faut, 2° que la dette qui est opposée en compensation soit une dette dont le paiement soit échu : *Quod in diem debetur, non compensabitur antequàm dies veniat*; l. 7, ff. *de compens.* La raison est évidente. La compensation est un paiement réciproque que les parties se font : or le débiteur de la dette dont le terme de paiement n'est point encore échu, n'étant point encore tenu de la payer, n'est point encore tenu d'en admettre la compensation contre sa créance.

Le terme de paiement dont l'échéance est nécessaire pour la compensation, est le terme dont le débiteur jouit de droit en vertu de la convention. Il en est autrement d'un terme de grace qui lui auroit été accordé. Par exemple, si j'ai fait condamner mon débiteur à me payer la somme de 1,000 liv. que je lui ai prêtée, et que le juge lui ait accordé, par la sentence, terme de trois mois pour la payer; qu'un mois après cette sentence, ce débiteur étant devenu héritier de mon créancier, à qui je dois pareille somme de 1,000 liv., me demande cette somme; je pourrai lui opposer en compensation la dette de 1,000 liv. qu'il me doit, quoique le terme de trois mois qui lui a été accordé ne soit pas expiré : car ce terme n'est qu'un terme de *grace*, accordé seulement à l'effet d'arrêter la rigueur des contraintes, mais qui ne peut arrêter la compensation: *Aliud est diem obligationis non venisse, aliud humanitatis gratiâ tempus indulgeri solutionis*; l. 16, §. 1, ff. *de compens.*

628. Il faut, 3° que la dette qu'on oppose en compensation soit liquide; l. *fin.* §. 1, *cod. de compens.*

Une dette est liquide lorsqu'il est constant qu'il est dû, et combien il est dû, *cùm certum est an et quantum debeatur.*

Une dette contestée n'est donc pas liquide, et ne peut être opposée en compensation, à moins que celui qui l'oppose n'en ait la preuve à la main, et ne soit en état de la justifier promptement et sommairement.

Quand même il seroit constant qu'il est dû, tant qu'il n'est pas constant combien il est dû, et que la liquidation dépend d'un compte pour lequel il faille une longue discussion, la dette n'est pas liquide, et ne peut être opposée en compensation.

629. Il faut, 4° que la dette soit déterminée. C'est pourquoi si quelqu'un a chargé son héritier de me donner cent pistoles ou ses deux chevaux de carrosse, et que je doive pareille somme de cent pistoles à cet héritier, je ne pourrai lui opposer en compensation de cent pistoles que je lui dois, les cent pistoles qui m'ont été léguées, tant qu'il aura le choix des cent pistoles ou des chevaux, parceque cette somme n'est pas due *determinatè*. Mais si le testament m'en avoit donné le choix, je pourrois opposer la compensation, qui néanmoins n'auroit lieu que du jour que j'aurois fait mon choix : *Si debeas decem millia aut hominem, utrum volet adversarius ; ita compensatio admittitur, si adversarius palàm dixisset, utrum voluisset ;* l. 22.

630. Il faut, 5° que la dette soit due à la personne même qui en oppose la compensation : *Ejus quod non ei debetur qui convenitur, sed alii, compensatio fieri non potest;* l. 9, cod. d. tit.

C'est pourquoi je ne pourrai opposer contre ce que je dois, la compensation de ce que mon créancier doit à mon père, à mes enfants, à ceux dont je suis tuteur, curateur ou administrateur, à ma femme qui est séparée de biens, etc.

Si je suis en communauté avec elle, ce qui lui est dû m'est vraiment dû ; par conséquent je puis l'opposer en compensation.

Papinien, en la loi 18, §. 1, ff. *de compens.*, porte si loin ce principe, qu'il va jusqu'à décider que mon créancier n'est pas obligé d'accepter la compensation de ce qu'il doit à un autre qu'à moi, quoique ce tiers, son créancier, intervienne, et offre de compenser pour moi ce qui lui est dû : *Creditor compensare non cogitur quod alii quàm debitori suo debet, quamvis creditor ejus, pro eo qui convenitur, proprium debitum velit compensare. Finge.* Vous me faites commandement de vous payer cent livres que je vous dois; vous devez pareille somme à Pierre, et je vous signifie un acte par lequel Pierre consent que la somme de cent livres que vous lui devez, vienne en compensation de celle que vous me demandez; et en conséquence je conclus à la compensation, et au gré du commandement, dont j'offre les frais. Papinien prétend que vous n'êtes pas obligé d'accepter cette compensation : mais Barbeyrac, en ses notes sur Pufendorf, pense avec raison que Papinien a poussé trop loin la subtilité, et que la compensation doit être admise : car vous étant indifférent de recevoir de moi ou de Pierre les cent livres que je vous dois, il est injuste d'autoriser vos poursuites contre moi pour le paiement de cette somme, lorsque Pierre veut bien que vous receviez cette somme de lui pour moi, en compensation de celle que vous lui devez.

On pourroit concilier Barbeyrac avec Papinien par une distinction. Si la somme que je dois à Pierre est égale à celle que vous me devez, je ne puis me dispenser de la compenser à celle que vous me devez, lorsque vous faites intervenir Pierre, qui consent qu'elle vienne en compensation : c'est le cas auquel la décision de Barbeyrac doit être suivie. Mais si la somme que je dois à Pierre est moindre que celle que vous me devez, quelque offre que fasse Pierre de souffrir que la somme que vous lui devez vienne en compensation de celle que je vous dois, vous n'êtes pas obligé, suivant la décision de Papinien, d'admettre cette compensation, à moins que je n'offre en même temps de vous payer le surplus : car autrement ce seroit vous obliger de recevoir votre dette par parties, chose à quoi vous n'êtes pas tenu. Ce n'est que dans le cas où je suis moi-même votre créancier d'une partie de la somme que je vous dois, que la compensation a lieu, et a la vertu d'éteindre malgré vous ma dette pour partie, et jusqu'à concurrence de la somme que je vous dois,

C'est le concours des qualités de créancier et de débiteur dans les mêmes personnes, qui opère de plein droit cette compensation jusqu'à due concurrence; personne ne pouvant être véritablement mon créancier, que sous la déduction de ce qu'il me doit, ni véritablement mon débiteur, que sous la déduction de ce que je lui dois.

Celui qui a les droits cédés d'un créancier, n'est pas à la vérité, quant à la subtilité du droit, créancier, mais seulement procureur *in rem suam* du créancier. Néanmoins comme il est, quant à l'effet, créancier, lorsqu'il a fait signifier son transport au débiteur, il peut opposer la compensation de cette créance au débiteur envers qui il est lui-même débiteur, comme de tout autre dont il seroit créancier de son chef : *In rem suam procurator datus, si vice mutuâ conveniatur, æquitate compensationis utetur;* l. 18, ff. *de compens.*

631. La règle que nous venons d'établir, que nous ne pouvons opposer la compensation que de ce qui nous est dû à nous-mêmes, reçoit exception à l'égard des cautions. Celui à qui on demande le paiement d'une somme qu'il s'est obligé de payer comme caution d'une autre personne, peut opposer au demandeur la compensation, non seulement de ce qui lui est dû à lui-même par le demandeur, mais aussi de ce qui est dû par le demandeur au débiteur principal : *Si quid à fidejussore petitur, æquissimum est fidejussorem eligere quod ipsi an quod reo debetur, compensare malit;* l. 5, ff. *d. tit.* La raison est qu'il est de la substance du cautionnement, que la caution ne puisse être obligée à plus que le débiteur principal, et qu'il puisse user par conséquent de toutes les mêmes défenses dont pourroit user le débiteur principal; *suprà, n.* 380 : or le débiteur principal pourroit opposer au créancier la compensation de ce que son créancier lui doit; la caution peut donc aussi opposer la compensation de la même dette.

Il n'en est pas de même *vice versâ;* le débiteur principal ne peut opposer à son créancier la compensation de ce que son créancier doit à ses cautions.

Un débiteur solidaire peut-il opposer en compensation ce qui est dû à son codébiteur? *Voyez suprà, n.* 274.

632. Il faut, 6° que la dette qui est opposée en compensation soit due par la personne même à qui on l'oppose. Par exemple, si quelqu'un me demande le paiement de ce que je lui dois, je ne pourrai pas lui opposer en compensation ce qui m'est dû par les mineurs dont il est tuteur; *et vice versâ,* si, en qualité de tuteur, il me demande le paiement de ce que je dois à ses mineurs, je ne pourrai pas lui opposer la compensation de ce qu'il me doit lui-même : *Id quod pupillorum nomine debetur si tutor petat, non posse compensatione objici ejus pecuniæ quam ipse tutor suo nomine debet; l.* 23, *d. tit.*

Par la même raison, je ne puis pas opposer à mon créancier la compensation de ce que me doit sa femme, lorsqu'elle est séparée de biens : mais je puis l'opposer, si elle est commune avec lui, parcequ'il est lui-même tenu des dettes de sa femme; il en est lui-même devenu débiteur par la communauté de biens qu'il a contractée avec elle. Cela a lieu quand même il y auroit clause de séparation de dettes, à moins qu'il ne justifiât par le rapport d'un inventaire, qu'il ne lui reste aucuns deniers entre les mains des biens de sa femme; car sans cela il est débiteur lui-même de ce qui est dû par sa femme. On peut, pour notre décision, tirer argument de la loi 19, qui décide qu'on peut opposer au maître, jusqu'à concurrence du pécule de son esclave, la compensation de ce qui est dû par son esclave, cette dette de l'esclave étant la dette du maître jusqu'à concurrence du pécule.

Lorsque mon créancier a fait transport à quelqu'un de la créance qu'il avoit contre moi, je puis opposer au cessionnaire la compensation, non seulement de ce qui m'est dû par lui, mais aussi de ce qui m'est dû par son cédant, pourvu que j'aie commencé à être créancier de son cédant avant la signification ou l'acceptation du transport; car cette créance n'ayant pu passer plus tôt en la personne du cessionnaire, suivant cette maxime de notre droit françois, *transport ne saisit, s'il n'est signifié*, et ayant par conséquent jusqu'à ce temps résidé en la personne du cédant, toutes les créances que j'ai jusqu'à ce temps acquises contre le cédant, ont, par la vertu de la compensation, éteint et diminué de plein droit, jusqu'à due concurrence, celle qu'il avoit contre moi, et dont il a fait transport.

Si je ne suis devenu créancier du cédant que depuis la signification du transport, il n'y aura pas lieu à la compensation : car il avoit cessé d'être mon créancier par cette signification ; ou s'il l'étoit, il ne l'étoit plus que *subtilitate juris, et non juris effectu*.

Quoique je fusse créancier du cédant dès avant le transport, cependant, si, ayant connoissance de ma créance, j'ai néanmoins accepté purement et simplement le transport, je suis censé avoir, par mon acceptation pure et simple, renoncé à la compensation, et je ne pourrai l'opposer au cessionnaire qui a compté sur mon acceptation, sauf à moi à exercer ma créance contre le cédant. C'est ce qui a été jugé par des arrêts cités par Despeisses.

633. Suivant les principes du droit romain, je puis vous opposer en compensation de ce que vous me devez ici, la somme que vous me devez, et qui est payable en un autre lieu, en vous faisant raison du coût de la remise du lieu où elle étoit payable, en celui-ci ; l. 15, ff. *de compens.* Le créancier, suivant les principes du droit romain, ayant l'action *de eo quod certo loco*, pour obliger son débiteur à payer où il se trouvoit, la somme qui étoit payable ailleurs, en lui tenant compte du coût de la remise, c'étoit une conséquence qu'il pût pareillement l'obliger à la compenser. Mais cette action *de eo quod certo loco* n'étant pas d'usage parmi nous, et le créancier ne pouvant exiger le paiement d'une somme payable en certain lieu, ailleurs qu'au lieu où elle est payable, *suprà*, n. 239, il sembleroit qu'on en devroit conclure qu'il ne pourroit l'opposer en compensation de ce qu'il doit en un autre lieu : néanmoins Domat, *p.* 1, *l.* 4, *t.* 2, *sect.* 2, *n.* 8, estime qu'on doit admettre cette compensation, en faisant raison de la valeur de la

remise. Cela paroît assez équitable, la compensation étant très favorable.

634. Il est évident que je ne puis vous opposer en compensation de ce que je vous dois, le sort principal d'une rente constituée que vous me devez, mais seulement les arrérages qui en sont échus ; car le sort principal d'une rente n'est pas proprement dû, il n'est que *in facultate luitionis*.

§. III. Comment se fait la compensation, et de ses effets.

635. La compensation se fait de plein droit : *Placuit id quod invicèm debetur* IPSO JURE *compensari;* l. 21, ff. *de comp.* Il y avoit néanmoins à cet égard de la différence, dans l'ancien droit romain, entre les dettes qui procédoient des contrats *bonæ fidei*, et celles qui procédoient des contrats *stricti juris*. Cette différence a été abrogée par la constitution de Justinien, en la loi *fin. Cod. dict. tit. Compensationis ex omnibus actionibus* IPSO JURE *fieri sancimus ; d. l.*

Lorsqu'on dit que la compensation se fait *de plein droit, ipso jure,* cela signifie qu'elle se fait par la seule vertu de la loi, sans qu'elle ait été prononcée par le juge, ni même opposée par aucune des parties.

Aussitôt que celui qui étoit créancier d'une personne devient son débiteur d'une somme ou autre quantité susceptible de compensation avec celle dont il étoit créancier; *et vice versâ,* aussitôt que celui qui étoit débiteur d'une personne devient son créancier d'une somme susceptible de compensation avec celle dont il étoit débiteur; la compensation se fait, et les dettes respectives sont dès-lors éteintes jusqu'à due concurrence, par la seule vertu de la loi de la compensation.

Cette interprétation est conforme à l'explication que tous les lexicographes donnent à ces termes, *ipso jure.* IPSO JURE *fieri dicitur,* dit Brisson, *quod ipsâ legis potestate et autoritate, absque magistratûs auxilio et sine exceptionis ope fit.....* Verba IPSO JURE, dit Spigelius, *intelliguntur sine facto hominis.* IPSO JURE *consistere dicitur,* dit Pratejus, *quod ex solâ legum potestate et autoritate, sine magistratûs operâ consistit.*

Notre principe, que la compensation éteint les dettes respectives *ipsâ juris potestate,* sans qu'elle ait été opposée, ni prononcée, est établi non seulement par les termes d'*ipso jure,* dont se servent les lois, termes auxquels on ne peut donner un autre sens, mais encore par les effets que les textes de droit donnent à la compensation.

Par exemple, Paul, *sent.* 11, 5, 3, dit que si mon créancier me demande la somme entière dont il étoit créancier, sans m'offrir la déduction de celle dont il est devenu mon débiteur, il encourt par cette demande la peine de la plus-pétition : *Si totum petat, plus petendo causa cadit :* ce qui suppose évidemment notre principe, savoir, qu'avant que j'aie opposé au créancier la compensation, la dette dont il étoit devenu mon débiteur avoit déja diminué et éteint sa créance jusqu'à due concurrence ; autrement il ne seroit pas dans le cas de la plus-pétition.

Les autres effets de la compensation qu'on rapportera ci-après, établissent pareillement notre principe.

A l'égard des textes de droit qu'on a coutume d'opposer contre notre principe, dans lesquels il est parlé de la compensation opposée contre la demande d'un créancier, et des compensations admises ou rejetées par le juge, ils ne décident rien contre notre principe, et on n'en doit pas conclure que la compensation doit être opposée ou prononcée, pour qu'elle puisse avoir lieu. Il est vrai que si celui qui étoit mon créancier d'une certaine somme, et qui depuis est devenu mon débiteur d'autant, forme une demande contre moi pour le paiement de cette somme, je serai obligé, pour me défendre de sa demande, de lui opposer la compensation de la somme dont il est devenu mon débiteur; sans cela, le juge qui verroit son titre de créance, et qui ne peut pas deviner la créance que j'ai de mon côté contre lui, ne manqueroit pas de faire droit sur sa demande. C'est pour cela qu'il est fait mention, dans ces textes, de compensations opposées par une partie, admises ou réprouvées par le juge. Mais on ne peut point du tout en conclure que la dette n'ait pas été acquittée par la compensation, dès avant que je l'aie opposée. Je ne suis obligé d'opposer la compensation que pour instruire le juge que la compensation s'est faite; de même que lorsque quelqu'un me demande une dette que j'ai payée, je suis obligé, pour instruire le juge, d'opposer et de rapporter les quittances.

On a coutume d'opposer encore contre notre principe *la loi 6, de compens.*, où la compensation est appelée *mutua petitio;* ce qui sembleroit supposer que les actions respectives des parties subsistent avant que le juge ait prononcé la compensation. La réponse est que ce n'est que dans un sens très impropre que la compensation opposée par le défendeur est appelée *mutua petitio* dans cette loi; ce qui ne signifie autre chose que la simple allégation de la créance respective que le défendeur avoit contre le demandeur, et par laquelle celle du demandeur a été éteinte. Notre réponse est fondée sur la loi 21, ff. *de comp.*, où il est marqué expressément que celui qui allègue la compensation ne forme pas une demande respective, mais se défend seulement de celle qui est donnée contre lui, en faisant connoître qu'elle ne procéde pas jusqu'à concurrence de la somme opposée en compensation. *Postquàm placuit inter omnes*, dit cette loi, *id quod invicem debetur ipso jure compensari, si procurator absentis conveniatur, non debebit de rato cavere* (pour être admis à alléguer la compensation, comme il y seroit obligé s'il formoit une demande ou réconvention), *quia nihil compensat, sed ab initio minùs ab eo petitur;* c'est-à-dire, *non ipse compensat, non ipse aliquid mutuò petit, sed allegat compensationem ipso jure factam, quæ ab initio jus petitoris ipso jure minuit.*

636. Les effets de la compensation sont des conséquences du principe que j'ai établi.

Ces effets sont, 1° que si mon créancier à qui j'ai donné des effets en nantissement est devenu mon débiteur, je puis répéter lesdits effets, en lui offrant seulement ce que je lui dois de plus qu'il ne me doit, la compensation qui se fait de nos dettes respectives jusqu'à due concurrence tenant lieu du paiement du surplus. C'est la décision de la loi 12, *Cod. de compens.*

2.º Si vous aviez contre moi une créance d'une certaine somme d'argent qui produisoit des intérêts par sa nature, et que vous fussiez depuis devenu mon débiteur d'une somme d'argent; quoique ma créance ne fût pas de nature, comme la vôtre, à produire des intérêts, néanmoins ma créance sera censée, par la vertu de la compensation, avoir acquitté la vôtre jusqu'à due concurrence, du jour que vous en êtes devenu débiteur; et dès ce jour les intérêts jusqu'à concurrence auront cessé d'en courir. Par exemple, si vous étiez mon créancier d'une somme de 1,000 liv. pour le prix d'un héritage que vous m'aviez vendu et livré, et que depuis vous fussiez devenu unique héritier de Pierre, qui me devoit une somme de 800 liv. pour cause d'un pur prêt, du jour que vous êtes devenu héritier de Pierre, et en cette qualité mon débiteur de cette somme de 800 liv., c'est-à-dire, du jour de la mort de Pierre, votre créance de 1,000 liv. est censée avoir été dès ce jour acquittée, jusqu'à la concurrence de ladite somme de 800 liv., et ne plus subsister que pour les 200 l. restantes; et dès ledit jour les intérêts auront cessé de courir, si ce n'est pour ladite somme restante de 200 liv. C'est ce qui est décidé par la constitution de Septime Sévère, suivant que le rapporte Ulpien : *Quùm alter alteri pecuniam sine usuris, alter usurariam debet, constitutum est à divo Severo concurrentis apud utrumque quantitatis usuras non esse præstandas;* l. 11, ff. de compens.

La même décision se trouve en la constitution d'Alexandre : *Si constat pecuniam invicem deberi, ipso jure pro soluto compensationem haberi oportet ex eo tempore, ex quo ab utrâque parte debetur utique quoad concurrentes quantitates, ejusque solius quoad ampliùs apud alterum est usuræ debentur;* l. 4, *Cod. d. tit.*

Cet effet de la compensation n'a lieu que dans les compensations ordinaires, *quantitatis certæ ac determinatæ ad certam ac determinatam quantitatem*, lesquelles se font de plein droit : mais dans les compensations qui n'ont lieu que du jour qu'elles sont opposées, les intérêts ne doivent cesser de courir que de ce jour. Par exemple, si vous étiez mon créancier d'une somme de 1,000 liv. pour le prix d'un héritage que vous m'aviez vendu, et qui portoit par conséquent des intérêts, et que depuis vous fussiez devenu héritier unique de Pierre, qui m'a légué deux chevaux de carrosse, ou une somme de 1,000 liv. à mon choix; les intérêts de la somme de 1,000 liv. que je vous dois ne cesseront pas de courir du jour de la mort de Pierre, qui est le jour auquel vous êtes devenu le débiteur du legs qu'il m'a fait; ils ne cesseront de courir que du jour que j'aurai déclaré que je choisissois la somme de 1,000 liv. pour mon legs : ce n'est que de ce jour que la compensation se fait de cette somme avec celle que je vous dois, comme nous l'avons déja observé *suprà*, n. 629.

637. 3° Quoique mon créancier ne puisse être obligé de recevoir pour partie le paiement réel que je voudrois lui faire, *suprà, n.* 533; cependant s'il est devenu mon débiteur d'une somme moindre que celle que je lui dois, il est obligé de souffrir l'acquittement partiel de sa créance, qui se fait en ce cas par la vertu de la compensation, suivant qu'il résulte des lois ci-dessus rapportées.

638. 4° Si j'étois votre débiteur de 3,000 liv. pour trois différentes causes, et que depuis je fusse devenu votre créancier de la somme de 1,000 livres, la compensation de la créance de 1,000 liv. que j'ai acquise contre vous, doit se faire avec celle des trois dettes dont j'ai le plus d'intérêt d'être acquitté. La raison est que la compensation tenant lieu de paiement, de même que dans les paiements l'imputation se fait sur celle des dettes que le débiteur a le plus d'intérêt d'acquitter, *suprà, n.* 566, la compensation doit pareillement se faire sur celle des dettes qu'il a le plus d'intérêt d'acquitter.

2.

8

Cette décision n'a lieu que lorsque les différentes dettes dont j'étois votre débiteur ont toutes précédé la créance que j'ai depuis acquise contre vous. Mais si étant votre débiteur d'une somme de 1,000 livres, je suis devenu depuis votre créancier de pareille somme, et que j'aie depuis contracté une nouvelle dette envers vous; quoique ce fût une dette dont j'eusse plus d'intérêt d'être acquitté que de la première, néanmoins vous pourrez m'en demander le paiement, sans que je puisse vous opposer la compensation de la créance que j'ai acquise; cette créance ayant été éteinte aussitôt que je l'ai acquise, par la compensation qui s'est faite de plein droit de cette créance avec la première que vous aviez contre moi. *Tindar. tract. de compens. art.* 7 , *in fin.; Sebast. Medicis, p.* 2, §. 12.

639. Si celui qui étoit mon créancier d'une certaine somme est devenu depuis mon débiteur d'autant, et que nonobstant la compensation qui a éteint de plein droit nos créances respectives, je l'aie payé, je répéterai la somme que je lui ai payée, comme non due, par l'action qu'on appelle *condictio indebiti.* C'est ce que décide Ulpien en la loi 10, §. 1, ff. *de compens. Si quis compensare potens solverit, condicere poterit quasi indebito soluto.*

Ce texte prouve bien démonstrativement le principe que nous avons établi, que la compensation se fait de plein droit, et éteint par la seule vertu de la loi les dettes respectives des parties, sans qu'elle ait été opposée par aucune des parties, ni prononcée par le juge; autrement dans cette espèce, dans laquelle, lorsque j'ai payé, la compensation n'avoit été ni opposée ni prononcée, on ne pourroit pas dire que j'aie payé ce que je ne devois plus.

De là naît une question qu'on peut faire dans l'hypothèse suivante. J'étois votre débiteur d'une somme de 1,000 liv. : je suis depuis devenu l'unique héritier de Pierre, qui étoit votre créancier de pareille somme pour un retour de partage. Nonobstant la compensation dont j'aurois pu user, je vous ai payé cette somme de 1,000 liv. Ensuite vos biens ont été saisis réellement par vos créanciers, et notamment ceux qui vous sont échus par le partage que vous avez fait avec Pierre. Je me suis opposé au décret, et je demande à être colloqué en ordre par privilége sur le prix desdits biens, pour le retour du partage que vous deviez à Pierre, à qui j'ai succédé. Les autres créanciers sont-ils bien fondés à s'y opposer? Il semble qu'ils y sont bien fondés : car la créance de Pierre pour ce retour de partage a été éteinte en même temps que j'y ai succédé, par la vertu de la compensation qui s'est faite de cette créance que j'acquérois contre vous, avec celle de pareille somme de 1,000 liv. que vous aviez contre moi. Le paiement que je vous ai fait depuis n'a pu ressusciter nos créances respectives, que la compensation avoit éteintes : il n'a pu me donner autre chose qu'une simple action en répétition de la somme que je vous ai payée, comme ayant été payée sans être due; et cette action n'a aucune hypothèque; ou elle a tout au plus une simple hypothèque du jour de la quittance, si elle étoit par-devant notaire. Il n'a pas dû être en mon pouvoir, en vous payant volontairement une dette qui étoit éteinte par la compensation de cette dette avec la créance que j'avois acquise contre vous, de ressusciter ma créance, et les hypothèques qui y étoient attachées, au préjudice des créanciers qui me suivoient, et du droit de priorité en hypothèque qui leur avoit été acquis par la compensation qui avoit éteint nos créances respectives.

Nonobstant ces raisons, je crois qu'il faut user de distinction sur cette question. Si depuis que la succession de Pierre m'est échue, mais avant que j'aie eu connoissance qu'il y avoit dans cette succession une créance de 1,000l. contre vous, je vous ai payé les 1,000 livres que je vous devois de mon chef; je pense qu'en ce cas je dois être mis en ordre par privilége pour la créance de 1,000 l., quant à laquelle j'ai succédé à Pierre, et qu'on doit juger en ce cas qu'il ne s'en est fait aucune compensation. La raison est que la compensation étant une fiction de la loi, qui feint que les parties se sont respectivement payées aussitôt qu'elles sont devenues créancières et débitrices tout à-la-fois l'une de l'autre, cette fiction, qui est établie en faveur des parties entre lesquelles la compensation se fait, ne doit avoir lieu qu'autant qu'elle ne leur seroit pas préjudiciable, et qu'elle ne les induiroit pas en erreur; un bienfait de la loi ne devant jamais être préjudiciable à ceux à qui la loi l'accorde : *Beneficium legis non debet esse captiosum*. On ne doit donc pas supposer en ce cas qu'il y a eu une compensation; car elle me seroit préjudiciable : elle m'auroit induit en erreur; elle m'auroit, sans ma faute, fait perdre une somme de 1,000 liv. pour laquelle j'avois une hypothèque privilégiée. Il faut décider autrement dans le cas auquel je ne vous aurois payé les 1,000 livres que je vous devois de mon chef, que depuis l'inventaire de la succession de Pierre, qui m'a donné connoissance de la créance que cette succession avoit contre vous. Rien n'empêche de supposer en ce cas que la compensation a éteint nos créances respectives : ce n'est pas en ce cas la loi de la compensation qui m'a causé du préjudice, ni qui m'a induit en erreur. Si je perds les 1,000 liv. que je vous ai sottement payées, je ne dois pas m'en prendre à la loi de la compensation, mais à moi-même, qui ai bien voulu vous payer une dette que je savois être acquittée par la compensation : il n'a pas dû être en notre pouvoir de ressusciter par ce paiement ma créance, en fraude du droit acquis aux créanciers qui me suivoient.

640. Que doit-on décider dans l'espèce suivante? J'étois votre débiteur de la somme de 1,000 liv. : je suis devenu depuis votre créancier d'autant; *putà*, en devenant l'unique héritier de Pierre, à qui vous deviez pareille somme. Sur la demande que vous avez donnée contre moi pour le paiement de cette somme de 1,000 livres que je vous devois, ayant négligé d'opposer la compensation de celle que vous me deviez, j'ai été condamné à vous payer cette somme, et je vous l'ai payée en exécution de la sentence : ai-je en ce cas quelque recours? Je ne puis pas avoir, comme dans l'espèce précédente, l'action *condictio indebiti,*

La loi 2, *Cod. de compens.*, décide que quoique j'eusse pu encore opposer la compensation de ma créance contre vos poursuites en exécution de la condamnation, il n'y aura pas lieu à l'action *condictio indebiti*, parceque ce qui est payé en exécution d'une condamnation ne peut être regardé comme payé sans cause. Or cette action *condictio indebiti* n'a lieu que lorsque le paiement a été fait sans aucune cause, et par conséquent sans condamnation : *Pecuniæ indebitæ per errorem,* NON EX CAUSA JUDICATI *solutæ, esse repetitionem jure condictionis non ambigitur;* l. 1, *Cod. de cond. indem.* Serai-je donc en ce cas privé de tout recours? Il faut dire que, dans cette espèce, quoique selon la subtilité du droit la compensation ait éteint nos créances respectives dans le même instant que j'ai succédé à celle que Pierre avoit contre vous, néanmoins cette compensation doit, dans cette espèce, être regardée comme non avenue : cette créance à laquelle j'ai succédé, et l'action qui en naît, doit m'être restituée, et je dois être admis à l'intenter. La raison est, que cette compensation ayant été privée de son effet vis-à-vis de vous, et par rapport à la créance que vous aviez contre moi, par la sentence qui m'a condamné au paiement de cette créance, l'équité ne permet pas qu'elle puisse subsister vis-à-vis de moi et par rapport à la créance que j'avois de mon côté contre vous. C'est ce que décide fort bien Tindarus, en son Traité *de compensationibus;* et c'est en ce sens qu'il explique la loi 7, §. 1, ff. *de compens.*, qui dit : *Si rationem compensationis judex non habuerit, salva manet petitio;* c'est-à-dire, lorsque le juge a condamné l'une des parties envers l'autre, nonobstant la compensation qui avoit éteint leurs créances respectives, soit qu'elle n'ait pas été opposée, soit qu'ayant été opposée, le juge ait omis d'y statuer, la créance que la partie condamnée avoit contre l'autre, lui est conservée, *salva manet petitio. Lex enim,* dit Tindarus, *hoc casu restituit actionem peremptam, ex maximâ necessitate, sicut facit in multis casibus, æquitate suggerente.* Voyez l. 1, *in fin.* ff. *ad Velleian.*

Ma créance m'est-elle restituée avec les hypothéques qui lui étoient attachées, ou sans ces hypothéques? Je pense qu'il faut en ce cas user de distinction. S'il n'y a pas lieu de soupçonner que ce soit par collusion avec vous, et pour vous faire toucher de l'argent au préjudice de vos créanciers, que je ne vous ai pas opposé la compensation de la créance à laquelle j'avois succédé à Pierre contre vous; *putà*, parceque je n'en avois pas encore connoissance lors de la condamnation; à peine savoit-on dans le public la mort de Pierre; ou du moins on n'avoit pas encore fait l'inventaire des titres de sa succession, qui seul pouvoit me donner la connoissance de cette créance : en ce cas je pense que ma créance me doit être restituée avec ses hypothéques. Mais si ayant déja connoissance de la créance que j'avois contre vous, et pour laquelle j'ai succédé à Pierre, je me suis laissé condamner envers vous, sans vous opposer la compensation; ou si je ne l'ai opposée que *perfunctoriè*, sans l'établir, de manière que le juge n'y a pas statué; en ce cas ma créance contre vous me sera, à la vérité, restituée; mais je ne serai pas admis à exercer les hypothéques qui étoient attachées à cette créance, au préjudice des créanciers qui me suivoient en ordre d'hypothéque, et auxquels le droit de priorité d'hypothéque a été acquis aussitôt que j'ai succédé à la créance de Pierre, par la compensation et l'extinction qui s'est faite alors de nos créances respectives : l'équité ne permet pas que, par une collusion entre nous, je prive ces créanciers de ce droit qui leur a été acquis.

CHAPITRE V.

De l'extinction de la dette par la confusion.

641. On appelle *confusion*, le concours de deux qualités dans un même sujet, qui se détruisent.

Celle dont il est ici question est le concours des qualités

de créancier et de débiteur d'une même dette dans une même personne. Nous verrons 1° en quel cas se fait cette confusion; 2° quel en est l'effet.

Les jurisconsultes romains admettoient une autre espèce de confusion, dans le cas auquel une caution succédoit au débiteur principal, *aut vice versâ*; nous n'en dirons rien ici, en ayant déjà traité *suprà*, *part*. 2, *chap*. 6, *sect*. 1, *coroll*. 6.

§. I. En quel cas se fait cette confusion.

642. Cette confusion se fait lorsque le créancier devient héritier de son débiteur; *aut vice versâ*, lorsque le débiteur devient héritier de son créancier; car l'héritier succédant à tous les droits, tant actifs que passifs, du défunt, lorsque le créancier devient héritier de son débiteur, il devient, en cette qualité d'héritier, débiteur de la dette dont il est de son chef le créancier; *et vice versâ*, lorsque le débiteur devient l'héritier de son créancier, il devient, en sa qualité d'héritier, créancier de la même dette dont il est de son chef le débiteur. En l'un et l'autre cas, les qualités de créancier et de débiteur de la même dette se trouvent donc concourir en une même personne.

La même chose arrive lorsque le créancier succède au débiteur à quelque autre titre qui le rend sujet à ses dettes; comme s'il devient son donataire universel, ou lorsque le débiteur succède, à quelque titre que ce soit, à la créance du créancier. Dans tous ces cas, les qualités de créancier et de débiteur de la même dette se trouvent concourir en une même personne.

La même chose arrive encore, lorsqu'une même personne devient héritière du créancier et du débiteur, ou succède à l'un et à l'autre à quelque autre titre universel.

L'acceptation d'une succession sous bénéfice d'inventaire n'opère aucune confusion : car c'est un des effets du bénéfice d'inventaire, que l'héritier bénéficiaire et la succession soient regardés comme deux personnes différentes, et que leurs droits respectifs ne se confondent pas.

§. II. De l'effet de la confusion.

643. Il est évident que par le concours de ces deux qualités contraires de créancier et de débiteur en une même personne, elles se détruisent mutuellement : car on ne peut être le créancier et le débiteur tout à-la-fois; on ne peut être créancier de soi-même, ou débiteur envers soi-même. De là résulte indirectement l'extinction de la dette, lorsqu'il n'y a pas d'autre débiteur. Car, comme il ne peut y avoir de dette sans débiteur, la confusion éteignant dans la personne qui étoit seule débitrice la qualité de débiteur, et ne restant plus par conséquent de débiteur, il ne peut plus y avoir de dette : *Non potest esse obligatio sine personâ obligatâ.*

644. L'extinction de l'obligation principale qui se fait par la confusion, lorsque le créancier devient héritier du débiteur principal, *aut vice versâ*, entraîne aussi l'extinction de l'obligation des cautions; *l.* 38, §. 1, ff. *de fidej.;* l. 34, §. 8; l. 71, ff. *de solut.* La raison est que les obligations des cautions ne sont qu'accessoires de l'obligation du débiteur principal : *Fidejussor accedit obligationi rei principalis.* D'où il suit qu'elles ne peuvent subsister lorsque l'obligation principale ne subsiste plus, suivant cette règle de droit : *Quùm principalis causa non subsistit, ne ea quidem quæ sequuntur locum habent;* l. 129, §. 1, ff. *de reg. jur.;* et cette autre : *Quæ accessionum locum obtinent, extinguuntur, quùm principales res peremptæ fuerint;* l. 2, ff. *de pecul.-leg.*

Ajoutez qu'une caution suppose un débiteur principal, pour qui la caution soit obligée : d'où il suit que lorsqu'il n'y a plus, au moyen de la confusion, de débiteur principal pour qui la caution soit obligée, il ne peut plus y avoir de caution. C'est la raison qu'apporte la loi 38, §. 1, ff. *de fid.;* *quia nec reus est pro quo debeat.*

Ajoutez encore qu'il répugne que je sois obligé comme caution pour quelqu'un envers lui-même : il est donc nécessaire que l'obligation de la caution s'éteigne, lorsque la personne pour qui elle est obligée devient, par l'acceptation de la succession du créancier, une même personne avec celle envers qui la caution s'est obligée : *Fidejussores ideò liberari, quia pro eodem apud eumdem debere non possunt.* C'est là raison de la loi 34, §. 8, *de solut.*

645. *Contrà vice versâ*, l'extinction qui se fait de l'obligation de la caution par la confusion, lorsque le créancier devient l'héritier de la caution, ou que la caution devient l'héritière du créancier, n'entraîne point l'extinction de l'obligation principale : *Si creditor fidejussori hæres fuerit, vel fidejussor creditori, puto convenire confusione obligationis non liberari reum;* l. 71, ff. *de fidejussor.* La raison de cette différence est, que l'obligation accessoire ne peut, à la vérité, subsister sans l'obligation principale ; mais l'obligation principale n'a pas besoin de l'obligation accessoire pour subsister.

La confusion diffère en cela du paiement. La raison de cette différence est, que le paiement fait que la chose n'est plus due : car la chose due cesse de l'être, lorsqu'elle a été payée par quelque personne que ce soit. Or il ne peut plus rester de débiteur, ni principal, ni accessoire, lorsqu'il n'y a plus de chose due : par conséquent le paiement fait par la caution, ayant fait que la chose due par la caution, qui est la même que celle due par le créancier, n'est plus due, et ne restant plus de chose due, il est nécessaire que l'obligation du débiteur principal soit éteinte, aussi bien que celle de la caution qui a payé.

Dites la même chose de la remise réelle, de la compensation, de la novation, et des autres espèces de libération qui équipollent au paiement.

Au contraire, la confusion fait seulement que la personne du débiteur en qui se trouve concourir la qualité de créancier, cesse d'être obligée, parcequ'elle ne le peut être envers elle-même : *personam eximit ab obligatione :* mais rien n'empêche que l'obligation du débiteur principal ne subsiste, quoique la caution ait cessé d'être obligée.

Par la même raison, lorsque le créancier de deux débiteurs solidaires devient héritier de l'un d'eux, *aut vice versâ*, lorsque l'un d'eux devient héritier du créancier, l'autre codébiteur demeure obligé.

Est-ce pour le total? La loi 71, ff. *de fidej.*, décide que si ces débiteurs solidaires étoient associés, ce débiteur, qui n'étoit en ce cas débiteur du total qu'à la charge d'un recours contre celui en la personne de qui la confusion s'est faite, ne demeuroit obligé que sous la déduction de la part pour laquelle il avoit eu ce recours contre lui, n'étant pas juste que la confusion le prive de ce recours.

Dans notre droit françois, chacun des débiteurs solidaires, quoiqu'ils ne soient pas associés, ayant, en payant, recours contre les autres pour leur part, comme nous l'avons vu *suprà*, n. 281, il faut décider indistinctement, que lorsqu'il se fait confusion de la dette en la personne de l'un des débiteurs solidaires, l'autre ne demeure obligé que sous la déduction de la part pour laquelle il auroit eu recours contre celui en la personne de qui la confusion s'est faite. Nous avons déja vu *suprà*, n. 275, que lorsque le créancier avoit déchargé l'un des débiteurs solidaires, l'autre ne demeuroit obligé que sous la déduction de la part pour laquelle il eût eu recours contre son codébiteur qui a été déchargé : par la même raison le codébiteur de celui qui a été déchargé par la confusion, ne doit demeurer débiteur que sous la déduction de la part pour laquelle il eût eu recours contre lui.

646. Si celui qui étoit créancier de Pierre d'une certaine somme, m'a cédé sa créance, et qu'avant que Pierre ait accepté le transport, ou que je le lui aie fait signifier, il devienne héritier de Pierre, qui est le débiteur; il se fera, à la vérité, confusion et extinction de la dette de Pierre, qu'il m'a cédée ; mais comme il étoit, par la cession qu'il m'a faite, débiteur envers moi de ce droit de créance qu'il m'avoit cédé, et que c'est par l'acceptation qu'il a faite de la succession du débiteur, et par conséquent par son fait,

que cette créance qu'il m'avoit cédée a été éteinte, il est tenu de m'en fournir la valeur : car tout débiteur est tenu de payer le prix ou la valeur de la chose qu'il devoit, lorsque c'est par son fait qu'elle a cessé d'exister, comme nous le verrons *infrà*, n. 661.

Si le transport avoit déja été accepté ou signifié lorsque mon cédant est devenu héritier du débiteur, il ne seroit pas fait de confusion, parcequ'il n'étoit plus effectivement le créancier, et que je l'étois devenu à sa place.

647. Lorsque le créancier devient héritier, non du débiteur, mais de celui qui étoit obligé d'acquitter le débiteur, il ne se fait pas à la vérité confusion de la dette, mais elle s'éteint au moins indirectement, et quant à l'effet. Il ne peut plus l'exiger du débiteur, ayant succédé à l'obligation de l'en garantir et de l'indemniser.

648. Pour qu'il se fasse confusion totale de la dette, il faut que la même personne réunisse non seulement la qualité de créancier, mais celle de créancier du total : elle doit de même réunir, non seulement la qualité de débiteur, mais celle de débiteur du total. •

Si celui qui n'est que créancier pour partie devenoit héritier unique du débiteur, il est évident qu'il ne se feroit confusion et extinction que de la partie de la dette dont il est créancier : *et vice versâ*, si le créancier du total devenoit héritier de celui qui n'étoit que débiteur pour partie, il ne se feroit confusion que de cette partie de la dette.

Il n'est pas moins évident que lorsque le créancier du total devient l'un des héritiers du débiteur du total, il se fait confusion et extinction de la dette, seulement quant à la partie pour laquelle il est héritier, et pour laquelle il est tenu de toutes les autres dettes de la succession : mais la créance subsiste contre ses cohéritiers, pour la part dont chacun d'eux est tenu des dettes; l. 50, ff. *de fidejuss.*; l. 1, *Cod. de hœred. act.*

CHAPITRE VI.

De l'extinction de l'obligation par l'extinction de la chose due, ou lorsqu'elle cesse d'être susceptible d'obligation, ou qu'elle est perdue, de manière qu'on ignore où elle est.

ARTICLE PREMIER.

Exposition générale des principes sur cette manière dont s'éteignent les dettes.

649. Il ne peut y avoir de dette sans qu'il y ait quelque chose de dû, qui soit la matière et l'objet de l'obligation ; d'où il suit que lorsque la chose qui étoit due vient à périr, ne restant plus rien qui soit l'objet et la matière de l'obligation, il ne peut plus y avoir d'obligation. L'extinction de la chose due emporte donc nécessairement l'extinction de l'obligation; l. 33, 57, ff. *de verb. obl.*

650. Par la même raison, si la chose qui étoit due est devenue par la suite non susceptible d'être la matière et l'objet d'une obligation, il ne peut plus rester d'obligation. Cela arrive lorsque la chose qui étoit due devient hors du commerce. C'est pourquoi Ulpien dit : *Is qui alienum servum promisit, perducto eo ad libertatem, non tenetur;* l. 51, ff. *de verb. oblig.*

Suivant ce principe, si vous vous êtes obligé à me livrer un certain minot de terre, et que depuis, par autorité publique, on l'ait pris pour faire un grand chemin, la créance que j'avois de ce minot de terre est éteinte, parceque ce minot de terre étant devenu hors du commerce, n'est plus susceptible d'être l'objet et la matière d'une créance et d'une obligation : ne restant donc plus rien qui puisse être l'objet de la créance que j'avois, elle ne peut subsister.

651. Non seulement lorsque la chose qui faisoit l'objet de l'obligation devient non susceptible absolument d'obligation, l'obligation s'éteint; elle s'éteint aussi lorsque

cette chose qui m'étoit due cesse de pouvoir m'être due, quoiqu'elle puisse être susceptible d'obligation envers un autre.

Il y en a un premier exemple en la loi 136, §. 1, ff. *de verb. oblig.* Vous vous êtes obligé de me faire avoir pour mon héritage un droit de passage sur l'héritage voisin : avant que cette servitude ait été imposée, j'ai aliéné mon héritage, sans céder à l'acquéreur ma créance pour ce droit de passage : cette créance s'éteint, parceque le droit de passage qui en faisoit l'objet ne peut plus m'être dû, ce droit ne pouvant être dû qu'au propriétaire de l'héritage.

652. Un second exemple est, lorsque celui qui est créancier d'un corps certain, en vertu d'un titre lucratif, en devient propriétaire par un autre titre pareillement lucratif, la créance de cette chose s'éteint en ce cas : *Omnes debitores qui speciem ex causâ lucrativâ debent, liberantur, quùm ea species ex causâ lucrativâ ad creditores pervenisset;* l. 17, ff. *de oblig. et act.*

La raison est tirée de notre principe : Lorsque je suis devenu propriétaire de la chose qui m'étoit due, elle ne peut plus m'être due ; car on ne peut me devoir ce qui est déja à moi ; il répugne que quelqu'un soit obligé à me donner ce qui est déja à moi : *Nam quod meum est, ampliùs meum fieri non potest.* Ne restant donc plus rien qui puisse être le sujet de l'obligation, elle ne peut subsister.

De là cette règle des docteurs : *Duæ causæ lucrativæ in eandem rem et personam concurrere non possunt.*

653. Pour que la dette s'éteigne, lorsque le créancier est devenu propriétaire de la chose qui lui étoit due, il faut qu'il ait acquis une pleine et parfaite propriété de cette chose : sans cela la dette subsiste, et le débiteur de cette chose est obligé de parfaire au créancier ce qui manque à la perfection du droit de propriété qu'il a de cette chose.

Par exemple, si quelqu'un m'a légué un héritage qu'il savoit n'être pas à lui, et que depuis sa mort, et avant l'exécution du legs, le propriétaire m'en ait fait donation sous la réserve d'usufruit, la créance de cet héritage que j'ai contre l'héritier du testateur n'est pas éteinte, quoique je sois devenu propriétaire de la chose qui m'étoit due, parcequ'il manque quelque chose à la perfection de ma propriété, savoir, l'usufruit dont mon héritage est chargé. L'héritier du testateur demeure donc débiteur de cet héritage, en ce sens qu'il est obligé de racheter pour moi cet usufruit qui me manque, ou de m'en payer le prix.

Si on m'en a donné la pleine propriété, mais que la donation soit sujette à révocation, *putà*, pour cause de survenance d'enfants, parceque le donateur n'en avoit point lorsqu'il me l'a faite, il manque encore en ce cas quelque chose à la perfection de ma propriété, suivant cette règle : *Non videtur perfectè cujùsque id esse, quod ei ex causâ auferri potest;* l. 139, §. 1, ff. *de regul. jur.* C'est pourquoi le débiteur demeure obligé à me faire conserver l'héritage, dans le cas auquel la donation qui m'en a été faite viendroit par la suite à être révoquée par la survenance d'enfants.

654. Il faut aussi que ce soit à titre lucratif que je sois devenu propriétaire de la chose dont j'étois créancier, pour que ma créance s'éteigne. Si ce n'est qu'à titre onéreux que je l'ai acquise, *putà*, si on me l'a vendue, celui qui étoit mon débiteur de cette chose n'est pas libéré; car je ne suis pas censé avoir parfaitement acquis cette chose, lorsqu'il m'en coûte pour l'acquisition : *Hactenùs mihi abesse res videtur, quatenùs sum præstaturus;* l. 34, §. 8, ff. *de leg.* 1. La créance que j'avois de cette chose ne laisse donc pas de subsister, à l'effet de me faire rembourser de ce qu'il m'en a coûté.

655. Enfin, pour que ma créance s'éteigne, lorsque je suis devenu propriétaire, quoiqu'à titre lucratif, de la chose qui m'étoit due, il faut que cette créance procède pareillement d'un titre lucratif : car si j'étois créancier à titre onéreux, *putà*, à titre d'achat, ma créance ne s'éteint point. *Quùm creditor, ex causâ onerosâ, vel emptor, ex lu-*

crativâ causâ rem habere cœperit, nihilominùs integras actiones retinent; l. 19, ff. *oblig. et act. Adde* l. 13, §. 15, ff. *de act. empt.*

Par exemple, si j'ai acheté de vous un héritage qui ne vous appartenoit pas, et que depuis j'en sois devenu propriétaire par la donation ou par le legs que m'en a fait le véritable propriétaire, ma créance résultante de la vente que vous m'en avez faite n'est pas éteinte. La raison est, que tout débiteur à titre onéreux, tel qu'est un vendeur, est obligé à la garantie de la chose qu'il doit, et que cette garantie consiste dans l'obligation que contracte le vendeur, de faire avoir à l'acheteur la chose, en vertu de la vente qui lui en a été faite, *præstare emptori rem habere licere ex causâ venditionis ipsi factæ.* Il suffit donc que ce ne soit pas en vertu de la vente que vous m'avez faite que je tienne la chose, quoique j'en sois propriétaire d'ailleurs, pour qu'il y ait lieu à la garantie.

656. Une chose qui est perdue, de manière qu'on ignore où elle est, est peu différente de celle qui a cessé d'exister. C'est pourquoi, lorsque cette perte est arrivée sans la faute du débiteur; comme lorsque, par une violence à laquelle il ne pouvoit pas résister, la chose qu'il devoit lui a été ravie par des voleurs qui l'ont emportée on ne sait pas où, le débiteur est quitte de son obligation, de même que si la chose avoit cessé d'exister; avec cette différence néanmoins, qu'une chose qui a cessé d'exister, ne pouvant plus revivre, le débiteur est quitte de son obligation absolument, lorsque la chose a cessé d'exister; au lieu qu'une chose perdue pouvant se retrouver, le débiteur n'est quitte en ce cas de son obligation que pendant qu'elle sera perdue, et au cas qu'elle ne se retrouve pas.

Il reste une question sur cette matière. Lorsque le débiteur d'un corps certain, qui ne s'est pas chargé des cas fortuits, et qui est seulement tenu des accidents qui seroient arrivés par sa faute, allégue que la chose par lui due est périe ou a été perdue sans sa faute, ou par un cas fortuit, est-ce au créancier à prouver que la perte est arrivée par la faute du débiteur? ou au contraire, est-ce au débiteur à prouver le cas fortuit par lequel il prétend qu'elle est arrivée? Je pense qu'on doit décider que c'est au débiteur à prouver le cas fortuit. Si un demandeur est obligé de fournir la preuve de ce qui sert de fondement à sa demande, le défendeur est obligé pareillement de fournir la preuve de ce qui sert de fondement à ses défenses : le créancier qui demande à son débiteur le paiement de la chose que son débiteur s'est obligé de lui donner, doit justifier de sa créance qui sert de fondement à sa demande; et il en justifie par le rapport du titre de la créance : le débiteur qui oppose pour défenses contre cette demande, qu'il est quitte de la dette de cette chose, par le cas fortuit qui en a causé la perte, doit justifier des cas fortuits qui servent de fondement à ses défenses.

Cela est conforme à ce qu'enseigne Ulpien en la loi 19, ff. *de prob. In exceptionibus dicendum est reum partibus actoris fungi oportere, ipsumque exceptionem velut intentionem implere, id est probare debere.*

ARTICLE II.

Quelles espèces d'obligations sont sujettes à s'éteindre par l'extinction de la chose due, ou lorsqu'elle cesse de pouvoir être due.

657. Il est évident que les obligations d'un corps certain et déterminé s'éteignent par l'extinction de ce corps certain et déterminé.

A l'égard des obligations alternatives, elles ne s'éteignent pas par l'extinction de l'une des deux choses qui sont dues sous une alternative; mais cette obligation, d'alternative qu'elle étoit, devient déterminée à l'autre qui reste. La raison est que dans l'obligation alternative de deux choses, les deux choses sont dues; *suprà, n.* 246 : il suffit qu'il en reste une, pour qu'il y ait une chose due, et par conséquent un sujet suffisant d'obligation.

Par exemple, si, ayant deux chevaux, vous vous êtes obligé de me donner l'un des deux, la mort de l'un des deux n'éteindra pas l'obligation, et vous me devrez celui qui reste, *non jam alternatè, sed determinatè.*

Il en est de même si l'une des choses qui m'est due sous une alternative, cesse de pouvoir m'être due; *putà,* si j'en deviens propriétaire à titre lucratif : l'obligation subsistera pour l'autre chose qui reste : *Si Stichum aut Pamphilum mihi debeas, et alter ex eis meus sit factus ex aliâ causâ, reliquus debetur mihi à te ;* l. 16, ff. *de verb. oblig.*

Le principe que nous avons établi, que l'obligation alternative ne s'éteint point par l'extinction de l'une des choses qui étoit due sous une alternative, ni lorsqu'elle cesse de pouvoir m'être due, n'a lieu que lorsque cela arrive pendant que l'obligation est encore alternative : mais si cette obligation avoit été déterminée à l'une des choses, *putà,* par l'offre que le débiteur auroit faite, et la demeure en laquelle il auroit constitué le créancier de la recevoir; en ce cas il n'est pas douteux que l'obligation seroit éteinte par l'extinction qui arriveroit de cette chose ; l. 105, ff. *de verb. oblig.*

658. L'extinction des obligations par l'extinction de la chose due ne peut tomber sur les obligations d'une somme d'argent ou de quelque quantité, comme de tant de muids de blé, de tant de livres de beurre, etc.; ni sur celle d'un corps indéterminé, comme d'une vache, d'un cheval, sans déterminer quelle vache, quel cheval : il ne peut y avoir en ce cas d'extinction de la chose due, ne pouvant pas y avoir d'extinction de ce qui n'est pas déterminé; *genus non perit.* C'est pourquoi la loi 11, *Cod. si certum pet.* décide que le débiteur d'une somme d'argent n'est point libéré par l'incendie de ses effets : *Incendium ære alieno non exuit debitorem :* car l'argent et ses autres effets qui ont péri par l'incendie ne sont pas la chose qu'il doit ; c'est une somme d'argent, laquelle étant indéterminée, ne peut périr. Mais si l'obligation indéterminée s'étoit déterminée à l'obligation d'un corps certain, par l'offre que le débiteur en auroit faite, et la demeure en laquelle il auroit constitué le créancier, il n'est pas douteux que cette obligation devien-

droit dès-lors sujette à s'éteindre, par l'extinction du corps qui a été offert.

659. Lorsque l'obligation n'est pas absolument indéterminée, et qu'elle est d'une chose indéterminée à la vérité, mais qui fait partie d'un nombre indéterminé de certaines choses, elle peut s'éteindre par l'extinction de toutes ces choses.

Par exemple, si quelqu'un me doit un tonneau *du vin qu'il a dans une telle maison*, et qu'il en ait cent dans cette maison; tant qu'il en restera, son obligation subsistera: mais s'il n'en reste aucun, *putà*, si une inondation a tout emporté, l'obligation sera éteinte.

Cette décision a lieu, lorsque les termes de l'obligation sont limitatifs, et restreignent l'obligation à ce nombre de choses. Il en seroit autrement si les termes étoient seulement démonstratifs. Par exemple, si quelqu'un s'étoit obligé à me fournir un tonneau de vin, *à prendre dans ceux de sa cave*; quand même tous les tonneaux qui étoient dans la cave du débiteur auroient péri par cas fortuit, l'obligation ne seroit pas éteinte, parcequ'elle n'est pas restreinte aux seuls tonneaux qui étoient dans la cave du débiteur. Ces termes, *à prendre*, ne sont point limitatifs, ils ne sont que démonstratifs; ils désignent seulement *undè solvetur :* ils ne tombent point sur la disposition, ils ne la restreignent point; ils ne concernent que son exécution. Voyez *in Pandect. Justinian.* le titre *de cond. et don. n.* 235.

ARTICLE III.

Quelles extinctions de la chose due éteignent la dette ; quand et contre qui elle est perpétuée, nonobstant cette extinction.

660. L'extinction de la chose due éteint la dette lorsque la chose est totalement périe; s'il en reste quelque chose, la dette subsiste au moins pour ce qui en reste. Par exemple, si j'étois créancier d'un troupeau qui m'a été vendu ou légué, et qu'il n'en restât qu'une bête, les autres étant péries par une mortalité; ou si j'étois créancier d'une

maison qui a été depuis incendiée ; la dette du troupeau subsisteroit quant à la bête qui en resteroit, et pareillement la dette de la maison subsisteroit quant à la place et aux matériaux qui en resteroient.

661. Pour que l'extinction de la chose due éteigne la dette, il faut aussi qu'elle arrive sans le fait ni la faute du débiteur, et avant qu'il ait été constitué en demeure.

Si la perte de la chose due est arrivée par le fait du débiteur, il est évident que l'obligation ne doit pas être éteinte, et qu'elle doit se convertir en l'obligation du prix de cette chose ; car le débiteur ne peut pas par son fait se libérer de son obligation, et faire perdre à son créancier sa créance.

Cette décision a lieu quand même le débiteur auroit détruit la chose avant qu'il sût qu'il en étoit débiteur ; l. 91, §. 2, ff. *de verb. oblig.*

662. Si la perte de la chose due est arrivée, non précisément par le fait du débiteur, mais par sa faute, parcequ'il n'a pas eu le soin qu'il devoit en avoir, la dette n'est pas éteinte, et elle se convertit pareillement en l'obligation du prix de la chose.

On estime à cet égard différemment la faute du débiteur, suivant la différente nature des contrats d'où naît l'obligation ; *supra, n.* 142.

663. Enfin, la perte de la chose due n'éteint point l'obligation, lorsqu'elle est arrivée depuis que le débiteur a été constitué en demeure de la donner ; l. 82, §. 1, ff. *de verb. oblig.*

Suivant notre droit françois, un débiteur est constitué en demeure, ou par le commandement qui lui est fait, lorsque le titre de créance est exécutoire, ou par le simple exploit d'assignation qui lui est donné, lorsque le titre n'est pas exécutoire.

Pour que la perte de la chose due, arrivée depuis la perte de l'obligation, n'éteigne point l'obligation, il faut, 1° qu'elle arrive pendant que cette demeure dure encore. Mais si la demeure du débiteur avoit été purgée, soit par des offres réelles qu'il auroit faites au créancier, par lesquelles il auroit mis le créancier lui-même en demeure de recevoir, soit par quelque convention entre le créancier et le débiteur, la perte de la chose due qui arriveroit depuis que la demeure en laquelle avoit été le débiteur auroit été purgée, feroit tomber l'obligation : la demeure du débiteur ayant été purgée et ne subsistant plus, ne peut plus avoir l'effet de perpétuer l'obligation, nonobstant l'extinction de la chose due ; l. 91, §. 3, ff. *de verb. oblig.*

664. Pour que la perte de la chose due, survenue depuis la demeure du débiteur, n'éteigne point la dette, il faut, 2° que la chose ne fût pas également périe chez le créancier, si elle lui eût été livrée lors de la demande ; l. 47, §. *fin. de lég.* ; l. 14, §. 1, ff. *depos.* ; l. 12, §. 4, ff. *ad exhib.* ; l. 15, §. *fin. de rei vend.* Car la demeure du débiteur ne perpétue la dette, nonobstant l'extinction de la chose due, que par forme de dommages et intérêts : si le créancier n'a pas souffert de la demeure de son débiteur, il ne lui en est pas dû. Or il est évident qu'il n'en souffre pas, si la chose fût également périe chez lui.

On présumera facilement que la chose ne seroit pas également périe chez le créancier, si le créancier étoit un marchand qui l'achetoit pour la revendre.

Si la chose a péri par l'incendie du lieu où elle étoit chez le débiteur, il est évident qu'elle ne seroit pas périe si elle eût été livrée au créancier.

On n'entre point dans la discussion de savoir si la chose seroit périe également chez le créancier, à l'égard de la restitution des choses dues par ceux qui les ont volées ou ravies : ils sont tenus indistinctement du prix de la chose, lorsqu'elle est périe entre leurs mains ; l. *fin.* ff. *de cond. furt.* ; l. 19, ff. *de vi et vi arm. quod ita receptum odio furti et violentiæ.* Observez aussi à l'égard de ces personnes, qu'elles sont censées en demeure du jour de leur vol ou ravissement, et qu'il n'est pas besoin de demande pour les y mettre.

665. Lorsque la chose due a péri par le fait ou la faute

du débiteur principal, ou depuis sa demeure, la créance du prix de cette chose subsiste non seulement contre lui et ses héritiers, mais même contre ses cautions, et en général contre tous ceux qui ont accédé à son obligation; l. 91, §. 4 et 5, ff. *de verb. oblig.*; l. 58, §. 1, ff. *de fidejuss.*; l. 24, §. 1, ff. *de usur.* Paul en rend cette raison, *quia in totam causam spoponderunt.* Les cautions, en se rendant, pour le débiteur principal, cautions de l'obligation principale de donner une certaine chose, sont censées s'être pareillement rendues cautions des obligations secondaires qui dérivent de cette obligation principale, telle qu'est celle de conserver la chose avec tout le soin convenable jusqu'à la tradition, et généralement d'apporter toute la bonne foi et toute la fidélité convenables à l'accomplissement de l'obligation principale : elles ne peuvent donc pas être libérées de leur obligation par la pure perte de la chose, quand cette perte arrive par la faute du débiteur principal, ou depuis la demeure, puisqu'étant, comme nous l'avons dit, cautions du soin qu'il devoit donner à la conservation de la chose, et de la fidélité qu'il devoit apporter à l'accomplissement de son obligation, elles sont responsables de la faute par laquelle ce débiteur a laissé périr la chose, et de la demeure injuste par laquelle il a contrevenu à la fidélité qu'il devoit apporter à l'accomplissement de son obligation.

Ces principes paroissent contraires à la règle de droit qui dit : *Unicuique sua mora nocet;* l. 173, §. 2, ff. *de reg. jur.* : car il paroît suivre de cette règle, que la demeure du débiteur principal ne doit nuire qu'à lui, et non à ses cautions. Cujas et les autres interprètes concilient cette règle avec nos principes, par cette distinction : La demeure du débiteur principal ne peut nuire, à la vérité, aux cautions, à l'effet d'augmenter leur obligation, *non nocet ad augendam obligationem.* Par exemple, dans les dettes d'une somme d'argent, la demeure du débiteur ne peut nuire aux cautions qui se sont obligées pour une certaine somme déterminée, à l'effet de les assujettir aux intérêts qui sont dus par ce débiteur du jour de la demeure; car la demeure du débiteur ne nuit pas aux cautions *ad augendam eorum obligationem:* elle ne peut donc pas obliger aux intérêts ces cautions, qui ne se sont obligées que pour la somme principale. C'est le cas de la loi 173. Mais dans les dettes d'un corps certain, la demeure du débiteur peut nuire aux cautions dont le cautionnement est illimité, à l'effet de perpétuer leur obligation, et d'empêcher qu'elles ne soient libérées par la perte de la chose survenue depuis la demeure : *Non nocet ad augendam obligationem, sed nocet ad perpetuendam obligationem.*

666. *Contrà vice versâ,* si la chose est périe par le fait ou la faute de la caution, ou depuis qu'elle a été mise en demeure, il n'y aura que la caution qui demeurera obligée au prix de la chose : le débiteur principal sera libéré par l'extinction de la chose ; l. 32, §. *fin.* ff. *de usur.; l. 49, de verb. oblig.* La raison de cette différence est, que la caution est bien obligée pour le débiteur principal ; mais le débiteur principal n'est point obligé pour la caution, et par conséquent il ne peut être tenu de l'obligation que la caution a contractée par son fait, sa faute ou sa demeure.

667. Si la chose due est périe par le fait ou la faute de l'un des codébiteurs solidaires, ou depuis sa demeure, les autres codébiteurs en seront tenus ; l. 18, ff. *de duobus reis. Voyez* ce que nous avons dit en traitant des obligations solidaires, *suprà, n.* 273.

Si la chose étoit périe par le fait ou par la faute de l'un des héritiers du débiteur, ou depuis sa demeure, ses cohéritiers n'en seroient pas tenus ; l. 48, §. 1, ff. *de leg.* 1 ; car quoique, comme bien-tenants, ils soient tenus hypothécairement du total de la dette, ils ne sont personnellement débiteurs chacun que pour leur part ; ils ne sont point entre eux débiteurs solidaires, ils ne sont point tenus l'un pour l'autre.

668. Le principe que nous avons établi, que le débiteur d'un corps certain est libéré de son obligation lorsque la chose due est périe sans son fait et sans sa faute, et avant qu'il ait été mis en demeure, reçoit exception dans le cas

auquel le débiteur se seroit, par une clause particulière
du contrat, chargé du risque des cas fortuits. Par exemple,
si j'ai donné une pierre à tailler à un lapidaire, et qu'elle
se soit cassée sans aucune faute de la part de l'ouvrier,
mais par le vice de la matière; quoique régulièrement cette
perte, qui est survenue sans sa faute, et par une espèce
de cas fortuit, doive le libérer de l'obligation qu'il a contractée de me rendre cette pierre, néanmoins si, par une
clause particulière de notre marché, il s'est chargé de ce
risque, il ne sera pas libéré, il sera tenu de me payer le
prix de cette pierre : c'est l'espèce de la loi 13, §. 3, ff.
locat. Ces conventions par lesquelles un débiteur se charge
des cas fortuits, n'ont rien de contraire à l'équité qui doit
régner dans les contrats, sur-tout lorsque le débiteur qui
se charge du risque reçoit de l'autre partie quelque chose
d'équivalent à l'estimation du risque dont il s'est chargé ;
car les risques sont quelque chose d'appréciable. Par exemple, dans l'espèce ci-dessus proposée, le lapidaire qui s'est
chargé du risque de la matière est censé en être dédommagé par un prix de son ouvrage plus fort qu'il n'auroit
été, s'il ne se fût pas chargé de ce risque.

Pareillement, dans le contrat de prêt à usage, lorsque
l'emprunteur se charge du risque des cas fortuits à l'égard
de la chose qui lui est prêtée, comme dans l'espèce de la
loi 1, *Cod. commod.*, il est dédommagé de ce risque dont
il se charge, par la jouissance de cette chose, que le prêteur n'étoit pas obligé de lui prêter gratuitement, et qu'il
pouvoit lui louer.

Dans le contrat de nantissement, le créancier qui se
charge du risque des choses qu'on lui donne en nantissement, comme dans l'espèce de la loi 6, *Cod. de pign. act.*, est
dédommagé de ce risque par la sûreté qu'il se procure ;
sûreté que son débiteur, qui ne s'étoit pas obligé à lui
donner des gages, n'étoit pas obligé de lui procurer.

Quand même le débiteur qui s'est chargé du risque des
cas fortuits ne recevroit rien pour ce risque dont il se
charge; si, en s'en chargeant, il a eu intention d'exercer

une libéralité envers l'autre partie, la clause ne contient en ce cas aucune injustice. Si au contraire le débiteur, n'ayant pas l'intention d'exercer aucune libéralité, mais ayant celle de recevoir autant qu'il donne, s'est chargé de ces cas fortuits, la clause, dans le for de la conscience, est inique, lorsqu'il ne retire aucun avantage par le marché, qui soit équivalent à ce risque dont il se charge : dans le for extérieur, on l'en présume dédommagé.

Un débiteur peut se charger, non seulement du risque d'une certaine espèce de cas fortuits, comme dans l'espèce de la loi 13, §. 5, ff. *locat.*, ci-dessus rapportée ; il peut même se charger généralement de tous les cas fortuits par lesquels la chose peut périr, comme dans l'espèce de la loi 6, *Cod. de pign. act.* Quelque générale que soit la clause, elle ne comprend que ceux qui ont pu être prévus par les parties, et non pas ceux qu'elles n'ont pu prévoir, et auxquels il n'y avoit aucun lieu de s'attendre ; *arg.* l. 1, §. 9, ff. *de transact.* Guthier, *Tract. de contract. jur.*, §. 24, estime que cette décision doit avoir lieu, quand même la clause s'exprimeroit en ces termes, *se charge de tous cas fortuits, tant prévus qu'imprévus.* Voyez notre Traité du Contrat de Louage, *p.* 3, *ch.* 1, *art.* 2, §. 5, où nous avons traité avec étendue de toutes ces clauses.

ARTICLE IV.

Si l'obligation qui est éteinte par l'extinction de la chose due est tellement éteinte, qu'elle ne subsiste pas pour ce qui reste de cette chose, ni pour les droits et actions qu'a le débiteur par rapport à cette chose.

669. Lorsque l'extinction de la chose due n'est pas une extinction totale, et qu'il reste quelque partie de cette chose, il ne peut être douteux en ce cas que l'obligation subsiste pour la partie qui reste de la chose due. Par exemple, si vous étiez débiteur envers moi d'un troupeau qui fût péri par mortalité, et dont il ne restât plus qu'une bête ; ou si vous étiez débiteur envers moi d'une maison

qui a été consumée par le feu du ciel, il n'est pas douteux
que vous demeurez envers moi débiteur de la bête qui
reste du troupeau, ou de la place et des matériaux qui
restent de la maison : car la bête qui reste du troupeau,
quoiqu'elle ne puisse pas seule composer un troupeau,
est néanmoins, dans un sens très propre, une partie de
ce troupeau : la place et les matériaux échappés aux
flammes sont, dans un sens très propre, une partie de
cette maison. On peut donc dire dans ces deux cas, que
le troupeau qui m'étoit dû subsiste encore, non pas totalement, mais en partie, dans la bête qui en est restée ; et
pareillement, que la maison qui m'étoit due subsiste encore en partie dans ce qui est resté de cette maison ; et ces
parties qui sont restées peuvent être encore le sujet de
l'obligation.

Il y a plus de difficulté dans le cas auquel l'extinction
de la chose due est une extinction totale, de manière que
ce qui en reste ne puisse être regardé comme une partie
de cette chose. C'est ce qui arrive lorsque la chose due est
une chose individuelle, tel qu'est un animal. C'est une
question, si en ce cas l'obligation subsiste dans ce qui reste
de la chose due. Par exemple, si vous étiez débiteur envers moi d'un certain bœuf, c'est une question, si ce bœuf
étant mort sans votre faute, je serois fondé à en demander
la peau. La raison de douter est, que la mort du bœuf est
une extinction totale de la chose qui m'étoit due : on ne
peut pas dire que ce bœuf qui m'étoit dû, subsiste encore
depuis sa mort pour quelque partie : la peau de ce bœuf
est bien quelque chose qui reste de ce bœuf ; mais on ne
peut pas dire que ce soit proprement une partie du bœuf
vivant qui m'étoit dû. Y ayant une extinction totale de
la chose due, l'obligation, dit-on, doit être totalement
éteinte : je ne puis rien demander, pas même la peau ;
car ce n'est que le bœuf que vous vous êtes obligé de me
donner. Il n'a pas été question entre nous de la peau qui
en resteroit après sa mort : vous ne vous êtes pas obligé de
me donner cette peau ; ce n'est pas cette peau qui m'est

due, et par conséquent je ne puis avoir aucun droit de vous la demander. Enfin on prétend que la loi 49, ff. *de leg.* 2, décide cette question contre le créancier : *Mortuo bove qui legatus est, neque corium neque caro debetur.* Nonobstant ces raisons, je pense qu'on doit décider que le créancier est bien fondé, même en ce cas, à demander ce qui reste de la chose due. 1° L'équité réclame pour cette décision : en effet, lorsqu'un bœuf que je vous ai acheté et payé, est mort sans votre faute avant la tradition que vous m'en deviez faire, ne seroit-ce pas une injustice manifeste que vous profitassiez du malheur que j'ai de supporter la perte de ce bœuf, en retenant à votre profit et à mon préjudice la peau de ce bœuf, duquel vous m'étiez débiteur ? Les principes du droit établissent aussi notre décision : il n'est pas révoqué en doute que, de quelque manière qu'une chose qui m'appartient soit périe, ce qui reste de cette chose m'appartient pareillement : *Meum est quod ex re meâ superest;* l. 49, §. 1, ff, *de r, vind.* Or, si le *jus in re*, si le droit qu'on a dans une chose, tel qu'est le *dominium* ou droit de propriété, continue de subsister après l'extinctiou de la chose, dans ce qui en reste, pourquoi le *jus ad rem*, le droit qu'on a par rapport à une chose, le droit de créance d'une chose, ne continuera-t-il pas pareillement de subsister après l'extinction de la chose, dans ce qui en reste ? De même que *meum est quod ex re meâ superest*, de même *mihi debetur quod ex re mihi debitâ superest.* C'est ce que décide fort bien Brunus en son Traité *de interitu.* Après avoir établi que *forma dat esse rei*, et que¦, *destructâ formâ substantiali, res interiisse videtur*, il dit que, *peremptâ formâ, si quid ex re superest, potest durare circà illud quod remanet, jus, actio et obligatio.*

A l'égard des raisons de douter proposées ci-dessus, il est facile d'y répondre. On dit : L'extinction totale de là chose due doit éteindre totalement la dette, et par conséquent il ne doit plus rester de droit au créancier pour demander ce qui en reste. Je réponds : Lorsque l'extinction de la chose due est si parfaitement totale qu'il ne reste rien, j'accorde volontiers qu'en ce cas l'obligation est totalement éteinte ; mais lorsque la chose due n'est pas tellement éteinte qu'il n'en reste quelque chose, quoique ce qui en reste ne soit pas proprement une partie de la chose, je nie qu'une telle extinction soit une extinction pleinement et parfaitement totale de la chose, et qu'elle doive éteindre totalement l'obligation ; je soutiens qu'elle doit subsister dans ce qui reste de cette chose. C'est un raisonnement vicieux et une pétition de principe dans les raisons de douter, que d'avoir avancé le contraire comme un principe, puisque c'est précisément ce qui est en question. Enfin, on dit que le débiteur s'est obligé de donner le bœuf qui étoit vivant lors du contrat, et qu'il ne s'est pas obligé de donner la peau qui en resteroit après sa mort. Je réponds qu'il ne s'est pas obligé *formaliter* à donner cette peau ; mais il s'y est obligé *implicitè et eminenter ;* l'obligation de donner une chose contenant *eminenter* tout ce que cette chose renferme et contient, et par conséquent tout ce qui en restera après l'extinction de la chose. A l'égard de la loi 49, ff. *de leg.* 2, qu'on oppose, où il est dit que lorsque le bœuf qui a été légué est mort, le légataire n'en peut demander ni la peau, ni la chair, la réponse est qu'on doit nécessairement supposer, dans l'espèce de cette loi, le bœuf mort avant l'échéance du legs, c'est-à-dire du vivant du testateur, s'il étoit pur et simple, ou avant l'accomplissement de la condition, s'il étoit conditionnel : car si le bœuf n'étoit mort que depuis l'échéance du legs, la propriété en ayant été transférée par l'échéance du legs au légataire, il ne pourroit être douteux que tout ce qui resteroit du bœuf lui appartiendroit, suivant cette règle de droit, *Meum est quod ex re meâ superest, ideòque vindicari potest;* l. 49, §. 1, ff. *de r. vind.* Or, en supposant, comme on doit nécessairement le supposer, le bœuf mort avant l'échéance du legs, on ne peut rien conclure de cette loi contre notre décision : car s'il est décidé par cette loi que le légataire ne peut demander ce qui reste de ce bœuf, ce n'est pas parceque la mort de ce bœuf a éteint totalement la dette du bœuf, puisque ce bœuf étant mort avant l'échéance du legs, cette dette n'a jamais pu être contractée; mais c'est que le legs n'a pu avoir lieu, la mort du testateur n'ayant pu confirmer le legs de ce qui n'existoit plus.

L'obligation subsiste aussi après l'extinction de la chose due, dans ce qui en étoit accessoire. Par exemple, si vous êtes débiteur envers moi d'un cheval harnaché, qui soit mort depuis le contrat sans votre faute, je suis bien fondé à vous demander l'équipage de ce cheval, qui est demeuré par-devers vous. La loi 2, ff. *de pecul. leg.*, n'est pas contraire à cette décision : il est dit : *Quæ accessionum locum obtinent extinguuntur, quùm principales res peremptæ fuerint.* La réponse est, que cette régle a lieu lorsqu'il n'y a encore aucune obligation contractée. Cette loi est dans l'espéce d'un esclave qui, ayant été légué avec son pécule, étoit mort avant l'échéance du legs. Le pécule n'étant pas légué *per se*, mais comme accessoire du legs de l'esclave, le legs de l'esclave n'ayant aucun effet, tout tomboit; il n'y avoit encore en ce cas aucune obligation contractée; mais lorsqu'une fois l'obligation d'une chose avec ses accessoires a été contractée, le créancier ayant acquis un droit, *jus ad rem*, par rapport aux accessoires, comme par rapport à la chose principale, il doit le conserver, même après l'extinction de la chose principale.

670. Lorsque, sans la faute du débiteur, la chose qu'il devoit est périe, ou mise hors du commerce, ou perdue de manière qu'on ne sache pas ce qu'elle est devenue, si le débiteur a quelques droits et actions par rapport à cette chose, son obligation subsiste à l'effet qu'il soit tenu de subroger son créancier auxdits droits et actions. Par exemple, si vous êtes débiteur envers moi d'un cheval qui, sans votre faute, a été tué par un tiers, ou a été ravi par violence, sans qu'on sache ce qu'il est devenu, vous serez, à la vérité, quitte envers moi du cheval; mais vous serez tenu de me subroger aux actions que vous avez contre

ceux qui l'ont tué, ou qui l'ont ravi. Pareillement, si vous êtes débiteur envers moi d'un terrain, qui depuis a été pris pour faire une place publique, vous êtes quitte envers moi de ce terrain; mais vous devez me subroger à l'indemnité que vous avez droit de prétendre; ce sera à moi de faire les frais nécessaires pour la poursuivre à mon profit.

CHAPITRE VII.

De plusieurs autres manières dont s'éteignent les obligations.

ARTICLE PREMIER.

Du temps.

671. Régulièrement le temps n'éteint point les obligations; ceux qui s'obligent, s'obligent à perpétuité, eux et leurs héritiers, jusqu'au parfait accomplissement de leur obligation.

On peut néanmoins valablement convenir qu'on ne sera obligé que jusqu'à un certain temps. Par exemple, je puis cautionner quelqu'un, à la charge que je ne serai plus tenu de mon cautionnement au bout de trois ans.

Par le droit romain, la convention par laquelle le débiteur convenoit qu'il ne seroit obligé que jusqu'à un certain temps, ou jusqu'à l'événement d'une certaine condition, quoique valable, ne procuroit pas néanmoins au bout de ce temps, ni lors de l'existence de la condition, l'extinction de la dette de plein droit; mais elle donnoit au débiteur une exception ou fin de non recevoir contre la demande du créancier, *exceptionem pacti*; 1. 44, §. 1 et 2, ff. *de oblig. et act.*; 1. 56, ff. *de verb. oblig.* §. 4. La raison qu'en donnent les jurisconsultes, est que les obligations une fois contractées, ne peuvent s'éteindre que par les manières naturelles ou légitimes par lesquelles s'éteignent les obligations, et que le laps d'un temps ou l'existence d'une condition ne sont pas une manière de les éteindre.

Notre droit n'admet pas ces subtilités, et nous réputons la dette éteinte de plein droit par l'expiration du temps pendant lequel seulement le débiteur a voulu être obligé.

Si celui qui ne s'est obligé que jusqu'à un certain temps avoit été mis en demeure de payer par une demande en justice avant l'expiration du temps, il demeureroit obligé à perpétuité, et ne pourroit plus être libéré que par le paiement : car la demeure injuste en laquelle il a été ne doit pas lui être profitable et nuire au créancier; l. 59, §. 5, *mandat.* Cela est conforme à cette règle de droit : *Omnes actiones quæ morte aut tempore pereunt, semel inclusæ judicio, salvæ permanent;* l. 139, ff. *de reg. jur.*

Observez que dans les actes qui portent que l'une des parties contractantes s'est obligée pour un certain temps, il faut bien faire attention à ce qui a été entendu par les parties. Par exemple, si Pierre a emprunté de vous la somme de 100 liv. qu'il s'est obligé de vous rendre à votre volonté, et qu'il soit dit que je me suis rendu caution pour lui de cette somme envers vous pendant le temps de trois ans seulement; il est évident que le sens de cette clause est, que si pendant ledit temps je n'ai pas été mis en demeure d'acquitter cette dette, je serai, au bout dudit temps de trois ans, déchargé de plein droit de mon cautionnement; la clause ne pouvant pas en ce cas avoir un autre sens. Mais si par un bail à ferme que vous avez fait pour le temps de six ans, il étoit dit que je me suis rendu caution du preneur pour le temps *de six ans seulement*, cela ne signifieroit pas qu'au bout de six ans je serois déchargé et quitte de mon cautionnement, quoique les obligations du bail n'eussent pas été acquittées; mais ces termes devroient s'entendre en ce sens, que par précaution, et quoiqu'il ne fût pas nécessaire de s'en expliquer, j'ai voulu par là déclarer que j'entendois me rendre caution seulement pour les obligations de ce bail, qui devoit durer six ans, et non pour les baux que vous pourriez, après l'expiration de celui-ci, renouveler à ce fermier, soit expressément, soit par tacite reconduction.

Des conditions résolutoires.

672. De même qu'on peut contracter une obligation à la charge qu'elle ne durera que jusqu'au bout d'un certain temps, on peut aussi contracter une obligation à la charge qu'elle ne durera que jusqu'à l'événement d'une certaine condition : comme lorsqu'en me rendant caution pour Pierre, j'ai stipulé que je m'obligeois pour lui jusqu'au retour d'un certain vaisseau sur lequel il a un gros intérêt ; mon obligation ne dure que jusqu'au retour du vaisseau ; le retour du vaisseau l'éteint.

On appelle cette espèce de condition, *condition résolutoire.* Voyez ce que nous avons dit *suprà, part.* 2, *chap.* 3, *art.* 2.

Dans les contrats synallagmatiques, qui contiennent des engagements réciproques entre chacun des contractants, on met souvent pour condition résolutoire de l'obligation que contracte l'un des contractants, l'inexécution de quelqu'un des engagements de l'autre.

Par exemple, si je vous vends mon vin, à la charge que si vous ne venez l'enlever et payer dans huitaine, je serai déchargé de l'obligation, c'est une condition résolutoire.

Selon la simplicité des principes, le seul laps du temps limité par le contrat dans lequel vous deviez satisfaire à la condition, lorsqu'il s'est écoulé sans que vous y ayez satisfait, devroit éteindre et résoudre mon engagement dans tous ces cas, et autres semblables. Néanmoins, dans notre pratique françoise, il est d'usage de faire une sommation au créancier par un sergent, à ce qu'il ait à satisfaire à la condition, avec assignation devant le juge pour voir prononcer la nullité de l'engagement, faute par lui d'avoir satisfait.

Quand même on n'auroit pas exprimé dans la convention l'inexécution de votre engagement comme condition résolutoire de celui que j'ai contracté envers vous, néanmoins cette inexécution peut souvent opérer le résiliement du marché, et conséquemment l'extinction de mon obligation. Mais il faut que je fasse prononcer le résiliement par le juge, sur l'assignation que je dois vous donner à cet effet. Supposons, par exemple, que je vous ai vendu ma bibliothèque purement et simplement : si vous tardez à m'en payer le prix, l'inexécution de l'engagement que vous avez contracté de me payer le prix convenu donnera lieu à l'extinction de celui que j'ai contracté de vous livrer ma bibliothèque. Mais cette extinction de mon engagement ne se fera pas de plein droit; elle se fera par la sentence qui interviendra sur l'assignation que je vous donnerai, pour voir dire, que faute par vous d'enlever ma bibliothèque et de m'en payer le prix, le marché demeurera nul. Il est en ce cas à la discrétion du juge de vous impartir tel délai qu'il jugera à propos pour satisfaire à votre obligation, après lequel je pourrai obtenir sentence qui prononcera le résiliement du marché, et me déchargera de mon engagement.

ARTICLE III.

De la mort du créancier et du débiteur.

§. I. Règles générales.

673. Régulièrement les créances ne s'éteignent pas par la mort du créancier; car ce qu'on stipule, on est censé le stipuler tant pour soi que pour ses héritiers et autres successeurs universels.

C'est pourquoi la créance, par la mort du créancier, passe en la personne de ses héritiers qui succèdent à tous ses droits; et s'il n'avoit point d'héritiers, la créance est censée résider dans sa succession vacante, qui, à cet égard, *personæ vicem sustinet defuncti.*

Pareillement l'obligation ne s'éteint point par la mort

du débiteur; car nous sommes censés nous obliger tant pour nous que pour nos héritiers, et autres successeurs universels. C'est pourquoi lorsque le débiteur meurt, l'obligation passe à ses héritiers, qui succèdent à tous ses droits, tant actifs que passifs; et s'il ne laisse point d'héritiers, elle réside dans sa succession vacante, qui le représente.

Le principe que les obligations passent aux héritiers du débiteur, et le droit qui en résulte aux héritiers du créancier, a lieu, non seulement à l'égard des obligations qui consistent à donner quelque chose, mais aussi à l'égard de celles qui consistent à faire quelque chose, suivant la constitution de Justinien, en la loi 13, *Cod. de cont. et comm. stipul.*

§. II. Des créances qui s'éteignent par la mort du créancier.

674. Il y a néanmoins certaines créances qui s'éteignent par la mort du créancier, telles que sont celles qui ont pour objet quelque chose qui est personnel au créancier; comme si quelqu'un s'est obligé de m'accorder l'usage d'un certain livre toutes les fois que je l'en requerrois, ou de m'accompagner dans les voyages que je ferois; ces choses qui font l'objet de ma créance m'étant personnelles, ma créance doit s'éteindre par ma mort.

Mais si, faute par le débiteur de satisfaire à ses obligations, je l'avois fait condamner en des dommages et intérêts, cette créance de dommages et intérêts, en laquelle se seroit convertie ma créance originaire, passeroit à mes héritiers.

La créance pour réparations d'injures s'éteint aussi par la mort du créancier, lorsqu'il n'a, pendant sa vie, formé aucune plainte ni demande en justice : il est présumé en ce cas avoir remis et pardonné l'injure; l. 13, ff. *de injur.*

Les rentes viagères sont des dettes qui s'éteignent pour l'avenir par la mort du créancier, lorsqu'elles ont été constituées sur sa tête; mais la dette des arrérages qui ont couru jusqu'au jour de sa mort passe à ses héritiers.

§. III. Des créances qui s'éteignent par la mort du débiteur.

675. Il y a aussi quelques dettes qui s'éteignent par la mort du débiteur. Telles sont celles qui ont pour objet quelque fait personnel au débiteur; comme lorsque quelqu'un s'est obligé de servir un autre en qualité de berger, de charretier, ou en quelque autre qualité que ce soit.

Si le débiteur, faute de satisfaire à ces sortes d'obligations, a été condamné en des dommages et intérêts, cette obligation, qui succède à son obligation principale et originaire, passe à ses héritiers.

Hors le cas des faits personnels, celui qui a promis de faire quelque chose, et qui est mort sans l'avoir fait, quoiqu'il n'ait pas été mis en demeure de le faire, transmet son obligation à ses héritiers, qui sont obligés de faire ce que le défunt s'étoit obligé de faire.

Par le droit romain les obligations qui naissoient des délits s'éteignoient pour la plupart par la mort du débiteur, lorsque la demande n'avoit pas été déduite en jugement contre lui de son vivant; et elles ne passoient point à ses héritiers, si ce n'est jusqu'à concurrence de ce qu'ils en auroient profité dans la succession du défunt.

Il n'y avoit que la seule action qu'on appeloit *condictio furtiva*, pour la répétition du vol, qui se donnoit contre l'héritier du voleur, quand même l'héritier n'en auroit pas profité; l. 9, ff. *de cond. furt.*

Les principes du droit canonique sont différents. Il n'y a que la peine due au délit qui s'éteint par la mort de celui qui l'a commis; mais l'obligation de réparer le tort que quelqu'un a commis par son délit passe à ses héritiers : c'est la décision du *cap. fin. de sepult.*, et du *cap.* 5, X. *de rapt.* Nous avons sur ce point préféré, comme plus équitables, les principes du droit canonique à ceux du droit romain; et dans la pratique du barreau, quoique les héritiers de celui qui a commis quelque délit n'en aient pas profité, ils sont tenus des dommages et intérêts de celui envers qui il a été commis, quand même il n'auroit pas intenté son action contre le défunt. C'est ce qui est attesté par *J. Fab. sur les Instit. tit. de act. §. pœnales*; et par *d'Argentré, sur l'article* 149 *de la coutume de Bretagne.*

CHAPITRE VIII.

Des fins de non-recevoir, et prescriptions contre les créances.

ARTICLE PREMIER.

Principes généraux sur les fins de non recevoir, et sur les prescriptions.

676. Les fins de non recevoir contre les créances, sont certaines causes qui empêchent le créancier d'être écouté en justice pour exiger sa créance.

Une première espéce de fin de non recevoir est l'autorité de la chose jugée. Lorsqu'un débiteur a été renvoyé de la demande du créancier, il résulte de ce jugement une fin de non recevoir contre le créancier, qui le rend non recevable à demander sa créance, à moins qu'il ne le fasse infirmer par les voies de l'opposition ou de l'appel, lorsqu'il n'a pas passé en force de chose jugée; ou, lorsqu'il a passé en force de chose jugée, par la voie de la requête civile, dans les cas auxquels il peut y avoir ouverture à cette voie. Sur les cas auxquels un jugement est censé passé en force de chose jugée, et sur les cas de requête civile contre les jugements passés en force de chose jugée, *voyez l'ord. de* 1667, *t.* 27, *art.* 5, *et t.* 35. C'est cette fin de non recevoir qui s'appelle en droit *exceptio rei judicatœ*, sur laquelle *voyez* le Digeste, *tit. de except. rei jud.*

Une seconde fin de non recevoir est celle qui résulte du serment décisoire du débiteur qui a juré ne rien devoir, lorsque ce serment lui a été déféré par le créancier. Il résulte de ce serment une fin de non recevoir qui s'appelle *exceptio jurisjurandi*, qui rend le créancier non recevable à demander sa créance, quelque preuve qui soit survenue depuis. Nous traiterons de ce serment *infrà*, part. 4, ch. 3, sect. 3., art. 1.

677. Une troisième fin de non recevoir est celle qui résulte du laps du temps auquel la loi a borné la durée de l'action qui naît de la créance. On appelle cette espèce de fin de non recevoir proprement *prescription*, quoique le terme de *prescription* soit un terme général, qui peut aussi convenir à toutes les autres fins de non recevoir.

C'est de cette espèce de fin de non recevoir que nous traiterons dans la suite de ce chapitre.

Les fins de non recevoir n'éteignent pas la créance, mais ils la rendent inefficace, en rendant le créancier non recevable à intenter l'action qui en naît.

Outre cela, quoique les fins de non recevoir n'éteignent pas *in rei veritate* la créance, néanmoins elles la font présumer éteinte et acquittée, tant que la fin de non recevoir subsiste.

C'est pourquoi, lorsqu'il y a une fin de non recevoir acquise au débiteur contre ma créance, non seulement je ne puis intenter action contre lui, je ne puis même lui opposer cette créance en compensation contre les créances qu'il auroit de sa part acquises contre moi depuis la fin de non recevoir acquise contre la mienne; car la fin de non recevoir qui subsiste contre ma créance, opère une présomption de l'extinction de ma créance.

Mais si mon débiteur d'une somme d'argent, avant que le temps de la prescription contre ma créance fût accompli, et par conséquent avant que la fin de non recevoir fût acquise, étoit devenu mon créancier d'une pareille somme d'argent, et qu'ensuite, après le temps accompli de la prescription contre ma créance, il me demandât le paiement de la sienne; quoique je ne fusse plus recevable à donner l'action contre lui pour la mienne, je serois recevable à la lui opposer en compensation contre la sienne. C'est le cas de cette maxime des docteurs : *Quæ temporalia sunt ad agendum, perpetua sunt ad excipiendum.* La raison est que la compensation se faisant de plein droit, *suprà*, *n.* 635, dès l'instant que vous êtes devenu mon créancier, votre créance et la mienne qui n'étoit pas encore prescrite, se sont mutuellement compensées et éteintes.

Du principe que la fin de non recevoir, tant qu'elle subsiste, fait présumer la créance éteinte, il suit aussi qu'inutilement quelqu'un se rendroit-il caution pour une créance contre laquelle il y a une fin de non recevoir qui subsiste. Ajoutez que les mêmes exceptions *in rem*, qui peuvent être opposées contre l'obligation principale par le débiteur, peuvent l'être par la caution.

Les fins de non recevoir doivent être opposées par le débiteur; le juge ne les supplée pas.

Elles peuvent se couvrir par la renonciation que fait le débiteur aux fins de non recevoir, soit expressément, soit tacitement.

Ces fins de non recevoir étant ainsi couvertes, elles ne peuvent plus arrêter l'exécution ni la demande de la créance. Une fin de non recevoir ne peut mieux se couvrir que par le paiement que le débiteur fait de la dette : comme la fin de non recevoir n'avoit point éteint la dette, on ne peut pas douter que le paiement ne soit valable. Néanmoins si le débiteur, qui a payé la dette, étoit mineur, il pourroit se faire restituer contre le paiement, comme contre toutes les autres espèces de renonciations qu'il auroit pu faire aux fins de non recevoir qui lui ont été acquises.

ARTICLE II.

De la prescription trentenaire.

678. Régulièrement les actions qui naissent des créances doivent être intentées dans le temps de trente ans. Lorsque le créancier a laissé écouler ce temps sans intenter son action, le débiteur acquiert contre lui une prescription qui rend le créancier non recevable à la demander.

§. I. Sur quelles raisons est-elle fondée?

.679. Cette prescription est fondée, 1° sur une présomption de paiement ou de remise de la dette, qui résulte de ce laps de temps. Comme il n'est pas ordinaire qu'un créancier tarde pendant un temps aussi considérable à se faire payer de ce qui lui est dû, et que les présomptions se tirent *ex eo quod plerumque fit*; *Cujas, in parat. ad tit. de prob.*; les lois en ont tiré une présomption que la dette avoit été acquittée ou remise.

D'ailleurs le soin que doit avoir un débiteur de conserver les quittances qui sont la preuve du paiement qu'il a fait, ne doit pas être éternel; et on doit fixer un temps, au bout duquel il ne soit plus obligé de les représenter.

2° Cette fin de non recevoir est aussi établie comme une peine de la négligence du créancier. La loi lui ayant donné un temps pendant lequel il peut intenter l'action qu'elle lui donne pour se faire payer, il ne mérite plus d'être écouté, lorsqu'il a laissé passer ce temps.

§. II. De quand, et contre qui court-elle?

680. Il résulte de ce qui vient d'être dit, que le temps de la prescription ne peut commencer à courir que du jour que le créancier a pu intenter sa demande; car on ne peut pas dire qu'il a tardé à l'intenter, tant qu'il ne pouvoit pas l'intenter. De là cette maxime générale sur cette matière : *Contra non valentem agere, nulla currit præscriptio.*

De là il suit que le temps de la prescription ne peut courir, tant que l'action n'est pas encore ouverte, et que la créance est encore suspendue par une condition dont on attend l'existence.

Quoique le droit du créancier soit déja formé et l'action née, s'il y a un terme pour le paiement, le temps de la prescription ne pourra commencer à courir que du jour de l'échéance de ce terme, parceque le créancier ne pouvoit pas plus tôt donner efficacement sa demande.

Lorsqu'une dette est payable en plusieurs termes, je ne vois aucun inconvénient à dire que le temps de la prescription commence à courir du jour de l'expiration du premier terme, pour la partie de la dette qui étoit payable à ce terme, et qu'il ne court pour les autres parties que du jour de l'expiration de chacun des autres termes auxquels elles sont payables. Par exemple, si vous me deviez une somme de trois mille livres, payable en trois termes, d'année en année, dont le premier paiement dût être fait au 1er janvier 1735, le temps de la prescription commenceroit à courir pour le tiers de la dette depuis ledit jour 1er janvier 1735; pour le deuxième tiers, du 1er janvier 1736; pour le troisième tiers, du 1er janvier 1737 ; et la dette sera prescrite pour un tiers en 1765, pour un autre tiers en 1766, et pour le restant en 1767.

681. De notre principe, que le temps de la prescription ne peut courir tant que le créancier n'a pu intenter sa demande, il suit encore que le temps de la prescription ne peut courir, tant que le mariage dure, contre les créances qu'une femme, quoique séparée de biens, a contre son mari; car étant sous sa puissance, elle est pendant ce temps empêchée d'agir contre lui.

Il en est de même des créances et actions qu'elle auroit contre des tiers, si ces tiers avoient un recours contre le mari pour en être acquittés; car en ce cas la femme est censée avoir été empêchée d'agir, par son mari, qui avoit intérêt de l'empêcher d'agir, à cause du recours que le débiteur avoit contre lui. Hors ce cas, le temps de la prescription court pendant le temps du mariage, contre les créances que la femme a contre des tiers.

Le temps de la prescription ne peut courir contre l'héritier bénéficiaire pour les créances qu'il a contre la succession bénéficiaire, car il ne peut pas agir contre lui-même.

682. La prescription ne court pas contre les mineurs, quoiqu'ils aient un tuteur. Ce n'est pas par la règle, *contra non valentem agere non currit præscriptio*, puisqu'ils ont

un tuteur qui peut intenter leurs actions pour eux : une faveur particulière que mérite cet âge, a fait excepter les mineurs de la loi de la prescription. Les coutumes de Paris et d'Orléans en ont des dispositions : elles exceptent les mineurs de la loi de la prescription, en disant qu'elle court *entre âgés*.

Lorsque le créancier laisse des héritiers, dont les uns sont majeurs, et les autres mineurs; si la créance a pour objet quelque chose de divisible, *naturâ aut saltem intellectu;* comme si c'est la créance d'un certain héritage ; le temps de la prescription, qui ne courra pas contre les mineurs pour leur part dans la créance, ne laissera pas de courir contre les majeurs, pour la part desdits majeurs.

Mais si la créance est indivisible, comme si j'avois promis à quelqu'un de constituer au profit de sa maison un droit de servitude; tant qu'il y aura un de ses héritiers mineurs, le temps de la prescription ne courra point du tout, même contre les majeurs; parceque la créance étant indivisible, non susceptible de parties, elle ne peut pas se prescrire pour partie : c'est en ce cas que l'on dit que le mineur relève le majeur *in individuis*.

683. Autre question : Le temps de la prescription court-il contre les insensés? Ces personnes sont pourvues de curateurs, ou elles ne le sont pas : lorsqu'elles ne le sont pas, elles sont dans le cas de la règle, *contra non valentem, etc.,* et il n'est pas douteux en ce cas que la prescription ne peut courir contre elles. La question tombe donc sur les insensés qui sont pourvus de curateurs. Ce qu'on peut dire en leur faveur pour les excepter de la loi de la prescription, est que la loi en a excepté les mineurs, quoique pourvus de tuteurs : or ces personnes sont ordinairement comparées aux mineurs; elles sont encore plus incapables qu'eux de veiller à la conservation de leurs biens; leur état est digne de compassion, et de la protection des lois. C'est pourquoi il semble que l'exception de la loi des prescriptions, qui a été accordée aux mineurs, doit être étendue

à ces personnes. Catelan, *t.* 11, *l.* VII, 13, rapporte un arrêt de son parlement qui l'a ainsi jugé.

Les raisons qu'on peut apporter pour l'opinion contraire, sont que les lois, en exceptant les mineurs de la loi de la prescription, leur ont accordé en cela un privilége : or il est de la nature des priviléges accordés à un certain genre de personnes, de ne pas devoir s'étendre à d'autres, même sous prétexte de parité de raison. On peut même dire qu'il n'y a pas entière parité de raison. La loi a pu se porter plus facilement à excepter de la loi de la prescription le temps de la minorité, parceque ce temps a des bornes certaines; au lieu que la démence d'une personne durant ordinairement toute sa vie, qui peut aller jusqu'à des 80 ou 100 ans, la prescription, si nécessaire pour la tranquillité des citoyens, seroit souvent arrêtée pendant un temps trop considérable, si les insensés étoient exceptés de la loi de la prescription. Ajoutez que les mineurs étant l'espérance de l'état, il y a une raison de leur subvenir, qui ne milite pas à l'égard des autres personnes. On peut appuyer cette opinion de l'autorité de la glose sur le chap. 13, *extrà de præscr.*, qui, en rapportant tous ceux contre qui la prescription ne court pas, n'y comprend pas les insensés. Bretonnier sur Henrys, *t.* 2, IV, 21, paroît incliner à ce sentiment.

684. Lorsqu'une personne est absente dans un pays très éloigné, par exemple, aux grandes Indes; quoique la personne qui étoit chargée de sa procuration dans sa patrie soit morte, et qu'il n'y ait plus personne qui veille à ses affaires, le temps de la prescription ne laisse pas de courir contre elle : elle n'est pas pour cela dans le cas de la règle, *contra non valentem, etc.* : car quelque éloignée qu'elle soit, il ne lui est pas impossible de s'informer des nouvelles de son pays, et d'envoyer une procuration à une autre personne à la place de celle qui est morte. *Voyez Catelan, à l'endroit cité.*

Il peut néanmoins se rencontrer des circonstances dans

lesquelles un absent a été dans une véritable impuissance; et lorsque cela est évidemment justifié, on peut lui subvenir, en lui appliquant la règle, *contra non valentem, etc.*

685. Le temps de la prescription court contre une succession, quoique vacante, abandonnée et destituée de curateur : car les créanciers de cette succession, qui sont ceux qui ont intérêt à la conservation des droits de cette succession, étoient à portée de faire nommer un curateur à cette succession; c'est pourquoi ils ne peuvent se servir de la règle, *contra non valentem, etc.*

Henrys a pensé que la prescription ne devoit pas courir contre les droits d'une succession, pendant que l'héritier a usé du délai que l'ordonnance lui accorde pour délibérer. Cette opinion n'a pas eu de sectateurs : l'héritier, pendant ce temps, avoit le pouvoir, sans être tenu pour cela de prendre qualité, d'exercer tous les actes conservatoires, et d'interrompre les prescriptions : il n'est donc pas dans le cas de la règle, *contra non valentem, etc.*

686. La prescription a lieu, même contre les fermiers du roi, pour les créances dépendantes des droits qui leur sont affermés. *Nec obstat* qu'il n'y a pas de prescription contre le roi; car cette maxime ne concerne que le fonds du domaine du roi, qui est imprescriptible : mais les créances des fermiers du roi, qui concernent les droits qui leur sont affermés, ne sont pas le fonds du domaine du roi; elles n'en sont que les fruits, et les fruits sont le bien des fermiers.

Le roi, à la vérité, n'est pas lui-même sujet à aucune loi humaine, ni par conséquent à celle de la prescription; mais ses fermiers sont sujets à ses lois, et par conséquent à celle de la prescription comme à toutes les autres; et ils doivent intenter leurs demandes dans le temps prescrit par les lois.

687. La prescription de trente ans n'a pas lieu contre l'église, mais seulement celle de quarante ans, dont nous parlerons *infrà*.

Observez que c'est l'église, plutôt que la personne du

bénéficier, qu'on a exemptée de la prescription de trente
ans. C'est pourquoi cette prescription n'est rejetée que
lorsqu'il s'agit du fonds même de la créance; mais les
arrérages des rentes dues à l'église, les fermes, les profits,
soit féodaux ou censuels, et autres semblables créances,
qui concernent plutôt l'utilité personnelle du bénéficier
que l'église même, sont sujets à la prescription de
trente ans.

Lorsque l'église succède à la créance d'un particulier,
elle doit user du même droit que ce particulier, pour le
temps que la créance a appartenu à ce particulier, selon
cette règle, *Qui alterius jure utitur, eodem jure uti debet.*

Le temps de la prescription ne doit donc être augmenté qu'à proportion du temps qui restoit à écouler,
lorsque l'église a succédé à un particulier. C'est pourquoi,
de même qu'on ajoute dix ans au temps de la prescription ordinaire de trente ans, qui est le tiers en sus du
temps de la prescription, lorsqu'elle a commencé à courir
contre l'église; de même lorsqu'elle a commencé à courir
contre un particulier à qui l'église a succédé, on doit
ajouter au temps de la prescription le tiers en sus du
temps qui restoit à courir lorsque l'église a succédé à ce
particulier. Par exemple, s'il s'étoit déja écoulé quinze ans
contre le particulier, depuis que le temps de la prescription a commencé à courir, il ne faudroit pas ajouter dix ans
aux quinze qui restoient à écouler, mais seulement cinq ans,
tiers des quinze qui restoient, et la prescription sera accomplie au bout de trente-cinq ans.

Vice versâ, lorsqu'un particulier a acquis une créance
de l'église, le particulier doit jouir, pour le passé, du privilége de l'église, quant à la prescription de quarante ans;
et le temps de la prescription ne doit être réduit à la
prescription de trente ans, que pour l'avenir. Par exemple,
s'il s'étoit écoulé vingt ans contre l'église, lorsque le particulier a acquis de l'église, le temps de vingt années n'é-
tant que la moitié de celui qui est nécessaire contre l'église,
il faudroit, pour l'accomplissement de la prescription,

l'autre moitié du temps, non pas de celui qui est nécessaire contre l'église, mais de celui qui est nécessaire contre
les particuliers; c'est-à-dire qu'il faudroit encore quinze ans.
Le temps de la prescription contre les particuliers étant
moindre d'un quart que celui de la prescription contre
l'église; lorsqu'un particulier succède à l'église, on doit
soustraire le quart du temps qui seroit resté à courir contre
l'église, si la créance eût toujours continué de lui appartenir. C'est pourquoi, dans l'espèce proposée, nous avons
soustrait cinq ans du temps de vingt qui restoit à courir
contre l'église, lorsque le particulier a succédé à l'église.

Les communautés séculières ont le même privilège que
l'église, et on ne prescrit contre elles que par quarante ans.
Tronçon sur Paris; Lemaître, etc.

§. III. De l'effet de la prescription trentenaire.

688. L'effet de la prescription est que, lorsqu'elle est
accomplie, le débiteur contre qui le créancier formeroit
une demande depuis l'accomplissement de la prescription,
peut, en opposant au créancier cette prescription, le faire
déclarer non recevable en sa demande.

689. Le créancier pourroit-il au moins en ce cas déférer
au débiteur le serment sur le paiement? Non : car cette
prescription n'est pas seulement établie sur la présomption
de paiement qui résulte du long temps qui s'est écoulé;
elle est établie encore comme une peine de la négligence
du créancier. La loi ayant limité le temps de la durée de
l'action qu'elle donne, après l'expiration de ce temps, le
créancier conserve bien sa créance, si elle n'a pas été acquittée; mais il n'a plus d'action : il n'a plus *jus perse-
quendi in judicio quod sibi debetur*, et par conséquent il n'a
plus le droit d'exiger de son débiteur le serment qui fait
partie de ce droit d'action.

690. La prescription, soit commencée, soit accomplie
contre le créancier, a effet contre ses héritiers et autres
successeurs, soit à titre universel, soit à titre singulier, de
telle manière qu'il ne leur reste plus pour demander le

paiement de la créance, que le temps qui restoit au créancier, lorsqu'ils lui ont succédé; et si elle a été accomplie contre le créancier, la même fin de non recevoir qui avoit lieu contre lui, doit avoir lieu contre eux. Cela est évident; car étant aux droits du créancier, tenant de lui tout le droit qu'ils pouvoient avoir, ils ne peuvent pas en avoir plus qu'il n'en avoit lui-même : *Nemo plus juris in alium potest transferre*, etc.

691. Il y a plus de difficulté à l'égard d'un substitué. Le temps de la prescription, qui a couru avant l'ouverture de la substitution contre l'héritier, pour une créance de la succession qui fait partie des biens compris en la substitution, peut-il, après l'ouverture de la substitution, être imputé à ce substitué? La raison de douter est que ce substitué ne tient pas son droit aux biens substitués de celui qui étoit grevé de substitution à son profit, et contre qui le temps de la prescription a couru. Néanmoins il faut décider que la prescription, soit commencée, soit accomplie contre le grevé, a pareillement effet contre lui : car quoique le substitué ne tienne pas son droit du grevé, mais du testateur qui a fait la substitution; néanmoins cette créance passe de la personne du grevé en celle du substitué; et elle n'y peut passer que telle qu'elle se trouve, et par conséquent prescrite en partie ou entièrement, si elle l'a été du vivant du grevé : le grevé ayant été le vrai créancier jusqu'à l'ouverture de la substitution, c'est contre lui qu'a dû courir et qu'a couru véritablement le temps de la prescription : le grevé n'auroit pas pu *faciendo*, en disposant de cette créance, la transportant, l'hypothéquant, préjudicier au substitué, parcequ'il ne peut la transporter que telle qu'il l'a, et par conséquent *cum causâ fideicommissi*, avec la charge de la substitution : mais il peut *non faciendo*, *non utendo*, laisser périr l'action qui dépendoit de cette créance. C'est la disposition précise de la loi 70, §. *fin.* ff. *ad Trebell. Si temporalis actio in hœreditate relicta fuerit, tempus quo hœres experiri ante restitutam hœreditatem potuit, imputabitur ei cui restituta fuerit.* Il

est vrai que cette loi ne parle que des actions annales, parcequ'au temps du jurisconsulte de qui est cette loi, les actions ordinaires n'étoient sujettes à la prescription d'aucun laps de temps : mais depuis qu'elles ont été assujetties à la prescription de trente ans, il y a même raison de le décider. C'est aussi l'avis de Ricard, *Traité des Substitutions*, p. 2, ch. 13, n. 93 *et* 94.

692. La prescription n'a pas seulement effet dans le for extérieur; elle peut quelquefois avoir effet dans le for de la conscience : le débiteur, qui ne peut ignorer qu'il n'a pas payé, ne peut, à la vérité, dans le for de la conscience, avoir recours à la prescription; et c'est pour cela qu'elle est appelée *improborum præsidium;* mais comme la prescription forme une présomption que la dette a été acquittée, les héritiers du débiteur peuvent, même dans le for de la conscience, présumer que la dette a été acquittée, et se servir en conséquence de la prescription, lorsqu'ils n'ont pas une connoissance, ou un juste sujet de croire que la dette n'a pas été acquittée.

§. IV. Comment s'interrompent les prescriptions qui ne sont pas encore accomplies.

693. Le temps de la prescription s'interrompt, ou par la reconnoissance que le débiteur fait de la dette, ou par l'interpellation judiciaire qui lui est faite.

Par quelque acte que le débiteur reconnoisse la dette, cet acte interrompt le temps de la prescription, soit que cet acte soit passé avec le créancier, soit qu'il soit passé sans lui. Par exemple, si dans l'inventaire des biens du débiteur la dette est comprise parmi le passif, cet inventaire, quoiqu'il ne soit pas fait avec le créancier, est un acte recognitif de la dette, qui interrompt le temps de la prescription.

694. Vis-à-vis du débiteur, il n'importe que l'acte recognitif de la dette soit devant notaire, ou sous signature privée : mais vis-à-vis des tiers qui auroient intérêt que la créance fût prescrite, l'acte recognitif de la créance,

lorsqu'il est sous signature privée, ne sera d'aucune utilité au créancier, s'il n'a acquis une date antérieure à l'accomplissement du temps de la prescription, date qui soit constatée ou par le contrôle, ou par le décès de quelqu'un de ceux qui l'ont souscrit : car sans cela les actes sous signatures privées n'ont de date vis-à-vis des tiers que du jour qu'ils sont représentés ; ce qui a été introduit pour empêcher les fraudes auxquelles la facilité d'antidater pourroit donner lieu.

695. La reconnoissance verbale qu'auroit faite le débiteur de la dette, lorsqu'elle excède 100 liv., ne peut guère être d'aucune utilité au créancier, parceque, suivant l'ordonnance de 1667, on n'est pas admissible à la preuve testimoniale de toutes choses dont l'objet excède 100 liv., et dont on a pu se procurer une preuve par écrit. Je pense néanmoins qu'il seroit recevable à déférer au débiteur le serment, s'il n'a point effectivement reconnu la dette dans le temps, et de la manière qu'on lui soutient qu'il l'a fait. *Nec obstat* que le créancier, après le temps de la prescription accompli, ne peut pas déférer le serment au débiteur sur le paiement, comme nous l'avons décidé ci-dessus. La différence est, qu'étant avoué par les parties que le temps de la prescription est accompli, il demeure pour constant que le créancier n'a plus d'action, et que par conséquent il n'a pas droit de déférer le serment. Mais dans cette espèce il n'est pas avoué entre les parties que le temps de la prescription est accompli, et que le créancier n'a plus d'action : le créancier soutient, au contraire, qu'il y a eu interruption. Il est vrai que c'est à lui à le prouver ; *nam incumbit onus probandi, ei qui dicit* : mais *inopiá probationis,* il peut sur ce fait déférer le serment. Si la dette n'excédoit pas 100 liv., je pense que le créancier pourroit être admis à la preuve testimoniale, que le débiteur a en tel temps reconnu la dette, et promis de payer.

696. Le paiement des arrérages que fait le débiteur d'une rente est une reconnoissance de cette rente : mais comme les quittances sont par-devers le débiteur, cette re-

connoissance n'est ordinairement d'aucune utilité au créancier qui ne peut la justifier, à moins qu'il ne tire de son débiteur des contre-quittances, ou que les quittances ne soient passées par-devant notaire, et qu'il n'en reste minute.

Le journal du créancier sur lequel il auroit inscrit les paiements qui lui auroient été faits, ne peut servir de preuve pour lui, qu'il a reçu lesdits paiements, parcequ'on ne peut se faire soi-même une preuve pour soi-même; l. 5, *Cod. de probat.*

Si la rente étoit due à une communauté, comme à un corps de ville, ou à une fabrique, je pense que les comptes solennellement rendus, dans lesquels le receveur se seroit chargé desdits paiements, doivent faire foi desdits paiements, et par conséquent de l'interruption de la prescription. Car il n'est pas vraisemblable qu'un receveur, s'il n'eût pas effectivement reçu ces arrérages, eût été assez dupe pour s'en charger en recette, et pour s'obliger par là à les payer à la place du débiteur. D'ailleurs, soit que le débiteur ait effectivement payé les arrérages de cette rente, soit que, sans qu'il les ait payés, le receveur s'en soit chargé en recette comme s'il les avoit reçus, et en ait fait raison; en l'un et l'autre cas, la ville à qui la rente est due a reçu lesdits arrérages, et a été servie de sa rente. Il ne peut donc pas y avoir lieu à la prescription; elle n'a lieu que lorsque le créancier n'a pas été servi, et qu'il n'a pas fait des diligences pour l'être. C'est la jurisprudence du châtelet d'Orléans.

697. La seconde manière dont s'interrompt le temps de la prescription, est l'interpellation judiciaire faite au débiteur. Cette interpellation judiciaire, lorsque le titre de créance est exécutoire, se fait par un commandement de payer signifié au débiteur; ou, lorsque le titre n'est pas exécutoire, par un exploit d'assignation qui lui est donné.

Comme l'un et l'autre se font par le ministère d'un sergent, qui est un officier de justice, l'un et l'autre actes contiennent une interpellation *judiciaire*.

L'un et l'autre actes interrompent le temps de la prescription, pourvu qu'ils soient revêtus de toutes les formalités dont ces actes doivent être revêtus, à peine de nullité. Si l'un de ces actes étoit nul par l'omission de quelque formalité, il ne pourroit interrompre la prescription, suivant la règle, *Quod nullum est, nullum producit effectum.*

Un ajournement donné devant un juge incompétent, dans la rigueur des principes, n'interrompt pas la prescription : néanmoins lorsque la compétence a pu être douteuse, la cour, en prononçant sur l'incompétence du juge devant qui l'assignation est donnée, renvoie quelquefois les parties devant le juge qui doit connaître de l'affaire, avec cette clause, *pour y procéder en l'état qu'elles étoient lors de l'ajournement.* Imbert, 1, 22, 7 et 8. Dumoulin, *in styl. parlam. p.* 7, *art.* 102, cite un arrêt du 17 juillet 1515, qui renvoie avec cette clause, devant le juge d'Angers, une assignation qui avoit été donnée par erreur devant celui de Saumur.

Il y a cette différence entre le commandement et l'exploit d'assignation, que celui-ci est sujet à péremption, par la discontinuation de la procédure sur l'assignation pendant le temps de trois ans ; et lorsque la péremption a été déclarée acquise, cet exploit d'assignation est regardé comme non avenu, et ne peut plus avoir l'effet d'avoir interrompu le temps de la prescription. Au contraire, le simple commandement ne formant point une instance, n'est point sujet à la péremption des instances ; et quand même il ne seroit suivi d'aucunes procédures, il conserve son effet d'interrompre le temps de la prescription, et perpétue l'action du créancier pendant trente ans, du jour de sa date.

698. Lorsqu'il y a plusieurs débiteurs solidaires, la reconnoissance de l'un d'eux, ou l'interpellation judiciaire faite à l'un d'eux, interrompt la prescription à l'égard de tous les autres. C'est ce que décide Justinien, en la loi *fin. Cod. de duobus reis,* comme nous l'avons déja vu *suprà, n.* 272.

Il n'en est pas de même de plusieurs héritiers du même débiteur. La reconnoissance que l'un d'eux fait de la dette, ou l'interpellation faite à l'un d'eux, n'interrompt le temps de la prescription que pour la part dont il est personnellement débiteur, et n'empêche pas la prescription de la part due par l'autre héritier, qui n'a ni reconnu la dette, ni été interpellé judiciairement : car une dette pouvant s'éteindre pour partie, elle peut aussi se prescrire pour partie.

Cela a lieu, quand même la dette seroit une dette hypothécaire, dont chacun des héritiers seroit tenu hypothécairement pour le total. Car chacun de ces héritiers n'étant tenu personnellement de la dette que pour sa part, quoiqu'il en soit tenu hypothécairement pour le total, le créancier, par l'interpellation qu'il a faite à l'un desdits héritiers, n'a usé de son droit d'action personnelle que pour la part dont ledit héritier interpellé étoit tenu de la dette; et il n'a usé de son droit d'hypothèque que sur la part des biens échus à cet héritier interpellé : mais il n'a pas usé de son droit d'action personnelle pour les parts dont les autres héritiers non interpellés étoient tenus, ni de son droit d'hypothèque sur la part des biens échus auxdits héritiers non interpellés. Par conséquent la prescription est acquise auxdits héritiers non interpellés, tant contre l'action personnelle que le créancier avoit contre eux pour les parts dont ils étoient tenus de la dette, que contre l'hypothèque qu'il avoit sur la part des biens qui leur est échue.

Quelqu'un fera peut-être cette objection : Pourquoi, dira-t-il, l'interpellation que je fais à l'un des détenteurs de biens hypothéqués à ma créance, n'interrompt-elle pas le temps de la prescription contre les autres détenteurs de biens hypothéqués à la même créance, de même que l'interpellation judiciaire faite à l'un des débiteurs solidaires interrompt le temps de la prescription de ma créance contre les autres débiteurs solidaires ? La réponse est, que le droit de créance personnelle que j'ai contre plusieurs débiteurs solidaires est un seul et même droit personnel qui réside dans ma personne. C'est pourquoi, en interpellant l'un des débiteurs, j'use de mon droit pour le total, et j'interromps le temps de la prescription, non seulement contre le débiteur que j'ai interpellé, mais contre les autres : car le droit que j'ai contre eux n'étant pas un droit différent, mais étant précisément le même que celui que j'ai contre celui que j'ai interpellé ; en usant pour le total du droit que j'ai contre lui, j'ai usé de celui que j'ai contre eux. Au contraire, les droits d'hypothéque que j'ai dans les différents biens hypothéqués à ma créance sont des droits *réels;* droits par conséquent qui résident dans les différentes choses dans lesquelles j'ai lesdits droits d'hypothéque, et qui sont par conséquent aussi distingués les uns des autres que les choses dans lesquelles ces droits résident sont distinguées les unes des autres. Par exemple, lorsque la maison A et la maison B me sont hypothéquées pour une certaine créance, le droit d'hypothéque que j'ai dans la maison A est un droit aussi différent de celui que j'ai dans la maison B, que la maison A est différente de la maison B. Lorsque, par une action hypothécaire que je donne contre le possesseur de la maison A, j'use du droit d'hypothéque que j'ai dans cette maison, je n'use pas pour cela du droit d'hypothéque que j'ai dans la maison B, et par conséquent cette action ne peut interrompre la prescription de l'hypothéque que j'ai dans la maison B. Suivant ces principes, l'action hypothécaire que je donne contre l'un des héritiers de mon débiteur n'interrompt la prescription que de mes droits d'hypothéque dans la part des biens que cet héritier a de la succession de mon débiteur ; mais elle n'interrompt pas la prescription des droits d'hypothéque que j'ai dans les parts des autres héritiers.

Lorsque la dette est d'une chose indivisible, tel qu'est un droit de servitude prédiale, chacun des héritiers étant en ce cas débiteur personnel du total, l'interruption de la prescription, à l'égard de l'un, doit interrompre à l'égard de l'autre : *secùs*, lorsque la chose due est susceptible de parties au moins intellectuelles.

L'interpellation judiciaire faite à l'un des débiteurs solidaires interrompt la prescription, non seulement contre les autres débiteurs solidaires, mais pareillement contre les héritiers des autres débiteurs solidaires; il y a même raison.

Pareillement, l'interpellation judiciaire faite à tous les héritiers de l'un des débiteurs solidaires interrompt la prescription contre tous les autres débiteurs solidaires.

Mais l'interpellation judiciaire faite à l'un des héritiers de l'un des débiteurs solidaires d'une dette visible, n'interrompt la prescription contre les autres débiteurs solidaires que pour la part dont cet héritier interpellé étoit tenu de la dette. *Putà*, si j'avois deux débiteurs solidaires, dont l'un a laissé quatre héritiers, l'interpellation faite à l'un de ces héritiers n'interromproit la prescription contre l'autre débiteur solidaire que pour le quart de la dette dont étoit tenu l'héritier qui a été interpellé : car, en interpellant cet héritier, qui n'étoit tenu que pour un quart de la dette, je n'ai usé de mon droit que pour le quart; par conséquent la prescription est acquise pour le surplus à l'autre codébiteur solidaire; et elle est acquise entièrement aux cohéritiers de celui qui a été interpellé, n'ayant pas usé de mon droit et de mon action pour les portions dont chacun d'eux étoit tenu.

699. C'est une question controversée entre les auteurs, si l'interpellation judiciaire faite au débiteur principal, ou la reconnoissance de la dette par lui faite, interrompt la prescription contre ses cautions. Bruneman, *ad l. fin. Cod. de duob. reis*, et les docteurs par lui cités, et entre les modernes, Catelan, tiennent l'affirmative. Ils prétendent que la même raison qui a porté Justinien à le décider à l'égard des codébiteurs solidaires, se trouve militer à l'égard des cautions. Cette raison est que la créance d'un créancier contre plusieurs débiteurs solidaires, étant une seule et

même créance, lorsqu'il a interpellé judiciairement l'un d'eux, ceux qui n'ont pas été interpellés ne peuvent pas dire à ce créancier qu'il n'a pas usé de la créance qu'il a contre eux, puisque celle qu'il a contre eux est la même que celle dont il a usé en interpellant l'un d'eux. Or, disent ces auteurs, la même raison milite à l'égard des cautions : la créance que le créancier a contre eux est celle qu'il a contre le débiteur principal, à l'obligation duquel les cautions n'ont fait qu'accéder : d'où il suit que le créancier, en usant de la créance qu'il a contre le débiteur principal, par l'interpellation judiciaire qu'il lui a faite, a usé de la créance qu'il a contre les cautions, puisque c'est la même. On ajoute que si Justinien n'a pas parlé des cautions, c'est qu'ils sont, quant à ce point, compris sous le mot de *correi*, puisqu'ils sont *rei ejusdem obligationis* : ils sont codébiteurs du débiteur principal, non pas, à la vérité, *codébiteurs principaux*, mais codébiteurs accessoires de la même obligation.

Duperrier, et les auteurs par lui cités, tiennent la négative : ils disent qu'il y a une grande différence entre des cautions et des codébiteurs solidaires. Lorsque j'ai vendu une chose à plusieurs acheteurs, qui se sont solidairement obligés envers moi au paiement du prix, la créance que j'ai contre chacun de ces codébiteurs solidaires est une seule et même créance, qui a la même cause, et d'où il ne naît qu'une seule et même action, qui est l'action *ex vendito*, que j'ai contre chacun d'eux : d'où il suit qu'en usant de ma créance, par l'interpellation judiciaire que je fais à l'un d'eux, j'use de la créance que j'ai contre tous les autres codébiteurs que je n'ai pas interpellés, parceque c'est la même créance que j'ai contre tous. Il n'en est pas de même, disent-ils, du débiteur principal et de ses cautions. La créance que j'ai contre le débiteur principal, et celle que j'ai contre les cautions, sont bien les créances d'une seule et même chose : c'est pourquoi le paiement réel ou fictif de l'une acquitte les autres. Mais quoique ces créances soient les créances d'une seule et même chose, elles ne laissent pas d'être des créances distinctes les unes des autres, qui naissent de contrats différents, et qui produisent différentes actions. Par exemple, lorsque j'ai vendu une chose à quelqu'un pour le prix d'une certaine somme pour laquelle il m'a donné caution, la créance que j'ai contre l'acheteur, et celle que j'ai contre la caution, sont, à la vérité, des créances d'une seule et même chose ; mais elles ne laissent pas d'être des créances distinctes l'une de l'autre. Celle que j'ai contre le débiteur principal est une créance qui résulte d'un contrat de vente, et d'où naît l'action *ex vendito* : celle que j'ai contre la caution est une créance qui résulte du cautionnement qu'elle m'a subi. Ce cautionnement est une convention différente du contrat de vente, d'où naît une action différente, qui est l'action *ex stipulatu*. Ces créances étant des créances distinguées, lorsque le créancier a usé de sa créance contre l'acheteur débiteur principal, par l'interpellation judiciaire qu'il lui a faite, on ne peut pas dire qu'il ait usé de la créance qu'il avoit contre la caution ; et par conséquent cette interpellation n'interrompt pas la prescription de la dette de la caution. Ces auteurs tirent argument de la loi *fin. Cod. de duob. reis.* Cette loi, en décidant que la reconnoissance de l'un des débiteurs, ou l'interpellation qui lui est faite, interrompt contre tous les autres, en apporte cette raison : *Quùm ex unâ stirpe unoque fonte unus effluxit contractus, vel debiti causa ex eâdem actione apparuit.* Or, disent-ils, les cautions ne se trouvent pas dans les termes de la loi ; car les cautions, quoique débiteurs de la même chose que le débiteur principal, sont débiteurs en vertu d'un autre contrat ; et l'action qu'a le créancier contre eux est différente de celle qu'il a contre le débiteur principal.

On peut répliquer que le cautionnement est un contrat purement accessoire : les fidéjusseurs ne font autre chose qu'accéder, par ce contrat, à la dette du débiteur principal. Ce contrat ne forme pas proprement une nouvelle créance ; il ne fait que donner au créancier de nouveaux débiteurs qui accèdent à la dette du débiteur principal : la créance que le créancier a contre eux est la même créance qu'il a contre le débiteur principal. Quant à ce qu'on oppose, que par le droit romain le créancier avoit contre les cautions une action *ex stipulatu*, qui est une action différente de celle qu'il avoit contre le débiteur principal, je réponds qu'il n'en faut pas conclure que la créance contre la caution fût une créance différente de celle contre le débiteur principal : la stipulation d'où naissoit l'action *ex stipulatu*, n'étoit pas par elle-même un titre de créance, c'en étoit plutôt la corroboration ; ce n'étoit qu'un acte corroboratif des différentes conventions auxquelles on la faisoit intervenir. La stipulation par laquelle se contractoit le cautionnement ne formoit donc pas une nouvelle créance ; elle ne faisoit que corroborer la créance que le créancier avoit déjà, et y faisoit accéder les cautions.

§. V. Comment se couvrent les prescriptions accomplies.

700. La prescription, quoique accomplie, se couvre lorsque le débiteur a reconnu la dette, bien que ce soit depuis l'accomplissement de la prescription. Cette reconnoissance l'exclut de pouvoir opposer au créancier la fin de non recevoir qui résultoit de l'accomplissement du temps de la prescription, et par conséquent la couvre et l'anéantit.

Il y a une grande différence entre la reconnoissance qui se fait après le temps accompli de la prescription, à l'effet de couvrir la prescription, et celle qui se fait auparavant, à l'effet seulement de l'interrompre. Celle-ci peut se faire non seulement par le débiteur lui-même, mais encore par un tuteur, un curateur, un fondé de pouvoir général de ce débiteur : elle peut se faire par le débiteur lui-même, quoique mineur, sans qu'il puisse être restitué contre.

Au contraire, la reconnoissance qui se feroit de la dette après le temps de la prescription accompli, à l'effet de couvrir la dette, ne peut se faire que par le débiteur lui-même ; et il faut qu'il soit majeur, sans quoi il seroit restituable contre cette reconnoissance : elle ne peut se faire par un tuteur, par un curateur, par un procureur dont le pouvoir ne seroit pas spécial *ad hoc*, mais seulement général. La raison est que cette reconnoissance qui se fait après le temps de la prescription accompli, à l'effet de la couvrir, renferme une aliénation gratuite du droit de fin de non recevoir qui est acquis au débiteur par l'accomplissement du temps de la prescription. Or une aliénation gratuite d'un droit acquis excède le pouvoir d'un tuteur, d'un curateur, d'un fondé de pouvoir général.

Il résulte du même principe une seconde différence entre la reconnoissance passée après le temps de la prescription accompli, et celle passée auparavant. Celle-ci interrompt le temps de la prescription envers et contre tous; au lieu que la reconnoissance d'une dette, passée après le temps de la prescription accompli, ne couvre la prescription que contre le débiteur qui a reconnu, et contre ses héritiers; mais elle ne la couvre pas contre les codébiteurs solidaires de celui qui a reconnu, ni contre ses cautions, ni contre les tiers détenteurs qui auroient acquis, avant cette reconnoissance, des héritages hypothéqués à la dette, ni contre des créanciers intermédiaires. Car le droit qui résulte de la prescription contre la dette, ayant été une fois acquis par l'accomplissement du temps, le débiteur qui a depuis reconnu la dette a bien pu, par cette reconnoissance, renoncer à la prescription pour lui et ses héritiers; mais il n'a pu y renoncer au préjudice du droit acquis aux tiers.

701. Si la simple reconnoissance de la dette couvre et abolit la prescription, à plus forte raison doit-on le dire du paiement qui seroit fait de la dette depuis le temps de la prescription accompli.

Celui qui paye, quoique après le temps de la prescription accompli, est donc censé payer ce qu'il doit, et il ne peut le répéter.

Il y a plus : celui qui paye une partie de la dette, contre

laquelle il avoit une prescription acquise, est censé renoncer entièrement à cette prescription, même pour le surplus qui reste à payer; *arg.* l. 7, §. *pen. et fin.* ff. *de S. C. Maced.*; à moins qu'il n'ait protesté, en payant, qu'il n'a entendu reconnoître la dette que pour la somme qu'il payoit.

Suivant ces principes, il n'est pas douteux que le paiement que le débiteur d'une rente fait de quelques arrérages, depuis le temps de la prescription accompli, couvre la prescription.

702. La condamnation intervenue contre le débiteur abolit aussi la prescription, lorsqu'elle a passé en force de chose jugée, c'est-à-dire, lorsqu'il n'y a plus lieu à l'appel : le débiteur, après cette condamnation passée en force de chose jugée, n'est plus recevable à opposer la prescription, quand même il auroit omis de l'opposer dans l'instance sur laquelle est intervenue la condamnation; car cette condamnation forme au créancier un nouveau titre.

ARTICLE III.

De la prescription de quarante ans.

703. Selon les dispositions de plusieurs coutumes, du nombre desquelles est notre coutume d'Orléans, le débiteur hypothécaire, c'est-à-dire, celui qui s'est obligé par acte devant notaire, et ses héritiers, ne peuvent opposer la prescription de trente ans, mais seulement celle de quarante.

Ces dispositions sont conformes aux principes du droit romain, et à la constitution de l'empereur Justinien, en la loi *Quùm notissimi, Cod. de præscr. trig. vel. quadr.* qui établit cette prescription de quarante ans; et elles paroissent devoir être suivies dans les coutumes qui ne s'en sont pas expliquées. C'est l'avis des commentateurs de la coutume de Paris, cités par Lemaître.

Pour bien entendre la raison de ce droit, et savoir pourquoi le débiteur hypothécaire ne prescrit pas par trente ans, comme les autres débiteurs, il faut examiner la nature de la prescription de trente ans.

Cette prescription renferme deux espéces : la prescription contre les créances personnelles, et la prescription contre les droits de propriété et les autres droits réels. Ces deux espéces de prescriptions ne doivent pas être confondues; elles n'ont de ressemblance que par le temps, mais elles sont très différentes sur la manière dont elles s'acquièrent.

La prescription contre les créances personnelles s'acquiert par le débiteur sans aucun fait de sa part, et résulte seulement de ce que le créancier, pendant le temps défini par la loi, n'a point intenté l'action que lui donnoit sa créance, et n'en a point été reconnu : elle n'éteint pas proprement la créance, qui ne peut s'éteindre que par un paiement réel ou fictif; elle éteint seulement l'action qu'avoit le créancier pour se faire payer; laquelle action, avant cette loi, n'avoit aucunes bornes dans sa durée, et est par cette loi bornée à la durée de trente ans. Cette action s'éteint par cette loi, *non ipso jure*, mais par une exception, ou fin de non recevoir, que la loi accorde au débiteur contre cette action.

La seconde espéce de prescription trentenaire, est celle par laquelle celui qui a possédé pendant trente ans un héritage comme à lui appartenant, et comme franc des droits dont il étoit chargé, quoiqu'il ne rapporte aucun titre de sa possession, acquiert la propriété de cet héritage, et l'affranchissement de tous les droits dont il étoit chargé.

Au lieu que la première espéce de prescription s'acquiert par le seul non-usage du créancier contre qui on prescrit, sans aucun fait de la part du débiteur qui prescrit; au contraire, celle-ci s'acquiert par le fait de la possession du possesseur qui prescrit.

Le débiteur qui avoit lui-même hypothéqué son héritage, ne pouvoit pas acquérir l'affranchissement du droit d'hypothèque par cette espèce de prescription, parcequ'il ne pouvoit être censé avoir possédé cet héritage comme franc d'un droit d'hypothèque qu'il avoit lui-même constitué. L'héritier du débiteur ne le pouvoit pas non plus, suivant cette règle : *Hæres succedit in virtutes et vitia possessionis defuncti;* l. 11, *Cod. de acq. posses.;* la possession de l'héritier étant censée la même que celle du défunt. C'est pourquoi, bien que le débiteur ou ses héritiers eussent acquis, par la première espèce de prescription trentenaire, une fin de non recevoir contre l'action personnelle du créancier, ils demeuroient toujours sujets à l'action hypothécaire de ce même créancier ; l'héritage demeurant toujours hypothéqué à la dette, qui, quoique prescrite et dénuée d'action, subsistoit toujours comme dette naturelle, et servoit d'un fondement suffisant à l'hypothèque; l. 5, ff. *de pign. et hypot.*

Quoique Anastase, par la loi 4, *Cod. de præscr. trigint.*, eût introduit la prescription de quarante ans contre toutes les actions qui n'étoient pas sujettes à celle de trente, néanmoins on ne croyoit pas qu'elle pût s'étendre à l'action hypothécaire du créancier contre le débiteur, par les raisons que nous avons déduites ci-dessus.

Enfin Justinien, comme nous l'avons dit, étendit la prescription de quarante ans à l'action hypothécaire du créancier contre le débiteur et l'héritier du débiteur. C'est la disposition de la loi *Quùm notissimi.*

704. Si le débiteur, personnellement et hypothécairement obligé, avoit vendu l'héritage à un tiers, ce tiers qui, dans la prescription de trente ans qu'il opposeroit, voudroit comprendre le temps de son auteur qui étoit personnellement obligé, devroit ajouter aux trente ans un tiers en sus du nombre des années qu'auroit duré le temps de la prescription de son auteur; car son auteur ne pouvant prescrire que par un temps plus long d'un tiers en sus que celui de trente ans, il ne peut pas, du chef de son auteur, prescrire par un moindre temps, suivant la règle, *Qui alterius jure utitur, eodem jure uti debet.*

705. La disposition de la loi *Quùm notissimi*, n'a été adoptée qu'à l'égard des hypothèques qui résultent des obligations contenues dans des actes par-devant notaires. Les débiteurs condamnés par sentence prescrivent par le temps ordinaire de trente ans, quoique l'ordonnance de Moulins ait donné hypothèque aux sentences; car la loi accorde cette hypothèque plutôt à l'action personnelle *ex judicato*, qu'à la créance sur laquelle la condamnation est intervenue. C'est pourquoi elle s'éteint par la prescription de trente ans, qui éteint l'action personnelle *ex judicato*.

Il en est de même de toutes les hypothèques légales; elles s'éteignent lorsque l'action personnelle s'éteint.

706. Il en est de même de l'action personnelle réelle pour les arrérages de rente foncière, les profits féodaux, le droit de réméré, et autres causes semblables : cette action est sujette à la prescription ordinaire de trente ans. *Voyez* les commentateurs de la coutume de Paris.

ARTICLE IV.

Des prescriptions de six mois et d'un an contre les actions des marchands, artisans et autres personnes.

§. I. En quel cas y a-t-il lieu à la prescription de six mois?

707. Suivant l'ordonnance de Louis XII, de l'année 1510, *art*. 6 *et* 8 : « Tous drapiers, apothicaires, boulangers et « autres gens de métier, et marchands vendants en détail, « sont non recevables, après les six mois depuis la pre- « mière fourniture, à en demander le prix, sinon qu'il y « eût interpellation judiciaire, ou un arrêté de compte. »

Cette ordonnance n'a pas été exactement observée.

La coutume de Paris a fait une distinction : elle ne onne, conformément à l'ordonnance de Louis XII, que le temps de six mois aux marchands et artisans qui débitent de menues denrées et font de menus ouvrages, pour demander le paiement de leurs créances; après lequel temps, à compter du jour de la première délivrance, elle les déclare non recevables.

Tel est l'article 126 de cette coutume : « Marchands ,
« gens de métier et autres vendeurs de marchandises et
« denrées en détail, comme boulangers, pâtissiers, cou-
« turiers, selliers, bouchers, bourreliers, passementiers,
« maréchaux, rôtisseurs, cuisiniers, et autres semblables,
« ne peuvent faire action après les six mois passés, du
« jour de la première délivrance de ladite marchandise ou
« denrée, sommation et interpellation judiciairement faite,
« cédule ou obligation. »

A l'égard des marchands et artisans qui débitent des
marchandises plus considérables, et font des ouvrages
plus considérables, tels que sont les drapiers, merciers,
épiciers, orfèvres et autres marchands grossiers, maçons,
charpentiers, couvreurs, elle leur accorde un an pour
intenter la demande de ce qui leur est dû; *art.* 127.

Les apothicaires ont aussi un an ; *art.* 125.

708. L'ordonnance de 1673, qui est aujourd'hui à cet
égard la loi générale du royaume, paroît avoir suivi la distinction de la coutume de Paris. Elle porte au titre premier, article 7, « que les marchands en gros et en détail,
« les maçons, charpentiers, couvreurs, serruriers, vitriers,
« plombiers, paveurs, et autres de pareille qualité, seront
« tenus de demander le paiement dans l'année après la
« délivrance. »

Et en l'article 8, elle porte : « L'action sera intentée
« dans six mois, pour marchandises et denrées vendues
« en détail, par boulangers, pâtissiers, bouchers, rôtis-
« seurs, cuisiniers, couturiers, passementiers, selliers,
« bourreliers et autres semblables. » Sous ce terme *et au-*
« *tres semblables*, sont compris les cordonniers, savetiers,
charcutiers, etc.

709. Notre coutume d'Orléans n'a admis la prescription
de six mois que contre les demandes pour loyers de chevaux et autres bêtes; *art.* 266.

Elle donne expressément, dans l'article 265, un an à
l'égard des demandes pour menues denrées ; et nonobstant l'ordonnance de 1673, on s'est toujours conservé,

dans ce bailliage, dans l'usage d'accorder un an sans distinction à tous les marchands et artisans, pour la demande de leurs fournitures et ouvrages.

§. II. En quel cas y a-t-il lieu à la prescription d'un an?

710. Il y a lieu à la prescription d'un an, 1° selon le droit commun, contre les demandes des marchands et artisans compris en l'article 126 de la coutume de Paris, et de ceux compris en l'article 7 du titre premier de l'ordonnance de 1673.

Dans la coutume d'Orléans, il y a lieu à cette prescription contre les demandes de tous marchands et artisans, sans aucune distinction de grosses et menues denrées, ni de gros et menus ouvrages.

2° Contre les demandes pour les salaires des médecins et chirurgiens, suivant l'article 125 de la coutume de Paris, qui s'observe dans les coutumes qui ne s'en sont pas expliquées.

3° Contre les demandes des maîtres d'école, précepteurs, répétiteurs, régents, et autres, pour instruction d'enfants : notre coutume d'Orléans, *art.* 265, en a une disposition, et c'est un droit commun.

4° Pour les pensions et nourritures ; *Orléans,* 265. C'est aussi un droit commun.

5° Pour salaires des serviteurs, vignerons et autres ; *Orléans*, 265. C'est aussi un droit commun.

Ce terme de *serviteurs* comprend tant ceux qui servent autour de la personne du père de famille, que ceux qui servent pour l'agriculture ; tels que sont les serviteurs de labour, moissonneurs, calvesniers, les serviteurs de vignerons, les pâtres, etc. ; ceux qui travaillent aux manufactures, tels que les serviteurs des raffineurs, les ouvriers qui servent en qualité de compagnons chez les artisans. Sous ce terme de *serviteurs*, ne sont compris les journaliers qui travaillent à la journée, lesquels n'ont que quarante jours pour donner leur demande, comme nous le verrons.

§. III. En quels cas ces prescriptions n'ont pas lieu.

711. Ces prescriptions de six mois et d'un an n'ont pas lieu, 1° lorsque la créance est établie par quelque acte par écrit, soit par-devant notaire, soit sous signature privée; tels que sont une obligation du débiteur par acte par-devant notaire, ou une promesse sous signature privée, ou enfin un arrêté de compte au bas d'un mémoire qui contient les fournitures, ou sur le journal d'un marchand, arrêté et signé par le débiteur : c'est le sens de ces termes de l'article 9 du *tit.* 1 de l'ordonnance de 1673 : «Voulons « le contenu avoir lieu, si ce n'est qu'avant l'année et les « six mois, il y eût *un compte arrêté,* cédule, obligation ou contrat. » En ce cas la créance n'est sujette qu'à la prescription de trente ans.

712. En second lieu, ces prescriptions n'ont pas lieu, si elles ont été interrompues par une demande en justice, intentée avant que le temps de la prescription fût expiré, et qui ne soit point depuis tombée en péremption : cela est commun à toutes les prescriptions.

713. En troisième lieu, ces prescriptions d'un an et de six mois ne sont pas observées dans les juridictions consulaires, lorsque les fournitures ou ouvrages d'un marchand ou artisan ont été faites à un autre marchand ou artisan, pour raison de son commerce ou de son art, et que les parties ont ensemble des comptes courants sur leurs journaux, pour raison desdites fournitures. Il y en a un arrêt célèbre, du 12 juillet 1672, au Journal du Palais. La coutume de Troyes, *art.* 201, en a une disposition.

Par exemple, un cordonnier à qui un corroyeur fournit du cuir, un menuisier à qui un marchand de bois fournit du bois, ne peuvent opposer cette prescription au corroyeur ou au marchand de bois qui représente un journal par lequel il paroît qu'il est en compte courant avec le cordonnier ou menuisier.

714. En quatrième lieu, ces prescriptions n'ont pas lieu

contre les bourgeois qui vendent des denrées provenues de leurs terres, comme leur blé, leur vin, leur bois; car l'ordonnance, aussi bien que les coutumes, n'y assujettissent que les marchands et gens de métier.

On doit à cet égard réputer bourgeois, et non marchand, une personne qui, quoique marchand de profession, vend des denrées provenues de ses terres, et dont il ne fait point de commerce; comme si un épicier avoit vendu le vin de sa récolte.

Quoiqu'un bourgeois ne soit point sujet à la prescription annale, néanmoins s'il intentoit sa demande après un temps très considérable, quoique moindre de trente ans, contre un marchand à qui il auroit vendu les denrées de son crû, et qui soutiendroit les avoir payées, quoiqu'il n'en eût pas la quittance, il pourroit être de la prudence du juge, suivant les circonstances, de renvoyer le défendeur de la demande.

§. IV. De quand courent les prescriptions, et contre qui.

715. La prescription contre la demande des marchands et artisans, pour le prix des fournitures et ouvrages qu'ils ont faits, court depuis le jour de chaque fourniture, et la continuation de fourniture ne l'interrompt point. Cela étoit porté par l'ordonnance de Louis XII, qui porte, *depuis la première fourniture*; par la coutume de Paris, qui porte, *depuis le jour de la première délivrance* : et enfin l'ordonnance de 1673, *art.* 9, porte expressément que la prescription aura lieu, *encore qu'il y eût continuation de fourniture ou d'ouvrage.*

La raison est que la créance de ce marchand ou artisan qui a fait plusieurs fournitures ou ouvrages, est composée d'autant de créances particulières qu'il a fait de fournitures ou ouvrages, lesquelles produisent autant d'actions particulières, qui commencent chacune à courir du jour que ce marchand ou artisan a fait la fourniture ou l'ouvrage.

716. A l'égard des médecins et chirurgiens, je pense-

rois qu'on ne devroit pas regarder la créance d'un médecin ou d'un chirurgien qui ont eu soin d'un malade pendant une maladie, comme composée d'autant de créances séparées que le chirurgien a fait de pansements, mais comme une seule et même créance, qui n'a été consommée que lorsque les soins du médecin ou du chirurgien ont été achevés, soit par la guérison ou par la mort du malade, qui ont mis fin à la maladie, ou lorsque le médecin ou le chirurgien ont été congédiés. C'est pourquoi je pense que la prescription ne doit courir que du jour de la mort du malade, lorsque le malade est mort de la maladie; ou du jour de la dernière visite ou du dernier pansement, lorsque le malade a été guéri, ou que le médecin ou chirurgien a été congédié avant la fin de la maladie.

Mais si le médecin ou chirurgien a traité quelqu'un dans différentes maladies, ce sont autant de créances et d'actions différentes qu'a ce chirurgien ou médecin, qu'il y a eu de maladies, lesquelles actions doivent se prescrire séparément, du jour de la fin de chaque maladie.

717. Dans les coutumes qui ne s'expliquent point sur les serviteurs, il y a lieu de penser qu'on y doit suivre l'ordonnance de Louis XII, qui porte qu'ils seront non recevables à demander leurs services après l'année, depuis qu'ils sont hors de chez leurs maîtres, et que dans ladite année ils ne pourront demander que le service des trois dernières années. C'est l'avis d'Henrys et de Bretonnier.

Les coutumes de Paris et d'Orléans ayant assujetti l'action des serviteurs pour leurs salaires à la prescription d'un an, sans distinguer s'ils sont encore, ou non, au service de leurs maîtres, on peut soutenir que la prescription de l'action qu'a le serviteur pour chaque terme de son service, doit courir du jour de l'expiration de chaque terme. Par exemple, selon ce sentiment, si un domestique s'est loué à l'année, il ne pourra demander que l'année échue au dernier terme, et le prix de ses services depuis le dernier terme; et s'il est loué au mois, il ne pourra demander que le service des douze derniers mois, et ce qui a couru depuis le dernier mois.

On doit décider la même chose à l'égard des pensions, au sujet de l'instruction des enfants.

718. Duplessis et Lemaître ont cru que ces prescriptions ne devroient pas courir contre les mineurs. Pour moi, je pense qu'elles courent tant contre les mineurs que contre les majeurs; 1° parceque les contrats d'où naît l'action des marchands et artisans contre lesquels cette prescription est établie, sont des contrats qu'ils font en leur qualité de marchands et artisans : or, c'est un principe qu'ils contractent comme majeurs, lorsqu'ils contractent en cette qualité et pour le fait de leur commerce et profession; d'où vient qu'ils ne sont pas restituables contre ces contrats. Ils doivent donc être sujets à la prescription de l'action qui naît de ces contrats, comme le sont les majeurs. 2° Cette prescription n'est pas établie comme une peine de la négligence du créancier, qui pourroit être pardonnée à un mineur, mais sur une simple présomption de paiement, résultante de ce qu'on n'attend pas ordinairement si long-temps à se faire payer de ces sortes de dettes : or cette prescription milite également à l'égard des mineurs que des majeurs. 3° Nos coutumes n'exceptant point les mineurs de cette prescription comme elles ont soin de le faire à l'égard de la prescription trentenaire, nous ne devons pas les excepter.

§. V. Du fondement et de l'effet de ces prescriptions.

719. Ces prescriptions sont uniquement fondées sur la présomption du paiement.

De là il suit que le créancier n'est pas tellement non recevable, qu'il ne puisse déférer à son débiteur le serment, si la somme par lui demandée est due ou non : c'est ce qui est décidé formellement par l'ordonnance de 1673, *tit.* 1, *art.* 10. La coutume d'Orléans en a aussi une disposition, *art.* 265. En cela ces prescriptions diffèrent des autres prescriptions, qui étant établies par forme de peine contre le créancier, le privent entièrement de l'action.

720. Le débiteur à qui le serment est déféré est tenu de jurer que la somme qui lui est demandée n'est pas due : faute par lui de jurer, le serment est référé au demandeur ; et sur son serment, il doit obtenir sentence de condamnation.

721. Lorsque la veuve ou les héritiers de celui à qui la fourniture a été faite sont assignés, on ne peut pas les obliger à jurer si la chose étoit effectivement due ou non par le débiteur défunt, parcequ'on ne peut pas déférer le serment à quelqu'un sur ce qui n'est pas de son fait. *Arg.* l. 42, ff. *de regul. juris.* Paul en fait une maxime : *Hæredi ejus cum quo contractum est, jusjurandum deferri non potest.* Paul, sent. 11, 1, 4.

Mais s'ils ne peuvent être obligés à jurer précisément que la somme demandée n'est pas due, au moins l'ordonnance veut qu'on puisse leur déférer s'ils n'ont pas connoissance que la somme soit due : c'est ce qui est porté précisément par l'art. 10 ci-dessus cité. Faute par eux de rendre ce serment, il doit être référé au demandeur : l'ordonnance veut même que ce serment puisse être déféré aux tuteurs des mineurs héritiers du défunt.

722. Si la veuve commune refusoit de rendre ce serment, ou même convenoit que la somme est due, les héritiers qui offriroient d'affirmer de leur part qu'ils n'ont aucune connoissance qu'elle le soit, devroient-ils être condamnés ? Non ; car la dette, par la mort du défunt, étant divisée entre la veuve et les héritiers, le serment qui est déféré à la veuve, et qui, sur son refus de le donner, est référé au demandeur, ne concerne que la part de la dette qui est due par la veuve : cette veuve, en refusant de jurer, ou même en reconnoissant la dette, ne peut obliger qu'elle-même ; elle ne peut obliger les héritiers : elle peut, par son fait, faire cesser la prescription pour la part qu'elle doit ; mais elle ne peut la faire cesser pour celle qui est due par les héritiers.

Il en est de même si quelqu'un des héritiers reconnoissoit la dette : cette reconnoissance ne l'obligeroit que pour la part qu'il en doit, et elle n'obligeroit point les autres héritiers, qui rendroient le serment qu'ils n'ont aucune connoissance de la dette.

723. Non seulement le créancier a le droit de déférer le serment nonobstant la prescription ; il peut encore, lorsque l'objet de la demande n'excéde pas cent livres, être reçu à la preuve par témoins, que le défendeur a offert de payer la somme depuis la demande, ou même avant la demande, depuis le temps qu'il a dit l'avoir payée. La raison est que quoique l'action qui naît du marché soit prescrite, celle qui naît de la promesse qui a été faite de payer, lorsqu'elle est prouvée comme elle peut l'être, est une nouvelle action, laquelle n'est pas prescrite.

ARTICLE V.

De plusieurs autres espéces de prescriptions.

724. La demande des journaliers pour le paiement de leurs journées se prescrit par le temps de quarante jours. *Coutume d'Orléans*, art. 264.

Cette prescription, ainsi que les précédentes, est fondée sur la seule présomption de paiement : on présume que ces gens, qui ont besoin de leur salaire pour vivre, n'attendent pas long-temps à s'en faire payer, ou du moins à le demander.

C'est pourquoi cette prescription n'exclut pas le demandeur de déférer le serment au défendeur, comme dans le cas des prescriptions dont il a été ci-devant parlé ; ni d'être reçu à prouver que le défendeur a promis de payer, lorsque le prix des journées n'excéde pas 100 livres.

On demande si la prescription pour toutes les sommes ne court que du jour de la dernière journée. A la rigueur il semble qu'on devroit dire que la prescription doit courir pour le prix de chaque journée, du jour que chaque journée est finie ; car le journalier ayant pu dès ce temps demander cette journée, son action pour le prix de cette journée a été dès ce temps ouverte, et par conséquent la prescription en a dû courir : néanmoins on peut soutenir qu'elle ne doit courir que du jour de la dernière journée, sur-tout si le journalier étoit pendant ce temps nourri par le locateur, parceque ordinairement les journaliers ne demandent leurs salaires qu'après l'ouvrage fini.

725. La demande des procureurs pour leurs salaires se prescrit par deux ans, à compter du jour du décès de leurs parties, ou de leur révocation. *Arrêt de règlement du 28 mars 1692.*

L'article second établit contre les procureurs une autre prescription : il porte « qu'ils ne pourront, dans les af-« faires non jugées, demander leurs frais, salaires et vaca-« tions pour les procédures faites au-delà de six années « précédentes immédiatement, encore qu'ils aient toujours « continué d'y occuper, à moins qu'ils ne les aient fait ar-« rêter ou reconnoître par leurs parties, et ce avec calcul « de la somme à laquelle ils montent, lorsqu'ils excèdent « 2,000 livres. »

L'arrêt n'a parlé que des salaires des affaires non jugées. A l'égard de ceux des affaires terminées par un jugement définitif, la prescription de deux ans doit courir du jour que le pouvoir du procureur a été consommé par le jugement définitif; de même que dans les affaires non jugées, elle court du jour qu'il a cessé par la révocation ou par le décès de la partie.

726. Il n'y a aucune loi qui limite le temps de l'action pour les salaires des notaires et des huissiers; il seroit équitable d'étendre à ces officiers la prescription de six ans établie à l'égard des procureurs; mais n'y ayant point de loi, on doit avoir beaucoup d'égard aux circonstances.

Il y a une autre espèce de prescription contre les procureurs et les huissiers, qui résulte de la remise qu'ils ont faite de leurs exploits et procédures à leurs parties : il résulte de cette remise une présomption de paiement ; et on dit vulgairement au barreau, *Pièces rendues, pièces payées.*

Les procureurs étant obligés par les règlements d'avoir

un journal, sur lequel ils doivent inscrire les paiements qui leur sont faits par leurs parties, il résulte du défaut de représentation de ce journal une fin de non recevoir contre la demande qu'ils font de leurs salaires. *Réglement de la cour du 2 août 1692.*.

727. La demande d'une partie pour la restitution des pièces dont un avocat ou un procureur s'est chargé, se prescrit par cinq ans, du jour de la date du jugement définitif, ou de la transaction; et par dix ans, lorsque les procès n'ont pas été terminés.

Cette prescription est de la même nature, et est fondée sur la présomption de la restitution des pièces après ce laps de temps; c'est pourquoi elle n'exclut pas le serment décisoire.

. Il en est de même de celle qui milite en faveur des conseillers de la cour, leurs veuves et héritiers : ils sont déchargés des pièces des procès par le laps de trois ans du jour de l'arrêt, lorsque le procès a été jugé; ou du jour du décès du conseiller, ou de la résignation de son office, quoiqu'ils n'aient pas été jugés.

Nous n'avons pas de loi à l'égard des juges inférieurs ; mais on ne peut pas leur refuser la prescription de cinq ans, accordée aux avocats et procureurs.

728. Toutes ces prescriptions ont pour unique fondement la présomption de paiement, et elles n'empêchent pas le demandeur de déférer le serment au défendeur, s'il est vrai qu'il ait payé, ou s'il est vrai qu'il retienne les pièces qu'on lui demande.

Il y a d'autres espèces de prescriptions contre différentes espèces d'actions, comme celle de dix ans, contre toutes les actions rescisoires; celle de cinq ans, pour les arrérages des rentes constituées; celle d'un an, contre la demande en retrait lignager; celle contre les actions redhibitoires, dont le temps est différemment réglé par les coutumes et les différents usages des lieux : nous remettons à parler de ces prescriptions lorsque nous traiterons des matières auxquelles elles appartiennent.

QUATRIÈME PARTIE.

De la preuve tant des obligations que de leurs paiements.

---

729. CELUI qui se prétend créancier de quelqu'un est obligé de prouver le fait ou la convention qui a produit sa créance, lorsqu'elle est contestée · au contraire, lorsque l'obligation est prouvée, le débiteur qui prétend l'avoir acquittée est obligé de prouver le paiement.

Il y a deux espèces de preuves, la littérale et la testimoniale, dont nous traiterons séparément dans les deux premiers chapitres. La confession et certaines présomptions tiennent aussi lieu de preuves, ainsi que le serment. Nous en traiterons dans un troisième chapitre.

CHAPITRE PREMIER.

De la preuve littérale.

730. La preuve littérale est celle qui résulte des actes, ou écritures. Par exemple, la preuve littérale des obligations qui naissent des conventions, comme d'un contrat de vente ou de louage, est celle qui résulte des actes ou écritures qui renferment ces conventions. La preuve littérale de l'obligation que produit une condamnation est l'acte qui contient le jugement de condamnation. La preuve littérale du paiement de quelque obligation que ce soit est la quittance qu'en a donnée le créancier.

Ces actes sont, ou authentiques, ou écritures privées.

On appelle actes authentiques ceux qui sont reçus par un officier public, tel qu'est un notaire ou un greffier. Les écritures privées sont celles qui se font sans le ministère d'un officier public.

Ces actes sont aussi, ou originaux, ou copies : on distingue encore les titres primordiaux et les titres recognitifs. Nous traiterons sommairement de ces différents actes.

ARTICLE PREMIER.

Des titres authentiques originaux.

§. I. Quels actes sont authentiques.

731. Les actes authentiques sont ceux qui sont reçus par un officier public, avec les solennités requises.

Il faut que l'acte soit reçu dans le lieu où cet officier a caractère d'officier public, et droit d'instrumenter. C'est pourquoi si un notaire recevoit un acte hors du territoire de la juridiction où il est établi notaire, ce ne seroit point un acte authentique.

Par un privilége particulier des châtelets de Paris, d'Orléans et de Montpellier, les notaires de ces châtelets ont le droit de recevoir des actes par tout le royaume. *Coutume d'Orléans, art.* 463.

732. Quoiqu'il y ait des réglements qui ont défendu aux notaires subalternes de recevoir des actes entre d'autres personnes que les justiciables de la juridiction où ils sont établis, et pour d'autres biens que ceux situés en leur territoire, néanmoins ces actes ne laissent pas de passer pour authentiques, ces réglements ayant été regardés comme des lois bursales, et n'ayant pas eu d'effet.

733. Si le notaire ou officier public étoit interdit de ses fonctions lorsqu'il a reçu l'acte, l'acte ne seroit point authentique.

Il faut aussi, pour l'authenticité de l'acte, que les formalités requises aient été observées; par exemple, que le notaire se soit fait accompagner d'un autre notaire, ou de deux *témoins*; que son acte soit sur du papier timbré; qu'il soit contrôlé.

734. Lorsque l'acte n'est pas authentique, soit par l'in-compétence ou l'interdiction de l'officier, soit par le défaut de forme; s'il est signé des parties, il fait au moins la même foi contre la partie qui l'a signé, qu'un acte sous signature privée. *Boiceau, p.* 2, *ch.* 4.

§. II. Comment les actes authentiques font-ils foi contre les parties?

735. Un acte authentique original fait pleine foi par lui-même de ce qui est contenu dans cet acte.

Néanmoins lorsque cet acte est produit hors de la juri-diction de l'officier public qui l'a reçu, il est d'usage de faire constater la signature de cet officier par un acte de légalisation qui se met au bas.

Cette légalisation est une attestation donnée par le juge royal du lieu, par laquelle ce juge certifie que l'officier qui a reçu et signé l'acte est effectivement officier public, no-taire, etc.

La signature de l'officier public qui a reçu l'acte donne une pleine foi à tout ce que l'acte renferme, et aux signa-tures des parties qui l'ont souscrit, qu'il n'est point né-cessaire par conséquent de faire reconnoître.

Néanmoins les actes authentiques peuvent être attaqués de faux; mais jusqu'à ce que l'accusation de faux ait été jugée, et qu'ils aient été jugés tels, ils font foi par provi-sion; et le juge doit ordonner l'exécution provisoire de ce qu'ils renferment. C'est ce qui est décidé par la loi 2, *God. ad l. Corn. de fals.* Cette décision est très sage. Le crime ne se présume pas, et il seroit très dangereux qu'il fût au pou-voir des débiteurs d'arrêter pendant long-temps le paie-ment des dettes légitimes par des accusations de faux. C'est en conséquence de ce principe que Dumoulin, *in Cons. Par.* §. 1, *gl.* 4, *n.* 41, décide qu'un port de foi produit par le vassal, quoique argué de faux par le seigneur, doit pro-curer la main-levée par provision de la saisie féodale.

§. III. De quelles choses les actes authentiques font-ils foi contre les parties ?

736. Les actes authentiques font foi principalement contre les personnes qui étoient parties, leurs héritiers et ceux qui sont en leurs droits : ils font pleine foi contre ces personnes de tout le dispositif de l'acte, c'est-à-dire, de ce que les parties ont eu en vue, et qui a fait l'objet de l'acte.

737. Ils font pleine foi de ce qui seroit exprimé en termes énonciatifs, lorsque les énonciations ont un trait à la disposition. *Molin. in Cons. Par. §, 8, gl. 1, n. 10.* Par exemple, si quelqu'un, par un acte, passe reconnoissance d'une rente en ces termes, *reconnoît qu'une telle maison par lui possédée est chargée envers Robert, présent, de tant de rente par chacun an, dont les arrérages ont été payés jusqu'à ce jour, et en conséquence s'oblige de la lui continuer ;* ces termes dont *les arrérages ont été payés,* quoiqu'ils ne soient qu'énonciatifs, et qu'il ne soit pas exprimé que Robert reconnoît les avoir reçus, font néanmoins foi du paiement contre Robert, partie à l'acte, parcequ'ils ont un trait au dispositif de l'acte, et qu'il devoit être question dans l'acte de ce qui étoit effectivement dû des arrérages de cette rente.

738. A l'égard des énonciations qui se trouvent dans l'acte, lesquelles sont absolument étrangères au dispositif de l'acte, elles peuvent bien faire quelque demi-preuve ; mais elles ne font point une preuve entière, même contre les personnes qui ont été parties à l'acte. *Molin. ibid.*

Par exemple, si dans le contrat de vente d'un héritage que Pierre m'a faite, il est énoncé que cet héritage lui vient de la succession de Jacques ; un tiers qui, comme héritier en partie de Jacques, aura donné contre moi la demande en revendication de sa portion en cet héritage, ne pourra pas, pour fonder sa demande, prouver, par cette seule énonciation qui se trouve en mon contrat, que cet héritage étoit effectivement de la succession de Jacques, quoique je sois partie en l'acte où se trouve cette énonciation, parcequ'elle est absolument étrangère à la disposition de l'acte, et que je n'avois pour lors aucun intérêt de m'opposer à cette énonciation.

§. IV. De quelles choses les actes font-ils foi contre les tiers?

739. L'acte prouve contre un tiers *rem ipsam*, c'est-à-dire, que la convention qu'il renferme est intervenue. *Molin. ibid. n.* 8.

Par exemple, l'acte qui renferme le contrat de vente d'un héritage prouve, même contre un tiers, qu'il y a eu effectivement une vente de cet héritage, contractée dans le temps porté par l'acte.

C'est pourquoi, si un seigneur de censive a eu un traité avec un receveur, qui s'est obligé de le faire payer de tous les profits seigneuriaux qui naîtroient pendant un certain temps dans sa censive, l'acte contenant le contrat de vente d'un héritage situé dans la censive fait foi contre ce receveur, quoiqu'il n'ait pas été partie à l'acte, qu'il y a eu une vente de cet héritage, *probat rem ipsam;* et en conséquence le seigneur peut demander raison à ce receveur, du profit auquel cette vente a donné ouverture, dont le receveur a dû se faire payer.

Mais l'acte ne fait pas foi contre un tiers qui n'a pas été partie à l'acte, de ce qui y est énoncé. *Molin. ibid. n.* 10.

Par exemple, s'il est énoncé dans le contrat de vente que la maison du vendeur a un droit de vue sur la maison voisine, cette énonciation ne fera aucune preuve contre le propriétaire de la maison voisine, qui est un tiers qui n'étoit point partie à l'acte.

740. Cette règle souffre exception; car *in antiquis enuntiativa probant*, même contre les tiers, lorsque ces énonciations sont soutenues de la longue possession. *Cravett. de antiq. temp. p.* 1, *cap.* 4, *n.* 20.

Par exemple, quoique le long usage n'attribue pas droit de servitude, néanmoins si ma maison a depuis très longtemps une vue sur la maison voisine, et que dans les anciens contrats de l'acquisition qu'en ont faite mes auteurs, il soit énoncé qu'elle a ce droit de vue; ces anciens contrats soutenus de ma possession feront foi du droit de vue, contre le propriétaire de la maison voisine, quoiqu'il soit un tiers, et que ses auteurs n'aient jamais été parties dans ces contrats.

Pareillement, dans nos coutumes qui n'admettent aucun franc-aleu sans titre, si dans les anciens contrats d'acquisition que mes auteurs ont faite d'un héritage, il est déclaré en *franc-aleu*, cette énonciation fera foi contre le seigneur dans l'enclave duquel il se trouve, si ce seigneur n'en a point été reconnu.

741. De ce que les actes authentiques prouvent *rem ipsam* contre les tiers, en doit-on conclure que l'inventaire des titres d'une succession, fait par-devant notaires, dans lequel il est dit qu'il s'est trouvé un brevet d'obligation d'une certaine somme subie par un tel, pour cause de prêt, en tel temps et devant tel notaire, fait foi de la dette contre le débiteur qui est un tiers, et qui n'étoit pas présent à l'inventaire, sans qu'il soit besoin de rapporter le brevet d'obligation? Non; car de ce que l'inventaire prouve *rem ipsam*, il s'ensuit seulement qu'il s'est trouvé un brevet d'obligation; mais il ne s'ensuit pas que la dette soit due, parceque le défaut de représentation du brevet d'obligation fait présumer ou qu'il y a quelque vice ou défaut dans ce brevet qu'on ne représente pas, qui empêche qu'il ne puisse faire foi de la dette; ou que depuis l'inventaire il a été rendu au débiteur, lors du paiement qu'il a fait du contenu en l'obligation.

Néanmoins, s'il étoit constant que depuis l'invention il est arrivé un incendie de la maison où étoient les titres, qui les auroit consumés, la mention du brevet d'obligation portée par l'inventaire pourroit faire foi de la dette, comme paroît le supposer la loi 57, ff. *de adm. tut.* : ce qui pourroit avoir lieu dans le cas auquel le débiteur n'allégueroit pas l'avoir payée, ou peut-être dans le cas auquel le

terme de paiement porté dans l'énoncé de l'obligation n'é-
tant pas encore échu, la présomption seroit que la dette
n'a pas été acquittée. Tout cela dépend beaucoup des circonstances, et est laissé à la prudence du juge.

ARTICLE II.

Des écritures privées.

742. Il y a différentes espéces d'écritures privées : les
actes sous signatures privées ordinaires, ceux tirés d'archives publiques, les papiers censives et terriers, les journaux des marchands, les papiers domestiques, les écritures
non signées : les tailles ont aussi quelque rapport avec les
écritures privées.

§. I. Des actes sous signatures privées ordinaires.

743. Les actes sous signatures privées ordinaires font la
même foi contre ceux qui les ont souscrits, leurs héritiers
ou successeurs, que les actes authentiques : mais il y a cette
différence entre ces actes et les actes authentiques, que
ceux-ci ne sont sujets à aucune reconnoissance ; au lieu
que le créancier ne peut, en vertu d'un acte sous signature privée, obtenir aucune condamnation contre celui
qui l'a souscrit, ses héritiers ou successeurs, qu'il n'ait
préalablement conclu à la reconnoissance de l'acte, et fait
statuer sur cette reconnoissance. *Voyez l'édit de décembre* 1684.

Il y a à cet égard une différence entre la personne qui
a elle-même souscrit l'acte, et ses héritiers ou successeurs.
Ceux-ci assignés pour reconnoître la signature du défunt
dont ils sont les héritiers, pouvant ne la pas connoître, ne
sont point obligés de la reconnoître, ou de la dénier précisément ; et sur la déclaration qu'ils font qu'ils ne la connoissent pas, le juge ordonne la vérification : au lieu que
la personne qui a elle-même souscrit l'acte, ne pouvant
ignorer sa propre signature, doit la reconnoître ou la

dénier précisément; et faute par elle de la dénier, le juge prononce la reconnoissance de l'acte comme souscrit d'elle.

744. Dans les juridictions consulaires, lorsque le défendeur disconvient de la vérité de la signature, les juges consuls doivent renvoyer devant le juge ordinaire, pour y être procédé à la reconnoissance; et en attendant, la pièce sous signature privée ne fait aucune foi. Mais il y a cela de particulier dans ces juridictions, que tant que le défendeur n'a pas encore contesté la vérité de la signature, la pièce de la signature privée fait foi, et le demandeur peut, sans être tenu d'en faire prononcer au préalable la reconnoissance, obtenir, en vertu de cette pièce, un jugement de condamnation. *Déclaration du* 15 *mai* 1703.

745. Il y a aussi quelque chose de particulier touchant les cédules et promesses par lesquelles une personne s'oblige de payer une somme pour prêt d'argent, ou autre chose; savoir, que lorsque la promesse est écrite d'une autre main que de celle de la personne qui l'a souscrite, il faut, pour qu'elle fasse foi contre la personne qui l'a souscrite, que cette personne ait, outre sa signature, écrit de sa main la somme qu'elle s'oblige de payer; ce qui se fait ordinairement en ces termes, *Bon pour telle somme*. C'est ce qui a été ordonné par la déclaration du roi du 22 septembre 1733, pour éviter les surprises qui se font à des personnes qui signent des actes qu'on leur présente, sans en avoir lu le contenu.

Mais comme le commerce seroit gêné si toutes sortes de personnes étoient obligées à cette formalité d'écrire de leur main la somme qu'ils s'obligent de payer, y ayant une grande quantité de personnes qui ne savent que signer leur nom, la loi excepte de sa disposition les marchands, artisans, laboureurs et gens de campagne, contre lesquels les promesses par eux souscrites font foi, quoiqu'elles ne contiennent que leur signature.

746. Lorsque la somme écrite de la main du débiteur hors du corps de la cédule ou promesse, est moindre que

la somme exprimée dans le corps de la cédule, écrit d'une main étrangère ; par exemple, si par la promesse il est dit, *Je reconnois devoir à un tel la somme de* 300 *livres*, et qu'au bas, et hors du corps de la promesse, il soit écrit de la main du débiteur, *Bon pour* 200 *livres*, il n'est pas douteux que la promesse ne doit faire foi que pour 200 livres.

Si le corps de la promesse étoit écrit en entier de la main du débiteur, aussi bien que le *bon ;* dans le donte si c'est la somme exprimée dans le corps de l'acte, ou celle exprimée dans le *bon*, qui est la somme véritablement due, on doit, *cæteris paribus*, décider en faveur de la libération, suivant cette règle, *Semper in obscuris quod minimum est sequimur ;* l. 9, ff. *de R. J.* C'est pourquoi, dans l'espèce proposée, la promesse ne vaudra que pour la somme de 200 livres. Mais si la cause de la dette exprimée dans le corps de la promesse fait connoître que la somme exprimée par le corps de la promesse est celle qui est véritablement due, il faudra décider autrement. Par exemple, si la promesse écrite de la main du débiteur porte, *Je reconnois devoir à un tel la somme de* 300 *livres pour quinze aunes de drap de Pagnon qu'il m'a vendues et livrées*, et qu'il soit constant que cette espèce de drap étoit du prix d'environ 20 liv. l'aune, la promesse vaudra pour 300 liv., quoiqu'il soit écrit *Bon pour* 200 *liv.*

747. Il faut suivre les mêmes règles de décision dans le cas inverse. Lorsque la somme exprimée par le corps de la promesse est moindre que celle exprimée dans le *bon*, comme lorsqu'il est dit, *Je reconnois devoir à un tel* 200 *liv. ;* et au bas, *Bon pour* 300 *livres ; cæteris paribus*, la présomption est pour la somme de 200 livres, à moins que l'expression de la cause de la dette ne fasse connoître que c'est celle de 300 liv. qui est effectivement due.

748. Lorsque quelqu'un se trouve et se reconnoît débiteur et dépositaire d'une certaine somme, suivant le bordereau des espèces joint à l'acte, c'est la somme que composent les espèces exprimées au bordereau, qui est

la somme due, quoique celle exprimée par l'acte soit
différente; c'est en ce cas une erreur de calcul.

749. Les actes sous signature privée ne font pas foi
contre celui qui les a souscrits, lorsqu'ils se trouvent en sa
possession.

Par exemple, si on trouve sous le scellé de mes effets, un
billet signé de moi, par lequel je reconnois vous devoir
une somme de 1,000 livres, que vous m'avez prêtée, ce
billet ne fera pas une preuve de la dette; car ce billet
étant en ma possession, la présomption est, ou que j'a-
vois écrit ce billet dans l'espérance que vous me prê-
teriez cette somme, et que le prêt n'ayant pas été fait,
le billet m'est demeuré; ou que vous me l'avez effectivement prêtée, mais que l'ayant rendue, j'ai retiré
mon billet.

Il en est de même des actes de libération, quoique plus
favorables. Par exemple, si on a trouvé sous les scellés des
effets de mon créancier, une quittance signée de lui d'une
somme que je lui dois, elle ne fera pas foi du paiement;
car la quittance étant en sa possession, on en conclura
qu'il l'avoit écrite d'avance, dans l'espérance que je vien-
drois le payer, et que n'étant point venu, la quittance lui est
demeurée.

750. Les actes sous signature privée, de même que les
authentiques, ne font pas foi contre les tiers, sinon que
la chose contenue dans l'acte s'est effectivement passée;
probant rem ipsam : mais ils ont cela de moins que les actes
authentiques, que ceux-ci ayant une date constante, par
le témoignage de l'officier public qui a reçu l'acte, font
foi contre le tiers que la chose contenue dans l'acte s'est
passée dans le temps porté par l'acte ; au lieu que les actes
sous signature privée, étant sujets à être antidatés, ne
font ordinairement foi contre les tiers, que la chose qu'ils
renferment s'est passée, sinon du jour qu'ils sont rapportés
et produits aux tiers.

C'est pourquoi si j'ai fait saisir réellement l'héritage de
mon débiteur, et que le laboureur qui est dans cet héri-

tage s'oppose à la saisie, et prétende que l'héritage lui appartient; si, pour le prouver, il produit un acte sous signature privée, par lequel il est dit que mon débiteur lui a vendu cet héritage, et que cet acte ait une date antérieure, non seulement à ma saisie réelle, mais même à ma créance, il n'obtiendra pas pour cela la main-levée qu'il demande; car cet acte étant sous signature privée, ne prouve point contre moi, qui suis un tiers, que la vente qu'il renferme s'est faite le jour porté par l'acte; cet acte n'a de date que du jour qu'il est produit contre moi, et qu'il m'est présenté : et comme il ne m'est présenté qu'après la saisie réelle, il ne prouve pas que l'héritage lui ait été vendu, sinon depuis la saisie réelle, temps auquel il n'étoit plus au pouvoir de mon débiteur de le vendre au préjudice de ma saisie.

Si néanmoins l'acte sous signature privée avoit une date constatée, *putà*, par le décès de quelqu'une des parties qui l'auroient souscrit, il feroit foi, même contre un tiers, que la chose contenue dans l'acte s'étoit déja passée au moins au temps de la mort de la partie qui l'a souscrit.

§. II. Des écritures privées, tirées des archives publiques.

751. On appelle *archives publiques* un dépôt de titres établis par autorité de justice : *Archivum*, dit Dumoulin, *est quod publicè auctoritate potestatem habentis erigitur.*

Ces dépôts n'étant établis que pour conserver de vrais titres, ils assurent la vérité de ceux qui en sont tirés : c'est pourquoi les actes sous signature privée, tirés des archives publiques, avec l'attestation du trésorier des archives qu'ils en ont été tirés, font foi, quoiqu'ils n'aient point été reconnus. *Molin. in Cons. Par.* §. 8, *gl.* 1, *n.* 26.

§. III. Des papiers terriers et censiers.

752. On ne peut pas se faire de titres à soi-même : c'est pourquoi des actes qui ne sont point passés par une personne publique, tels que sont des papiers cueillerets, c'est-à-dire, des registres qu'un seigneur de censive tient lui-

même des cens et redevances qui lui sont payés annuellement, ne peuvent pas faire foi de la prestation de ces redevances, ni fonder par conséquent suffisamment la demande que donneroit le seigneur en reconnoissance d'icelles.

Néanmoins lorsque ces cueillerets sont anciens et uniformes, ils forment une semi-preuve, laquelle jointe à d'autres, telle que seroit celle qui résulte des reconnoissances des propriétaires des terres circonvoisines, pourroit établir suffisamment la demande du seigneur.

753. Ces papiers cueillerets et autres papiers censiers qui ne sont pas authentiques, ne font pas preuve pour le seigneur contre d'autres; mais ils font preuve pour d'autres contre lui. C'est pourquoi si le seigneur a usurpé sur moi la possession d'un héritage, je pourrois fonder ma demande en revendication contre lui, par ses papiers terriers et censiers, par lesquels il paroîtroit qu'il auroit reçu le cens pour cet héritage, de moi et de mon père, à qui il seroit dit qu'il l'auroit acensé.

Mais lorsque le censitaire s'est servi contre le seigneur des papiers censiers du seigneur, le seigneur peut à son tour s'en servir contre lui; et en ce cas les papiers censiers du seigneur font pleine preuve en sa faveur. *Molin. ibid. n.* 20. Par exemple, si, dans l'espèce proposée ci-dessus, le censitaire s'est servi des papiers censiers du seigneur pour prouver qu'un héritage dont le seigneur avoit usurpé sur lui la possession, lui appartenoit, comme lui ayant été donné à cens par ce seigneur; le seigneur, de son côté, pourra à son tour se servir des mêmes papiers censiers pour prouver que cet héritage est chargé de toutes les redevances dont lesdits papiers font mention; et lesdits papiers feront en ce cas, à cet égard, une pleine preuve en faveur du seigneur.

Néanmoins ils ne pourroient, même en ce cas, faire preuve en faveur du seigneur, que des faits qui ont rapport à ceux pour lesquels je me suis servi de ces papiers contre lui. Par exemple, le seigneur ne pourroit pas prouver par ces papiers, qu'une autre terre que je possède relève aussi de lui. *Molin. ibid.*

§. IV. Des livres des marchands.

754. Personne ne pouvant se faire de titre à soi-même, suivant le principe que nous avons déja établi, il suit de là que les livres journaux des marchands, sur lesquels ils inscrivent jour par jour les marchandises qu'ils débitent aux différents particuliers, ne peuvent pas faire une preuve pleine et entière de ces fournitures, contre les personnes à qui elles ont été faites.

Néanmoins la faveur du commerce a établi que lorsque ces livres sont bien en règle, qu'ils sont écrits de jour à jour sans aucun blanc, que le marchand a la réputation de probité, et que sa demande est donnée dans l'année de la fourniture, ils font une semi-preuve; et même souvent les juges font droit sur les demandes des marchands pour raison desdites fournitures, en prenant leur serment de la vérité de la fourniture, pour suppléer à ce qui manque à la reuve qui résulte de leurs livres.

C'est le sentiment de Dumoulin, *ad l. 3, Cod. dereb. cred. tom. 3, page* 635, *col.* 2, *de l'édition de* 1681, où, en parlant des livres des marchands jouissant d'une réputation de probité, il dit : *Rationes ejus quamvìs non plenam probationem, nec omninò semiplenam inducant, tamèn inserunt aliquam præsumptionem, ex quâ possit ei deferri juramentum, ita ut per se rationes probent.*

Cela doit sur-tout avoir lieu de marchand à marchand.

755. Boiceau, *part.* 2, *chap.* 8, exige que ce qui résulte du livre du marchand soit fortifié par d'autres indices, comme, par exemple, que le défendeur avoit coutume de se fournir chez le marchand, et d'acheter de lui à crédit. Un tel fait, ou quelque autre semblable, étant avoué, ou, en cas de déni, prouvé par témoins, cet auteur décide qu'on doit s'en rapporter à l'affirmation du marchand sur les fournitures inscrites dans son livre.

756. On peut encore ajouter que, pour déférer l'affir-

mation à un marchand contre un bourgeois sur la vérité des fournitures inscrites dans son livre, il faut qu'elles ne montent pas à une somme trop considérable, et qu'elles n'aient rien que de vraisemblable, relativement aux besoins qu'en a pu avoir le défendeur.

Par exemple, ce ne seroient pas des fournitures vraisemblables, s'il étoit écrit sur le livre d'un marchand, qu'il m'a vendu et livré dix aunes de drap noir dans une année, parcéque je n'ai pas besoin de plus d'un habillement dans l'année, pour lequel quatre aunes de drap suffisent.

757. A l'égard des petits marchands qui ne sont pas du corps des marchands, mais des gens de la lie du peuple, Boiceau, *ibid.* pense que leurs livres ne doivent pas faire foi.

758. Après avoir vu quelle preuve les livres des marchands font en leur faveur, il nous reste à voir quelle preuve ils font contre eux. Il n'est pas douteux qu'ils font une preuve complète contre eux, soit des marchés qu'ils ont faits, soit des livraisons qui leur ont été faites, et des sommes qui leur ont été payées.

Cela a lieu, quand même la chose auroit été écrite par une autre main que celle du marchand, pourvu qu'il soit constant que le journal est celui dont le marchand a coutume de se servir; car ce journal étant en sa possession, la présomption est que tout ce qui y est écrit, l'a été de son consentement. Dumoulin, *ad* l. 3, *Cod. de reb. cred.*

Dumoulin, *ibidem*, apporte pour première limitation à cette règle, que pour que le journal d'un marchand fasse foi contre lui de la somme qu'il a reconnu devoir à quelqu'un, il faut ordinairement que la cause de la dette y soit exprimée; car comme il ne peut y avoir de dette sans une cause qui la produise, et que la seule écriture ne fait pas la dette, la demande de la dette ne peut être fondée tant qu'il n'apparoît point de cause.

Mais il suffit qu'il en apparoisse une, au moins par présomption et conjectures. C'est pourquoi si un marchand a écrit sur son livre qu'il devoit la somme de tant à un tel marchand, quoiqu'il n'ait point exprimé la cause, son livre fera foi contre lui en faveur de ce marchand, si ce marchand est celui qui a coutume de lui fournir les marchandises de son commerce; car en ce cas la présomption est que la cause de la dette est la fourniture de ces marchandises. Dumoulin, *ibid.*

La seconde limitation qu'apporte Dumoulin, est que la foi doit être ajoutée au journal seulement, et non pas à des papiers volants qui se seroient trouvés dans le journal.

La troisième limitation qu'il apporte, est que le journal d'un marchand ne fait point de foi contre lui en ma faveur, si voulant prendre droit de ce journal contre lui, je ne veux pas qu'il s'en serve contre moi; car on ne doit pas prendre droit d'une pièce qu'on rejette. *Molin. ibid. Nam fides scripturæ est indivisibilis. Doct. ad l. si ex fals.* 42, *Cod. de trans.*

§. V. Des papiers domestiques des particuliers.

759. Après avoir traité des papiers journaux des marchands, il est de l'ordre de parler de ceux des particuliers qui ne sont pas marchands.

Il n'est pas douteux que ce que nous écrivons sur nos papiers domestiques ne peut faire de preuve en notre faveur contre quelqu'un qui n'y a pas souscrit : *Exemplo perniciosum est, ut ei scripturæ credatur, quâ unusquisque sibi adnotatione propriâ debitorem constituit;* l. 7, *Cod. de probat.* Mais font-ils preuve contre nous? Boiceau, *part.* 2, *chap.* 8, *n.* 14, distingue le cas auquel ce que nous avons écrit tendroit à nous obliger envers quelqu'un, et celui auquel ce que nous avons écrit tendroit à libérer notre débiteur.

Dans le premier cas, par exemple, si j'ai écrit sur mon journal ou sur mes tablettes, que j'ai emprunté vingt pistoles de Pierre; Boiceau, *ibidem*, pense que si cette reconnoissance faite sur mon journal ou sur mes tablettes, est signée de moi, elle fait une preuve complète de la dette contre moi et mes héritiers; et que si elle n'est pas signée, elle ne fait qu'une semi-preuve, qui doit être fortifiée de quelque indice.

Je trouve plausible cette distinction de Boiceau, mais par une autre raison que celles qu'il a alléguées: lorsque la note que j'ai faite de l'emprunt sur mon journal n'est pas signée, cette note ne paroît faite que pour me rendre compte à moi-même, et non pour servir au créancier de preuve du prêt qu'il m'a fait; ce créancier n'ayant pas de billet, la présomption est qu'il me l'a rendu lorsque je l'ai payé, et que me trouvant assuré par la restitution qui m'a été faite de mon billet, j'ai négligé de barrer cette note, et de faire mention du paiement que j'avois fait. Mais lorsque j'ai signé cette note, ma signature indique que j'ai fait cette note dans l'intention qu'elle servît au créancier de preuve de sa créance: elle doit donc lui en servir.

Quoique je n'aie pas signé la note, si j'ai d'ailleurs déclaré ou fait connoître que je la faisois pour qu'elle servît de preuve du prêt, dans le cas auquel je serois prévenu par la mort; comme lorsque j'ai déclaré par cette note que celui qui m'avoit fait le prêt n'avoit pas voulu recevoir de billet de moi; la note, dans ce cas, quoique non signée, doit faire une preuve de la dette contre moi et mes héritiers.

Lorsque la note, quoique signée, est barrée, elle ne fait plus de preuve en faveur du créancier: au contraire, la radiation est une preuve que j'ai rendu la somme, si le créancier n'a par-devers lui aucun titre.

Passons au second cas, qui est celui auquel ce que j'ai écrit sur mon journal ne tend pas à m'obliger, mais au contraire à libérer mon débiteur; comme lorsque j'ai écrit sur mon journal les paiements qu'il m'a faits: il n'est pas douteux en ce cas que ce que j'ai écrit sur mon journal, soit que je l'aie signé ou non, fait une pleine foi contre moi au profit de mon débiteur; car la libération est favorable.

§. VI. Des écritures non signées des particuliers.

760. Il y a trois espèces de ces écritures : 1.º les journaux et tablettes; 2.º les écritures sur feuilles volantes, et qui ne sont point à la suite, à la marge ou au dos d'un acte signé; 3.º celles qui sont à la suite, à la marge ou au dos d'un acte signé.

Nous avons parlé de la première espèce au paragraphe précédent.

Celles de la seconde espèce, ou tendent à obliger, ou à libérer.

A l'égard de celles qui tendent à libérer, telles que sont des quittances écrites de la main du créancier, non signées, qui se trouvent par-devers le débiteur, quoique nous ayons décidé au paragraphe précédent, que les reçus écrits sur le journal du créancier font une pleine foi du paiement, sans qu'il soit besoin qu'ils soient signés, je ne crois pas qu'on doive de même décider que les quittances non signées, sur feuilles détachées, quoique écrites entièrement de la main du créancier, et en la possession du débiteur, fassent pareillement une pleine foi du paiement. La raison de cette différence est qu'il n'est pas d'usage de signer les reçus qu'on inscrit sur un journal, au lieu qu'il est d'usage que le créancier signe les quittances qu'il donne à son débiteur. C'est pourquoi lorsque la quittance n'est pas signée, on peut croire qu'elle a été donnée au débiteur avant le paiement, *putà*, comme un simple modèle, pour que le débiteur examinât s'il approuveroit la forme en laquelle elle étoit conçue, et que le créancier a remis à la signer lorsqu'il seroit payé. Néanmoins si cette quittance est datée de manière qu'il n'y manque que la signature; si c'est une quittance toute simple, et dont il n'y ait pas eu besoin de faire un modèle; enfin s'il ne paroît aucune raison pour laquelle cette quittance ait pu parvenir au débiteur avant le paiement; en ce cas je pense qu'on doit présumer que ce n'est que par oubli que la quittance n'a pas été signée, et qu'elle doit faire foi du paiement, sur-tout si on y ajoute le serment supplétoire du débiteur.

A l'égard des écritures non signées, sur des feuilles volantes, qui tendent à l'obligation de la personne qui les a écrites, telles qu'une promesse, un acte de vente, etc.; quoiqu'elles se trouvent entre les mains de celui envers qui l'obligation devoit être contractée, elles ne font néanmoins aucune preuve contre la personne qui les a écrites, que l'obligation a été effectivement contractée; et elles ne passent que pour de simples projets qui n'ont pas eu d'exécution.

761. Il nous reste à parler des écritures non signées, qui sont à la suite, ou à la marge, ou au dos d'un écrit signé : ces écritures, ou tendent à la libération, ou à une nouvelle obligation.

A l'égard de celles qui tendent à la libération, il faut encore distinguer le cas auquel l'acte au bas ou au dos duquel elles sont, est et n'a jamais cessé d'être en la possession du créancier; et celui auquel il seroit en la possession du débiteur. Dans le premier cas, comme lorsqu'au bas ou au dos d'une promesse signée par le débiteur, et qui est en la possession du créancier, il se trouve des quittances de sommes reçues à compte; ces quittances, quoique non signées ni datées, font une pleine preuve du paiement, non seulement lorsqu'elles sont écrites de la main du créancier, mais même de quelque main qu'elles soient écrites, fût-ce même de celle du débiteur; parcequ'il est plus que probable que le créancier n'auroit pas laissé écrire ces reçus sur le billet qui étoit en sa possession, si les paiements ne lui avoient pas été faits effectivement.

Il y a plus : quand même les écritures non signées, qui sont au bas ou au dos d'un acte qui est en la possession du créancier, et qui tendent à la libération de ce qui est porté par cet acte, seroient barrées, elles ne laisseroient pas de faire foi : car il ne doit pas être au pouvoir du créancier, en la possession duquel est l'acte, ni moins encore en celui de ses héritiers, de détruire, en barrant cette écriture, la preuve du paiement qu'elle renferme.

762. Ces dispositions ont lieu, lorsque l'acte est entre les mains du créancier. *Quid,* si l'acte est entre les mains du débiteur; *putà,* si au bas, au dos, ou en marge d'un traité de vente fait double, qui est entre les mains de l'acheteur, débiteur du prix, il se trouve des reçus non signés? Ces écritures feront pleine foi, si elles sont de la main du créancier : ces quittances étant sur l'acte même qui renferme l'obligation, elles ont plus de force que des quittances non signées, données sur une feuille volante. Il en est de même des quittances non signées, écrites de la main du créancier, qui seroient à la suite d'une précédente quittance signée : mais si ces écritures sont d'une autre main que celle du créancier, n'étant point signées de lui, elles ne font aucune foi du paiement, ne devant pas être au pouvoir du débiteur de se procurer la libération de sa dette, en faisant écrire des reçus sur l'acte qui est en sa possession, par telle personne qu'il voudra.

Les quittances, quoique écrites de la main du créancier sur l'acte qui est en la possession du débiteur, ne feront pas foi non plus si elles sont barrées; car il est sensible que le débiteur, en la possession duquel est l'acte, ne les auroit pas laissé barrer si le paiement eût été effectif; et il y a lieu de croire que le créancier ayant écrit la quittance sur des propositions de paiement, l'a barrée parceque les propositions n'ont pas été effectuées.

763. A l'égard des écritures non signées qui tendent à l'obligation, lorsqu'elles expriment une relation avec l'acte signé au bas, au dos ou en marge duquel elles sont, elles font foi contre le débiteur qui les a écrites. Par exemple, si au bas d'une promesse signée de Pierre, par laquelle il reconnoît que Jacques lui a prêté 1,000 liv., il étoit écrit de la main de Pierre, *Plus, je reconnois que mondit sieur Jacques m'a encore prêté* 200 *liv.;* cette écriture, quoique non signée, feroit foi contre Pierre, parceque par

ces termes, *de plus, encore*, elle a une relation avec l'écrit signé de lui. *Boiceau* 11, 2; *et Danty, ibid.*

Pareillement, si au bas d'un traité de vente d'une métairie, signé des deux parties, il y avoit un *post-scriptum* écrit de la main du vendeur, quoique non signé, portant que les bestiaux qui y sont, sont compris dans la vente, ce *post-scriptum* feroit foi contre le vendeur.

S'il étoit écrit d'une autre main, il est évident qu'il ne feroit pas foi contre lui, si l'acte étoit produit par l'acheteur; mais si ce *post-scriptum* étoit au bas de l'acte qui est entre les mains du vendeur, ce *post-scriptum*, quoique écrit d'une autre main, feroit foi contre le vendeur; car il n'auroit pas laissé mettre ce *post-scriptum* au bas d'un acte qui étoit en sa possession, si le contenu n'eût pas été convenu entre les parties.

764. Lorsque les écritures non signées, étant au dos, au bas ou à la marge d'un acte, n'ont aucun rapport avec cet acte, elles sont semblables à celles écrites sur feuilles volantes. *Voyez* ce qui en a été dit *suprà, n.* 760.

§. VII. Des tailles.

765. On appelle *tailles* les deux parties d'un morceau de bois fendu en deux, dont deux personnes se servent pour marquer la quantité de fournitures que l'une des deux fait journellement à l'autre.

Pour cet effet, chacune d'elles a un morceau de ce bois. Celle que le marchand qui fait les fournitures a pardevers lui s'appelle proprement *la taille;* l'autre se nomme *échantillon.*

Lors des fournitures, on joint les deux parties du morceau de bois, et l'on y coche avec un couteau un chiffre qui marque la quantité des fournitures. Telles sont les tailles des boulangers.

Ces tailles tiennent lieu d'écritures, et font une espèce de preuve littérale de la quantité de marchandises fournies, lorsque celui à qui elles ont été fournies représente l'échantillon pour le joindre à la taille.

ARTICLE III.

Des copies.

766. C'est une règle commune à toutes les copies, que lorsque le titre original subsiste, elles ne font foi que de ce qui se trouve dans le titre original; les notaires ne devant pas, même sous prétexte d'interprétation, rien ajouter dans les grosses et expéditions à ce qui est contenu dans la minute originale.

C'est pourquoi il ne peut guère y avoir de question sur la foi que méritent les copies, lorsque le titre original subsiste; car si on doute de ce qu'elles contiennent, on peut avoir recours au titre original.

Il peut y avoir plus de difficulté, lorsque le titre original est perdu, pour savoir quelle foi peuvent faire en ce cas les copies. Il faut d'abord distinguer celles qui ont été tirées par une personne publique, et celles qui n'ont pas été tirées par une personne publique. Il faut encore, à l'égard des premières, en distinguer trois espèces: 1° celles qui ont été faites par autorité du juge, partie présente, ou dûment appelée; 2° celles qui ont été faites sans l'autorité du juge, mais en présence des parties; 3° celles qui ont été faites sans présence des parties, et sans qu'elles y aient été appelées, de l'autorité du juge. Nous traiterons de ces trois espèces dans les trois premiers paragraphes. Le registre des insinuations renferme des copies de la classe de celles qui sont tirées par un officier public; nous en traiterons dans un quatrième paragraphe. Nous traiterons, dans le cinquième, des copies qui n'ont pas été tirées par une personne publique; et dans le sixième, des copies de copies.

§. I. Des copies faites par l'autorité du juge, partie présente, ou dûment appelée.

767. Celui qui veut avoir une copie de cette espèce, qui lui tienne lieu de l'original, donne sa requête au juge, au

bas de laquelle le juge ordonne que copie sera tirée sur
l'original d'un tel acte, en tel lieu, tel jour, à telle heure,
et que les parties intéressées seront sommées de s'y trouver : en conséquence de cette ordonnance, qu'il fait signifier aux parties, il les fait par le même acte sommer de se
trouver aux lieu, jour et heure indiqués.

La copie qui en conséquence est tirée sur l'original par
un officier public, soit en présence des parties, soit en leur
absence, après qu'elles ont été, comme nous l'avons déja
dit, sommées de s'y trouver, est une copie qu'on appelle
copie en forme. Lorsque l'original, par la suite, est perdu, elle fait la même foi contre les parties qui y ont été
présentes ou sommées de s'y trouver, et contre leurs héritiers ou successeurs, que feroit l'original même. *Molin.
in Cons. Par.* §. 8, *gl.* 1, *n.* 37.

768. Observez que lorsque ces copies sont encore nouvelles, l'énonciation qui y est faite de l'ordonnance du
juge, et des assignations données aux parties pour se trouver au lieu et aux jour et heure auxquels se doit tirer la
copie, n'est pas une preuve suffisante que ces formalités
ont été observées. C'est pourquoi, pour qu'à défaut de
l'original la copie fasse la preuve entière que l'original
auroit faite, il faut que celui qui s'en sert rapporte l'ordonnance du juge, et les assignations.

Mais lorsque ces copies sont anciennes, cette énonciation de l'observation des formalités est une preuve suffisante qu'elles ont été observées, suivant cette règle, *Enuntiativa in antiquis probant;* et il n'est pas nécessaire de rapporter ni l'ordonnance du juge, ni les assignations.

Pour qu'une copie soit réputée ancienne, à l'effet de
dispenser du rapport des procédures qui y sont énoncées,
il n'est pas nécessaire qu'elle ait une antiquité de trente ou
quarante ans, telle que celle qui est requise pour suppléer
ce qui manque aux actes pour faire une pleine foi, et dont
nous parlerons *infrà*, *n.* 772. Il suffit qu'elle ait une antiquité de dix ans. C'est sur ce principe qu'on juge qu'après
dix ans, un adjudicataire par décret, dont l'adjudication

est attaquée, n'est pas obligé de rapporter les procédures sur lesquelles est intervenu le décret.

769. Ces copies en forme, qui, à l'égard des personnes qui y ont été présentes ou dûment appelées, font la même foi que l'original, n'ont, à l'égard des autres personnes qui n'y ont été ni présentes, ni appelées, que l'effet que peuvent avoir celles faites sans partie présente ni appelée, dont nous parlerons *infrà*, §. 3. *Molin. ibid. d. n.* 37.

§. II. Des copies faites en présence des parties, mais sans l'autorité du juge.

770. Ces copies ne sont pas proprement *copies en forme*, puisqu'elles ne sont pas faites par autorité du juge ; néanmoins elles ont le même effet entre les parties qui y ont été présentes, leurs héritiers ou successeurs, que les copies en forme, et elles font entre ces parties, comme les copies en forme, à défaut de l'original, la même foi qu'auroit faite l'original.

Elles tirent de la convention des parties cette autorité ; car les parties, par leur présence, lorsque ces copies ont été tirées, sont tacitement convenues qu'elles tiendroient entre elles lieu d'original. Ces copies ne font pas néanmoins toujours la même preuve que les copies en forme ; car, comme elles tirent leur force de la seule convention dés parties, il suit de là qu'elles n'en peuvent avoir dans les choses dont il n'est pas au pouvoir des parties de convenir, et dont ces parties n'ont pas la disposition.

C'est pourquoi si, sans autorité de justice, j'ai tiré copie avec un titulaire de bénéfice, d'un bail à emphytéose d'un héritage dépendant de ce bénéfice, et des autres pièces contenant les formalités qui ont dû l'accompagner, et que son successeur revendique sur moi cet héritage ; les copies que j'ai tirées en présence de son prédécesseur ne feront pas contre le successeur la même foi qu'auroit faite l'original desdites pièces, qui depuis ont été perdues ; ni celle qu'auroient faite dés copies en forme ; car son prédécesseur, qui n'avoit pas la libre disposition des héritages de son bénéfice, n'a pu, au préjudice de ses successeurs, convenir que les copies que j'ai tirées étoient conformes aux originaux des actes qui établissoient la légitimité de l'aliénation de cet héritage.

§. III. Des copies faites sans présence des parties, et sans qu'elles aient été appelées par autorité de justice.

771. Les copies qui sont tirées sur l'original hors de la présence de la partie, et sans qu'elle y soit appelée, ne font pas ordinairement une preuve entière contre elle de ce qui est contenu en l'original, dans le cas où il seroit perdu; cette copie fait seulement un indice ou commencement de preuve par écrit, qui peut faire admettre la preuve testimoniale, pour suppléer à celle qui manque à cette copie.

Cette décision a lieu, soit que cette copie ait été tirée sans ordonnance du juge, ou en vertu d'une ordonnance du juge; car c'est la même chose, qu'il y ait eu une ordonnance du juge, dont on n'a pas fait usage pour appeler la partie, ou qu'il n'y en ait point eu.

Cette décision a lieu, selon Dumoulin, quand même la copie seroit tirée par le même notaire qui a reçu l'original. Par exemple, j'ai passé procuration à Pierre, présent Gomet, notaire, pour vendre ma maison à Jacques. Pierre vend ma maison à Jacques en vertu de cette procuration, dont la copie est insérée en fin du contrat de vente; et cette copie est signée de Gomet, qui atteste qu'il l'a copiée mot à mot sur l'original qu'il a reçu. Depuis, je donne la demande en revendication contre Jacques; et l'original de la procuration que j'avois donnée à Pierre, pour la lui vendre, étant perdu, on n'a plus que cette copie à m'opposer. Cette copie ne fera pas une preuve pleine et entière contre moi, que j'ai donné pouvoir de vendre ma maison. La raison est que cette copie prouve bien qu'il y a un original, sur lequel elle a été tirée; mais n'ayant point été tirée avec moi, elle ne prouve point contre moi que l'original sur lequel elle a été tirée, et qu'on ne représente point, avoit tous les caractères nécessaires pour faire foi : elle ne prouve point que ma signature, qu'on dit dans cette copie s'être trouvée au bas de cet original, fût effectivement ma signature. Il est vrai que c'est le notaire qui a reçu l'original, et qui m'a vu signer l'original, qui l'atteste. Mais, dit Dumoulin, un notaire ne peut attester et faire pleine foi, sinon des choses qu'il est requis d'attester par les parties : *Non potest testari nisi de eo de quo rogatur à partibus;* il ne peut attester que ce qu'il voit et entend *propriis sensibus*, au temps qu'il l'atteste : or, au temps qu'il a fait cette copie, il voyoit seulement qu'il y avoit un original; mais il ne me voyoit pas le signer : il n'étoit point requis par moi d'attester qu'il y eût un original en règle, véritablement signé de moi, sur lequel il a tiré la copie, puisqu'on la suppose tirée en mon absence; et par conséquent il n'a pu donner à cette copie la foi de l'original. *Molin. d. §. 8, gl. 1, n.* 48, 62, 63, 64, *etc.*

772. Tout ce que nous avons dit souffre exception à l'égard des copies anciennes; car les anciennes copies des actes, soit qu'elles soient tirées par le même notaire qui a reçu l'original, ou même par un autre, font foi contre tous, à défaut de l'original, parcequ'elles énoncent qu'il y a eu un original en règle, et que *in antiquis enuntiativa probant.*

C'est ce qu'enseigne Dumoulin, *ibid. n.* 41. *Si exemplum esset antiquum et de instrumento antiquo, non enim sufficeret originale fuisse antiquum, si exemplum esset recens...... Tunc ratione antiquitatis puto quòd plenè probaret contra omnes quantùm ipsum originale probaret : ratio, quia habet authenticum testimonium de auctoritate et tenore originalis, cui antiquitas loco cæterarum probationum quarum copiam sustulit, auctoritatem plenæ fidei supplet.*

Une copie est ordinairement réputée ancienne, lorsqu'elle a plus de trente ou quarante ans; car, suivant Dumoulin, *ibid. n.* 81 *et* 82, hors le cas des matières qui concernent les droits qui n'admettent que la possession immémoriale et centenaire, à l'égard desquelles un acte n'est réputé ancien que lorsqu'il passe cent ans; dans toutes les autres matières, les actes sont réputés anciens lorsqu'ils passent trente ou quarante ans. Ils peuvent même au bout de dix ans, suivant cet auteur, passer pour anciens, *ad solemnitatem præsumendam*, *nisi agatur de gravi præjudicio alterius;* ibid. n. 83.

§. IV. Du registre des insinuations.

773. La copie d'une donation qui est transcrite dans le registre des insinuations, ne fait pas foi de la donation : autrement il seroit au pouvoir d'une personne de mauvaise foi, de supposer une fausse donation, qu'elle feroit transcrire sur le registre des insinuations, et d'éluder la preuve qu'on pourroit faire de la fausseté, en supprimant l'original. Mais Boiceau, *p.* 1, *ch.* 11, pense que ce registre fait au moins un commencement de preuve par écrit, qui doit faire admettre la preuve testimoniale de la donation. Danty pense que cette décision souffre beaucoup de difficulté. Pour que cette preuve fût admise, je voudrois au moins que deux choses concourussent: 1° qu'il fût constant que les minutes de tous les actes passés par le notaire en l'année dans laquelle on prétend que la donation a été faite, ne se trouvent point : car s'il n'y avoit que la minute de cette prétendue donation qui ne s'y trouvât pas, il en résulteroit des soupçons d'affectation dans la suppression de cet acte, qui feroient douter de la vérité ou de la forme de cet acte, et empêcheroient qu'on en dût admettre la preuve par témoins. 2° Je pense qu'il faudroit que le donataire offrît de faire la preuve de la donation par des témoins qui auroient été présents lorsque l'acte a été fait, ou du moins qui auroient entendu le donateur en convenir; et il ne suffiroit pas que le donataire prouvât qu'on a vu l'acte de donation entre les mains du donataire; car ces témoins qui voient cet acte, ne savent pas si cet acte est véritable, ni s'il est revêtu de ses formes.

774. Si l'insinuation avoit été faite à la requête du donateur, et qu'il eût souscrit sur le registre des insinuations,

Boiceau décide qu'en ce cas l'insinuation feroit foi de la donation, par la même raison qu'il a été dit ci-dessus, que les copies judiciaires faites en présence des parties font la même foi que l'original, vis-à-vis de la partie qui y a été présente.

§. V. Des copies tout-à-fait informes, qui ne sont pas tirées par une personne publique.

775. Les copies qui ne sont pas tirées par une personne publique, sont celles qu'on appelle absolument informes: elles ne font aucune preuve, quoique anciennes; elles ne peuvent tout au plus que former quelque indice très léger.

Néanmoins, si quelqu'un avoit produit cette copie informe pour en tirer quelque indice, l'autre partie pourroit s'en servir contre lui; et elle feroit foi contre lui, parceque, en la produisant lui-même, il est censé en avoir reconnu la vérité : car on ne doit produire que des pièces qu'on croit vraies.

Lorsqu'une copie a été tirée, à la vérité, par une personne publique, comme est un notaire, mais qui ne s'est point fait assister de témoins ou d'un autre notaire, elle ne passe point pour être tirée par une personne publique, et elle est aussi absolument informe que si elle eût été tirée par un particulier; car une personne publique qui ne se comporte point en personne publique, n'est point réputée pour telle : *Persona publica*, dit Dumoulin , *agens contra officium personæ publicæ, non est digna spectari ut persona publica.*

§. VI. Des copies de copies.

776. Il est évident que la copie tirée, non sur l'original, mais sur une précédente copie, quoique tirée *servato juris ordine*, ne peut faire que la même preuve qu'auroit pu faire la précédente copie sur laquelle elle a été tirée, et contre les personnes seulement contre lesquelles la précédente copie auroit pu faire preuve.

Quelquefois même, quoique cette seconde copie tirée sur une première ait été tirée *servato juris ordine*, elle ne fait pas contre la même personne la même preuve qu'auroit faite la précédente copie ; ce qui a lieu lorsque la personne à qui on l'oppose n'avoit pas les mêmes raisons de contester l'original, lorsqu'on a tiré avec elle la première copie, qu'elle a aujourd'hui de le contester à l'égard de celui qui a fait tirer la seconde.

Dumoulin, §. 8, *gl.* 1, *n.* 34, apporte cet exemple : Pierre, domestique d'un de mes parents dont je suis héritier, a fait, en vertu d'une ordonnance du juge, en la présence de mon procureur, tirer copie entière du testament de ce parent ; après quoi il s'est fait saisir par moi d'un legs de cent écus qui lui étoit fait par le testament. Cette copie a été tirée sur l'original qui étoit déposé chez un notaire. Depuis survient Jacques, qui demande la délivrance d'un legs de dix mille écus porté par le même testament ; et comme l'original a été depuis égaré, il donne requête au juge pour en être tiré copie en ma présence, ou moi dûment appelé, sur celle qui en avoit été tirée par Pierre. Dumoulin dit que cette copie tirée par Jacques sur celle tirée par Pierre ne fait pas contre moi une preuve entière, telle que faisoit en faveur de Pierre celle que Pierre a tirée sur l'original, parceque, dit-il, *nova contradicendi causa subest*. J'ai aujourd'hui des raisons de contredire et de contester l'original, que je n'avois pas lorsque Pierre a fait tirer sa copie. Le legs que Pierre me demandoit étoit un legs modique de cent écus ; il ne valoit pas la peine que je contestasse l'original du testament ; c'est pourquoi j'ai pu négliger les moyens que j'avois alors de le contester. Mais aujourd'hui que Jacques me demande dix mille écus, j'ai un grand intérêt d'examiner si l'original du testament est en régle. C'est pourquoi, de ce que j'ai bien voulu passer la copie de Pierre pour la copie d'un testament en régle, il ne s'ensuit pas que je doive reconnoître la même chose à l'égard de la copie de Jacques, tirée sur celle de Pierre.

ARTICLE IV.

De la distinction des titres en primordiaux et en recognitifs.

777. Le titre primordial, suivant que le nom le fait entendre, est le premier titre qui a été passé entre les parties entre lesquelles une obligation a été contractée, et qui renferme cette obligation. Par exemple, le titre primordial d'une rente est le contrat par lequel elle a été constituée. Les titres recognitifs sont ceux qui ont été passés depuis par les débiteurs, leurs héritiers ou successeurs.

778. Dumoulin, *d. §. 8, n. 88*, distingue deux espéces de titres *recognitifs* ou *reconnoissances*; celles qui sont dans la forme qu'il appelle *ex certâ scientia*, et celles qu'on appelle *in formâ communi*.

Les reconnoissances *ex certâ scientiâ*, qu'il appelle aussi *in formâ speciali et dispositivâ, n. 89*, sont celles où la teneur du titre primordial est relatée. Ces reconnoissances ont cela de particulier, qu'elles équipollent au titre primordial, au cas qu'il fût perdu, et en prouvent l'existence contre la personne reconnoissante, pourvu qu'elle ait la disposition de ses droits, et contre ses héritiers et successeurs : elles dispensent par conséquent le créancier de rapporter le titre primordial dans le cas auquel il se trouveroit perdu. *Molin. ibid. n. 89.*

Les reconnoissances *in formâ communi* sont celles où la teneur du titre primordial n'est point relatée. Ces reconnoissances servent seulement à confirmer le titre primordial, et à interrompre la prescription : mais elles ne confirment le titre primordial qu'autant qu'il est vrai; elles n'en prouvent point l'existence; et elles ne dispensent point le créancier de le rapporter. *Ibid.*

Néanmoins s'il y avoit plusieurs reconnoissances conformes, dont quelqu'une fût ancienne, ou même une seule ancienne, et soutenue de la possession, elles pourroient équipoller au titre primordial, et dispenser le créancier de le rapporter; ce qui a lieu sur-tout lorsque le titre primordial est très ancien. *Ibid. n. 90.*

779. Les reconnoissances de l'une et de l'autre espèce ont cela de commun, qu'elles sont relatives au titre primordial; que le reconnoissant, par ces reconnoissances, n'est pas censé vouloir contracter aucune nouvelle obligation, mais seulement reconnoître l'ancienne qui a été contractée par le titre primordial. C'est pourquoi, si par la reconnoissance il s'est reconnu obligé à quelque chose de plus, ou de différent de ce qui est porté par le titre primordial, en rapportant le titre primordial, et faisant connoître l'erreur qui s'est glissée dans la reconnoissance, il en sera déchargé.

Cette décision a lieu, quand même l'erreur se trouveroit dans une longue suite de reconnoissances; il en faudra toujours revenir au titre primordial lorsqu'il sera rapporté.

Hoc tantùm interest, dit Dumoulin, *ibid. n. 88*, *inter confirmationem in formâ communi, et confirmationem ex certâ scientiâ, quòd illa (in formâ communi), tanquam conditionalis et præsuppositiva, non probat confirmatum; hoc (ex certâ scientiâ) fidem de eo facit; non tamen illud in aliquo auget vel extendit, sed ad illud commensuratur, et ad ejus fines et limites restringitur, etc.* Et ailleurs, §. 18, *gl.* 1, n. 19, il dit en général des reconnoissances, que *non interponuntur animo faciendæ novæ obligationis, sed solùm animo recognoscendi; undè simplex titulus novus non est dispositorius.*

780. Si les reconnoissants, au contraire, ont reconnu pour moins qu'il n'est porté par le titre primordial; s'il y a plusieurs reconnoissances conformes, et qui remontent à trente ans, qui est le temps suffisant pour opérer la prescription; ou à quarante ans, lorsque le créancier est privilégié; le créancier, en rapportant le titre primordial, ne pourra pas prétendre plus qu'il n'est porté par les reconnoissances, parcequ'il y a prescription acquise pour le surplus.

ARTICLE V.

Des quittances.

781. De même qu'on passe des actes pour la preuve des engagements, on en passe aussi pour la preuve des paiements. On appelle ceux-ci *quittances.*

Une quittance fait foi de ce qu'elle contient contre le créancier qui l'a donnée, ses héritiers ou autres successeurs, soit qu'elle soit passée devant notaires, soit qu'elle soit passée sous la signature privée du créancier.

Il y a même certains cas dans lesquels une quittance est valable et fait foi sans qu'elle ait été passée devant notaire, ni signée du créancier. *Voyez* ces cas *suprà*, n. 759 *et suiv.*

Les quittances, ou expriment la somme qui a été payée, sans exprimer la cause de la dette; ou elles expriment la cause de la dette, sans exprimer la somme payée; ou elles n'expriment ni la somme qui a été payée, ni la cause de la dette; ou elles expriment l'une et l'autre.

Les quittances qui expriment la somme qui a été payée, quoiqu'elles n'expriment pas la cause de la dette, ne laissent pas d'être valables; comme lorsqu'elles sont ainsi conçues : *J'ai reçu d'un tel la somme de tant : Fait tel jour, etc.*; et en ce cas, lorsque le créancier qui l'a donnée avoit, au temps de la quittance, plusieurs créances contre le débiteur à qui il l'a donnée, ce débiteur en peut faire l'imputation sur celle qu'il avoit le plus d'intérêt d'acquitter, comme nous l'avons vu *suprà, part.* 3, *chap.* 1, *art.* 7.

782. Les quittances qui n'expriment que la cause de la dette, sans exprimer la somme qui a été payée, sont pareillement valables; et elles font foi du paiement de tout ce qui étoit dû pour la cause exprimée par la quittance, au temps de la quittance. Par exemple, si elle est ainsi conçue : *J'ai reçu d'un tel ce qu'il me doit pour le vin de ma maison de Saint-Denis que je lui ai vendu;* telle quittance fait foi du paiement de ce qu'il me devoit pour le

prix du vin de cette maison, soit du total, s'il me devoit le total, soit de ce qui en restoit dû.

Mais cette quittance ne s'étend pas à ce qui m'est dû pour d'autres causes que celle qui est exprimée, et il n'est pas besoin que j'en fasse une réserve expresse. Par exemple, la quittance que je vous aurois donnée, telle qu'elle est conçue dans l'espèce ci-dessus proposée, ne renferme que ce que vous me devez pour le prix du vin de ma maison de Saint-Denis, et vous ne pouvez pas l'opposer contre mes créances pour le prix du vin de mes autres maisons, que je vous aurois pareillement vendu.

Lorsque la dette dont la cause est exprimée par la quittance est une dette qui consiste en arrérages, rentes, loyers ou fermes, elle fait foi du paiement de tout ce qui a couru jusqu'au dernier terme d'échéance qui a précédé la date de la quittance; mais elle ne s'étend pas à ce qui a couru depuis. Par exemple, si vous êtes le locataire d'une maison qui m'appartient, dont les loyers se payent à la Saint-Jean; ou débiteur envers moi d'une rente payable par chacun an à la Saint-Jean, la quittance que je vous aurai donnée en ces termes, *J'ai reçu d'un tel ce qu'il me doit pour loyers*, ou bien, *ce qu'il me doit pour arrérages des rentes : fait ce 10 décembre 1760*; cette quittance est valable pour tous les arrérages ou loyers courus jusqu'au terme de la Saint-Jean 1760; mais elle ne s'étend pas à ce qui en a couru depuis.

Quid, si la quittance n'étoit pas datée? Le défaut de date empêchant en ce cas qu'on ne puisse savoir en quel temps la quittance a été donnée, le débiteur ne peut prouver par cette quittance quel est le terme qui a précédé le temps de la quittance, et jusqu'auquel il a payé. Dans cette incertitude, cette quittance ne prouve autre chose, sinon que le débiteur a payé au moins un terme; et par conséquent il ne peut la faire valoir que pour un terme. Si c'étoit l'héritier du créancier qui eût donné la quittance, elle vaudroit pour tous les termes échus du vivant du défunt; car il n'est pas douteux que ces termes ont précédé le temps de la quittance, l'héritier n'ayant pu la donner que depuis qu'il est devenu héritier, et par conséquent depuis la mort du défunt.

Lorsque la dette dont la cause est exprimée par la quittance est la dette d'une somme partagée en plusieurs termes de paiements, comme lorsque mon beau-père m'a promis pour la dot de sa fille que j'ai épousée, une dot de 20,000 livres, payable en quatre paiements, d'année en année; la quittance que je lui donne, sans expression de somme, en ces termes, *J'ai reçu de mon beau-père ce qu'il me doit pour la dot de ma femme*, ne doit pareillement comprendre que les termes qui étoient échus lors de la quittance, et ne doit pas s'étendre à ceux qui ne l'étoient pas encore : car, quoiqu'une somme dont le terme de paiement n'est pas encore échu ne laisse pas d'être due dans un sens très véritable, néanmoins dans le sens du langage ordinaire, qui est celui dans lequel la quittance doit être entendue, ces termes, *ce qu'il doit*, ne s'entendent que de ce qui peut s'exiger, et dont le terme de paiement est échu; et c'est en ce sens qu'on dit vulgairement, QUI A TERME NE DOIT RIEN; Loysel. D'ailleurs on ne présume pas qu'un débiteur paye avant le terme.

Il y auroit beaucoup plus de difficulté si la quittance étoit conçue en ces termes, *J'ai reçu la dot de ma femme.* Ces termes généraux et indéfinis paroissent comprendre toute la dot, et par conséquent même les portions dont les termes de paiement n'étoient pas encore échus au temps de la quittance.

783. Lorsque la quittance n'exprime ni la somme qui a été payée, ni la cause de la dette qui a été acquittée; comme lorsqu'elle est conçue en ces termes, *J'ai reçu d'un tel ce qu'il me doit : Fait, etc.* Cette quittance est une quittance générale, qui comprend toutes les différentes dettes qui étoient dues au temps de cette quittance, à celui qui l'a donnée, par celui à qui elle a été donnée. Si entre ces dettes il y en avoit qui fussent exigibles au temps de la date de la quittance, et d'autres dont le terme de

paiement ne fût pas encore échu; la quittance ne s'étendroit pas à celles-ci, par les raisons que nous avons déja déduites ci-dessus.

A plus forte raison la quittance ne doit pas s'étendre aux principaux des rentes dues par le débiteur : elle ne comprend que les arrérages échus jusqu'au dernier terme qui a précédé la date de la quittance.

On doit encore excepter de la quittance les dettes dont le créancier qui l'a donnée n'avoit pas encore vraisemblablement de connoissance. Par exemple, si au temps de la quittance vous étiez, de votre chef, mon créancier de certaines sommes, et d'autres sommes comme héritier de Pierre, dont la succession vous étoit déja échue, mais dont l'inventaire n'étoit pas encore fait ; la quittance générale que vous m'avez donnée en ces termes : *J'ai reçu d'un tel ce qu'il me doit*, ne comprend pas ce que je dois à la succession de Pierre : car, comme dans le temps de votre quittance vous n'aviez pas encore connoissance des effets de la succession de Pierre, quoiqu'elle vous fût déja échue, vous ne devez pas être censé avoir compris dans cette quittance la dette que je vous devois en votre qualité d'héritier de Pierre, dont vraisemblablement vous n'aviez pas connoissance.

Si je vous devois certaines sommes de mon chef, et d'autres comme caution d'une autre personne; ces termes de la quittance que vous m'avez donnée, *J'ai reçu d'un tel ce qu'il me doit*, comprennent-ils les sommes que je vous devois comme caution? La raison de douter est que ces termes, *ce qu'il me doit*, pris littéralement dans leur généralité, semblent les comprendre; car je dois véritablement ce que je dois comme caution. Néanmoins je pense qu'on doit présumer que vous n'avez entendu par ces termes, *ce qu'il me doit*, que ce que je dois *proprio nomine*, et non ce que je vous devois comme caution : 1° parceque pouvant me défendre de payer ce que je vous devois comme caution, jusqu'après la discussion des principaux débiteurs, je ne le *devois* pas en quelque façon, et dans le sens du langage ordinaire, avant la discussion et au temps de la quittance ; 2° parceque ayant un recours à exercer quant à ce que je vous aurois payé pour ceux que j'ai cautionnés, il n'est pas présumable qu'en payant pour eux, je n'eusse pas tiré des quittances particulières des sommes que je payois pour eux, et que je me fusse contenté d'une quittance aussi générale.

Si parmi les sommes que je vous devois au temps de la quittance générale que vous m'avez donnée, il y en avoit une portée par un billet qui fût resté en votre possession, y seroit-elle comprise? La raison de douter se tire de la rétention du billet que vous m'auriez dû rendre, et qui n'auroit pas dû rester par-devers vous si je l'eusse acquitté. La raison de décider qu'elle y est comprise, se tire de la généralité de ces termes, *ce qu'il me doit,* qui comprennent toutes les dettes que je vous devois alors : il peut se faire que, me fiant à ma quittance générale, j'aie négligé de retirer mon billet, que vous aviez peut-être alors égaré.

784. La quatrième espèce de quittance est celle dans laquelle on a exprimé tant la somme qui a été payée, que la cause de la dette acquittée : celle-ci ne peut guère donner lieu à aucune difficulté. Si la somme payée excédoit celle qui étoit due pour la cause exprimée par la quittance, le débiteur, supposé qu'il ne dût rien autre chose, auroit la répétition de cet excédant, *per condictionem indebiti.* S'il étoit débiteur pour d'autres causes, il imputeroit cet excédant sur celle qu'il a le plus d'intérêt d'acquitter.

La question si les quittances d'une ou de plusieurs années d'arrérages font présumer le paiement des précédentes, est traitée *infrà, ch.* 3, *sect.* 2, *art.* 2.

CHAPITRE II.

De la preuve vocale ou testimoniale.

La preuve vocale ou testimoniale est celle qui se fait par la déposition des témoins.

ARTICLE PREMIER.

Principes généraux sur les cas auxquels cette preuve est admise.

785. La corruption des mœurs et les exemples fréquents de subornation de témoins, nous ont rendus beaucoup plus difficiles à admettre la preuve testimoniale que ne l'étoient les Romains. Pour prévenir cette subornation de témoins, l'ordonnance de Moulins de l'an 1566, *art.* 54, ordonne que de toutes les choses excédant la valeur de 100 liv., soient passés contrats, par lesquels seulement sera reçue toute preuve desdites matières, sans recevoir aucune preuve par témoins outre le contenu auxdits contrats.

Cette disposition a été confirmée par l'ordonnance de 1667, *tit.* 20, *art.* 2, qui s'exprime ainsi : « Seront passés « actes devant notaires ou sous signature privée de toutes « les choses excédant la valeur de 100 l.; et ne sera reçue « aucune preuve par témoins contre et outre le contenu « des actes, encore qu'il s'agît d'une somme moindre de « 100 liv. »

Dans l'article suivant, l'ordonnance excepte les cas d'accidents imprévus, et les cas auxquels il y a un commencement de preuve par écrit.

Il y a aussi dans le premier article une exception à l'égard de ce qui s'observe dans les juridictions des consuls.

De ces dispositions de l'ordonnance on peut tirer quatre

principes généraux, qui décident les cas dans lesquels la preuve testimoniale doit être admise ou rejetée.

Ces principes sont: 1° Celui qui a pu se procurer une preuve littérale n'est pas admis à faire preuve testimoniale, lorsque la chose excède 100 liv., s'il n'a un commencement de preuve par écrit.

2° Lorsqu'il y a un acte par écrit, ceux qui ont été parties, ni leurs héritiers et successeurs, ne peuvent être admis à la preuve testimoniale contre et outre cet acte, quand même la chose n'excéderoit pas 100 liv., s'ils n'ont un commencement de preuve par écrit.

3° On est admis à la preuve testimoniale des choses dont on n'a pu se procurer une preuve littérale, à quelques sommes qu'elles puissent monter.

4° Pareillement, lorsque par un cas fortuit et imprévu, avoué entre les parties, ou prouvé, la preuve littérale a été perdue, on est admis à la preuve testimoniale, à quelque somme que la chose puisse monter.

ARTICLE II.

PREMIER PRINCIPE.

Celui qui a pu se procurer une preuve par écrit n'est pas admis à la preuve testimoniale pour les choses qui excèdent 100 livres.

786. L'ordonnance de Moulins dit : « Ordonnons que « de toutes choses excédant la somme ou valeur de 100 l., « pour une fois payer, seront passés contrats, etc. »

L'ordonnance de 1667, *tit.* 20, *art.* 2, dit : « Seront « passés actes de toutes choses excédant la valeur de 100 l. »

Quoique l'ordonnance de Moulins n'eût pas dit *de toutes conventions*, mais se fût servie du terme de *choses*, qui est un terme plus général que celui de *conventions*; néanmoins les commentateurs de cette ordonnance pensoient qu'elle ne renfermoit sous sa disposition que les conventions, parceque cette ordonnance dit, seront passés con-

trats, et que ce terme de *contrats* ne renferme que les conventions.

L'ordonnance de 1667 ayant évité de se servir de ce terme de *contrats*, et ayant dit, *seront passés actes de toutes choses*, on ne doit pas douter que sa disposition ne renferme non seulement les conventions, mais généralement toutes les choses dont celui qui demande à faire preuve a pu s'en procurer une par écrit. Par exemple, quoique le paiement d'une dette ne soit pas une convention, néanmoins le débiteur qui le fait pouvant en retirer un acte par écrit, c'est-à-dire une quittance, il n'est pas admis à en faire la preuve par témoins, lorsque ce paiement excède 100 liv.

787. On a douté, avant l'ordonnance de 1667, si le dépôt volontaire étoit compris dans la disposition de l'ordonnance de Moulins, qui ordonne qu'il sera dressé acte de toutes choses excédant 100 liv., et en exclut la preuve testimoniale. La raison de douter étoit qu'on ne fait pas ordinairement d'acte par écrit de dépôts; que celui qui prie son ami de se charger de la garde des choses qu'il lui confie, n'ose pas ordinairement demander une reconnoissance à ce dépositaire, qui ne se charge de ce dépôt que pour lui faire plaisir. Nonobstant ces raisons, l'ordonnance de 1667, *tit.* 20, *art.* 2, a décidé que le dépôt volontaire étoit compris dans la règle générale, et que la preuve par témoins n'en devoit pas être admise, parceque celui qui a fait le dépôt a dû ou ne point faire le dépôt, que rien ne l'obligeoit de faire, ou lorsqu'il l'a fait, en demander une reconnoissance au dépositaire : faute par lui de le faire, il doit courir les risques de la foi du dépositaire; et il doit s'imputer d'avoir eu trop facilement confiance en lui, s'il lui manque de fidélité.

Quelques arrêts, avant l'ordonnance de 1667, avoient aussi admis la preuve par témoins de prêt à usage, parceque ce prêt, de même que le dépôt, se fait ordinairement entre amis, sans en retirer de reconnoissance par écrit. Mais l'ordonnance de 1667 ayant déclaré que le dépôt volontaire étoit compris dans la loi générale qui exige une preuve par écrit, on doit conclure, à plus forte raison, la même chose du prêt à usage, puisqu'on se fie autant à celui à qui on fait un dépôt, qu'à celui à qui on prête; et celui qui fait un dépôt a encore plus lieu de craindre d'offenser son ami en lui demandant une reconnoissance, que celui qui prête.

788. On a fait aussi la question, si les marchés faits dans les foires et marchés doivent être compris en la disposition de l'ordonnance. La raison de douter étoit que ces marchés se font pour l'ordinaire verbalement; qu'on n'a pas un notaire présent lorsqu'on les fait, pour les rédiger par écrit. Néanmoins on a décidé que ces marchés doivent y être compris, parcequ'y ayant aujourd'hui des notaires établis dans les plus petits lieux, et par conséquent dans tous les lieux où se tiennent les foires, il n'est pas trop difficile aux parties, lorsqu'elles font un marché à crédit, d'appeler un notaire pour le rédiger, si elles ne savent pas écrire. C'est l'avis de Boiceau, 1, 9.

Observez néanmoins qu'à l'égard des marchés qui se font de marchands à marchands, soit dans les foires, soit hors des foires, les juges-consuls qui en connoissent ne sont point astreints à la disposition de l'ordonnance, et qu'ils peuvent, selon les circonstances, en admettre la preuve par témoins, quoique l'objet excède la somme de 100 liv. Il paroît par le procès-verbal de l'ordonnance de 1667, que les juges-consuls s'étoient maintenus dans cet usage malgré l'ordonnance de Moulins : celle de 1667 les y maintient expressément par ces termes en fin de l'article 2, *sans rien innover à ce qui s'observe en la juridiction des consuls.*

789. Lorsqu'une personne demande des dommages et intérêts qu'il prétend lui être dus pour l'inexécution d'une convention verbale de faire ou de ne pas faire quelque chose, et qu'il est incertain si la valeur de ces dommages et intérêts doit monter ou non à une somme de 100 liv.; le demandeur, pour être admis à la preuve testimoniale

de la convention dont l'inexécution donne lieu aux dommages et intérêts prétendus, doit restreindre sa demande
pour lesdits dommages et intérêts à une somme certaine
qui n'excède pas celle de 100 liv. Il doit même la restreindre d'abord : car s'il avoit une fois conclu à une somme
plus grande, ayant reconnu lui-même que l'objet de la
convention excédoit 100 liv., et que la convention étoit
par conséquent comprise dans la disposition de l'ordonnance, il ne seroit pas, en se restreignant par la suite,
recevable à offrir la preuve testimoniale. On peut tirer,
pour cette décision, argument d'un arrêt du 17 décembre
1638, rapporté par Bardet, VII, 46, dans l'espèce duquel
un tailleur qui avoit demandé une somme de 200 l. à une
veuve, pour fournitures d'habits à son mari, fut exclus
de la preuve testimoniale qu'il offroit de faire, que cette
veuve avoit répondu de la dette, quoiqu'il se restreignît
à 100 liv.

790. Je vous demande 60 liv. restant du prix d'une
chose que je prétends vous avoir vendue pour le prix
de 200 liv. Vous niez avoir rien acheté de moi : dois-je
être admis à la preuve par témoins de cette vente? Boiceau, 1, 18, décide pour l'affirmative. Il cite des lois qui
ne me paroissent pas avoir d'application. Il est bien vrai
que lorsqu'il s'agit de décider de la compétence d'un juge
qui ne peut juger que jusqu'à une certaine somme, *quantùm petatur quærendum est, non quantùm debeatur*; l. 19,
§. 1, ff. *de jurisdict.*; parceque le juge ne juge que de ce
qui est demandé. Mais dans cette espèce-ci, pour savoir
si la preuve de la convention doit être permise au demandeur, il faut savoir si c'est une convention dont l'ordonnance l'obligeoit de faire dresser un acte par écrit. Or
cela se décide par ce qui faisoit l'objet de la convention
qui excédoit 100 liv., et non par ce qui en reste dû; il ne
peut donc pas être admis à la prouver par témoins, quoiqu'il ne reste dû que 60 liv. C'est l'avis du commentateur
sur Boiceau.

Par la même raison, si comme héritier pour un quart de

mon père, je vous demande 50 liv. pour le quart d'une somme de 200 liv. que je prétends vous avoir été prêtée par mon père, je ne serai pas admis à la preuve par témoins du prêt.

791. Mais si dans l'un et l'autre cas le demandeur offroit la preuve testimoniale, non de la vente faite pour le prix de 200 liv., non du prêt de 200 liv. fait par le défunt, mais de la promesse que lui auroit faite le défendeur de lui payer les 60 liv. qui restoient dues du prix de cette vente, ou les 50 liv. qui lui étoient dues pour son quart, je pense qu'il devroit être reçu à la preuve : car cette promesse est une nouvelle convention confirmative de la première ; et l'objet de cette nouvelle convention n'excédant pas 100 l., rien n'empêche que la preuve testimoniale en puisse être admise.

792. Lorsque plusieurs créances n'excèdent pas chacune la somme de 100 liv., mais toutes ensemble l'excèdent, la preuve par témoins de toutes ces créances est-elle recevable ? Il sembleroit qu'elle le devroit être ; car l'ordonnance n'ayant ordonné de dresser des actes que des choses qui excèdent la somme de 100 liv., il semble qu'on ne peut imputer au demandeur de ne s'en être pas procuré une preuve par écrit, et que la preuve testimoniale n'en peut être refusée. Néanmoins l'ordonnance de 1667, *tit.* 20, *art.* 5, décide qu'elle doit être refusée ; car l'esprit de l'ordonnance, en défendant cette preuve, ayant été que les particuliers ne fussent pas exposés aux risques de la subornation de témoins pour des sommes considérables et excédant 100 l., qui leur seroient demandées par des fripons, elle doit être refusée, soit que cette somme soit prétendue pour une seule ou pour plusieurs causes, étant aussi facile de suborner des témoins qui déposent de plusieurs fausses créances, que d'en suborner qui déposent d'une seule. A l'égard de l'objection, la réponse est que le créancier n'est pas obligé de se procurer une preuve littérale tant que ses créances n'excèdent pas 100 liv.; mais lorsqu'à celles qui n'excèdent pas cette somme il en ajoute

une nouvelle qui fait monter le total de toutes ses créances à plus de 100 liv., il doit en faire dresser un acte.

L'ordonnance apporte une exception; savoir, lorsque les créances ou droits procèdent de personnes différentes. C'est pourquoi je puis être reçu à la preuve d'un prêt de 60 livres que je vous demande de mon chef, et d'un autre de 80 livres que je vous demande comme héritier de mon père, par qui je prétends que cette somme vous a été prêtée, quoique ces sommes excèdent 100 livres.

ARTICLE III.

SECOND PRINCIPE.

Que la preuve testimoniale n'est pas admise contre un écrit, ni outre ce qui y est contenu.

793. La preuve littérale l'emporte dans notre droit sur la testimoniale. C'est pourquoi l'ordonnance défend d'admettre la preuve testimoniale contre ce qui est contenu dans un écrit.

Par exemple, si j'ai fait mon billet par lequel j'ai reconnu devoir à quelqu'un 66 liv. qu'il m'a prêtées, que je promets lui rendre dans deux ans, je ne serai pas reçu à prouver par témoins que je n'en ai reçu que 60, et que le surplus étoit pour des intérêts qu'il m'a fait comprendre dans mon billet; car cette preuve seroit contraire à ce qui est contenu dans un écrit : je dois m'imputer d'avoir fait ou écrit ce billet.

794. L'ordonnance ne se contente pas d'exclure la preuve par témoins de ce qui seroit directement contraire à un acte; elle ne permet pas de l'admettre *outre* le contenu des actes, ni sur ce qui seroit allégué avoir été dit *lors*, *avant*, ou *depuis*. Car puisqu'on avoit dressé un acte, la partie doit s'imputer de n'y avoir pas fait alors exprimer ce qu'elle allègue aujourd'hui.

Par exemple, le débiteur ne sera pas reçu à prouver par témoins qu'il lui a été accordé un certain terme pour le paiement, s'il n'en est rien exprimé dans l'acte; aucune des parties ne sera reçue à prouver qu'on est convenu d'un certain lieu pour le paiement, si l'acte n'en porte rien.

A plus forte raison, le créancier ne sera pas admis à prouver par témoins qu'il lui est dû plus que ce qui est porté par l'acte.

795. Ce seroit vouloir prouver quelque chose outre le contenu d'un acte, que de demander à prouver ce qui est contenu dans une apostille ou renvoi non signé, ni au moins paraphé des parties, quoique écrit de la main du notaire; car ces apostilles ou renvois non signés, ni au moins paraphés, ne peuvent être censés faire partie de l'acte. *Putà*, si en marge d'un bail à ferme par lequel le preneur s'oblige de payer 600 liv. de ferme par chaque année, il y avoit un renvoi en marge, *plus six chapons*, le bailleur ne seroit pas reçu à prouver par témoins que le preneur est convenu de lui payer lesdits chapons. *Danty*, 11, 4, *in fin.*

Quid, si le renvoi étoit écrit de la main du preneur? *Voyez* suprà, *n.* 763.

796. Lorsqu'il y a un acte par écrit d'un marché, et qu'on n'y a pas exprimé le temps et le lieu où il a été fait, peut-on être admis à la preuve testimoniale du temps et du lieu? Par exemple, lorsqu'un débiteur demande à être admis au bénéfice de cession, le créancier, pour l'en faire débouter, peut-il être admis à prouver par témoins que le marché qui fait la cause de sa créance, et dont il y a un acte par écrit, a été fait en foire, quoique cela ne soit pas exprimé par l'acte? *Danty*, 1, 9, *in fine*, décide qu'il peut être admis à cette preuve, et que cette preuve du lieu où le marché s'est fait, n'est pas une preuve outre le contenu de l'acte; le lieu et le temps auquel un marché est fait, n'étant que des circonstances extérieures de la convention, et ne faisant pas partie de la convention contenue dans l'acte. Cette décision souffre difficulté.

797. Toute preuve testimoniale étant interdite outre le contenu d'un acte, une partie ne seroit pas recevable à faire entendre les témoins qui ont assisté à l'acte, ni même

les notaires qui l'ont reçu, pour expliquer ce qui y est contenu, et déposer de ce dont on est convenu lors de sa confection. *Domat*, *p.* 1, *l.* 3, *t.* 6, *sect.* 2, *n.* 7.

798. Cette défense de la preuve testimoniale contre et outre le contenu aux actes, a lieu indistinctement, quand même la chose seroit au-dessous de la valeur de 100 livres. L'ordonnance de 1667, *t.* 20, *art.* 2, s'en explique formellement.

799. Celui qui, par un acte, est débiteur d'une somme moindre de 100 liv., peut-il être reçu à prouver par témoins le paiement de cette dette, ou de partie? Il semble qu'il doit être admis, et que la disposition de l'ordonnance qui défend la preuve par témoins contre et outre le contenu aux actes, ne reçoit ici aucune application : car le débiteur, en demandant à prouver ce paiement, ne demande pas à prouver une chose contraire à l'acte qui renferme son obligation; il n'attaque point cet acte, il convient de tout ce qui y est contenu. Ce n'est donc point une preuve *contre* l'acte qu'il demande à faire, de laquelle on puisse dire que l'ordonnance l'a exclus. Cependant je vois que dans l'usage, soit par une mauvaise interprétation qu'on a donnée à l'ordonnance, soit pour quelque autre raison, on refuse la preuve testimoniale des paiements d'une dette dont il y a un acte par écrit.

800. Observez que l'ordonnance n'exclut la preuve par témoins contre le contenu aux actes, que parcequ'il a été au pouvoir des parties de se procurer par des contre-lettres une preuve par écrit. Mais si une partie alléguoit, contre un acte, des faits de violence exercés contre elle, pour la contraindre à passer l'acte; des faits de dol par lesquels elle prétendroit qu'on auroit surpris son consentement ou sa signature, et autres faits semblables; comme il n'a pas été en son pouvoir d'avoir une preuve par écrit de ces faits, il n'y a pas de doute qu'elle doit être admise à les prouver par témoins, quoique ce soit par la voie civile qu'elle se soit pourvue contre l'acte.

A plus forte raison, lorsqu'il y a lieu de se pourvoir par

la voie criminelle, comme lorsqu'on allégue qu'un acte renferme quelqu'une de ces usures énormes qui méritent d'être poursuivies extraordinairement.

801. Il reste à observer que la défense de la preuve testimoniale contre et outre le contenu aux actes, ne regarde que les personnes qui y ont été parties, lesquelles doivent s'imputer d'y avoir laissé comprendre ce qui y est compris, et de ne s'être pas fait donner une contre-lettre, ou d'avoir omis quelque chose de ce qui devoit y être compris; mais cette défense ne peut concerner les tiers, en fraude desquels on pourroit énoncer dans ces actes des choses contraires à la vérité de ce qui s'est passé; car rien ne pouvant être imputé à ces tiers, on ne doit pas leur refuser la preuve testimoniale de la fraude qui leur est faite, puisqu'il n'a pas été en leur pouvoir d'en avoir une autre.

C'est pourquoi un seigneur peut être reçu à prouver par témoins contre un contrat de vente, que l'héritage a été vendu pour un prix plus considérable que n'est celui qui a été exprimé, dans la vue de diminuer les profits qui lui sont dus. *Vice versâ*, un lignager sera admis à prouver par témoins que l'héritage a été vendu pour un prix moins considérable que celui qui a été exprimé, et que le prix a été grossi en fraude du droit de retrait. On peut apporter beaucoup d'autres exemples de ces fraudes.

ARTICLE IV.

Du commencement de preuve par écrit.

802. Un premier genre de commencement de preuve par écrit, est lorsqu'on a contre quelqu'un, par un écrit authentique où il étoit partie, ou par un écrit privé, écrit ou signé de sa main, la preuve, non à la vérité du fait total qu'on a avancé, mais de quelque chose qui y conduit ou en fait partie.

Il est laissé à l'arbitrage du juge de juger du degré de commencement de preuve par écrit, pour, sur ce degré de preuve, permettre la preuve testimoniale.

Boiceau rapporte plusieurs exemples de ce commencement de preuve par écrit. Premier exemple : Vous m'assignez pour délaisser un héritage dont je suis en possession; j'excipe que vous me l'avez vendu, et que je vous ai payé le prix; je n'en ai d'autre preuve qu'un écrit signé de vous, par lequel vous m'avez promis de me le vendre pour un certain prix. Cet acte ne prouve pas la vente, ni encore moins le paiement du prix; mais cet acte, joint à la possession en laquelle je me trouve de l'héritage, forme, suivant cet auteur, un commencement de preuve suffisant pour m'admettre à la preuve testimoniale de la vente. *Boiceau*, 11, 10.

Danty, *ibidem*, observe que cette décision doit souffrir exception dans le cas auquel la promesse de vendre porteroit qu'il seroit passé contrat de vente devant notaires; car les parties ayant déclaré que leur volonté étoit qu'il fût passé un acte devant notaires, on ne doit pas croire que la vente se soit ensuivie, s'il n'en paroît un acte devant notaires.

Je pense que même dans le cas auquel la promesse de vendre ne porteroit pas qu'il seroit passé contrat devant notaires, le juge devroit être très réservé à la regarder comme un commencement de preuve testimoniale de la vente, et qu'il ne devroit pas l'admettre, si l'héritage étoit un peu considérable; n'étant pas présumable qu'on vende un héritage un peu considérable verbalement, et sans en faire un acte.

Second exemple : Je vous demande cinquante écus pour le prix de certaines marchandises que je vous ai vendues et livrées : je n'ai d'autre preuve que votre billet, qui porte : *Je promets payer à un tel la somme de 150 liv. pour le prix de telles marchandises qu'il me livrera.* Ce n'est pas une preuve complète de ma créance, puisque ce billet ne prouve pas que j'aie livré les marchandises; mais c'est un commencement de preuve, qui doit faire admettre la preuve testimoniale de la livraison. *Boiceau*, ibid. *Danty.*

Troisième exemple : Vous m'avez passé une procuration *ad resignandum*, de votre office. Avant que j'aie obtenu des provisions, vous la révoquez. Je soutiens que vous m'avez vendu cet office pour la somme de tant, que je vous ai payée, et qu'en conséquence vous ne pouvez révoquer cette procuration qu'en me rendant ce prix. Je n'ai d'autre preuve écrite de tout ce que j'avance, que la procuration *ad resignandum* que vous m'avez passée. Cette procuration ne forme pas une preuve de la vente, ni encore moins de la numération du prix ; mais c'est la preuve d'un fait qui y a rapport, qui peut passer par conséquent pour un commencement de preuve, et qui doit me faire admettre à la preuve testimoniale de la vente et de la numération du prix. C'est l'avis de Loiseau, en son Traité des Offices, I, 11, 61, cité par *Danty*, 11, 1, 14.

803. Quatrième exemple : Vous m'avez écrit une lettre par laquelle vous me priez de compter à votre fils, porteur de la lettre, une somme de 150 liv. dont il a besoin pour ses études : je vous assigne pour me la rendre. J'ai omis de tirer un reçu de votre fils ; mais j'ai votre lettre qu'il m'a remise. Cette lettre dont je suis porteur, ne fait pas une preuve entière que j'ai compté cette somme suivant votre ordre ; mais c'est un commencement de preuve par écrit, qui me doit faire admettre à la preuve par témoins.

Si celui à qui la lettre étoit écrite n'ayant pas voulu compter la somme, votre fils se fût adressé à un autre à qui il auroit remis la lettre, et qui lui auroit compté la somme, cette lettre, dont ce tiers à qui elle n'a pas été écrite seroit porteur, feroit une moindre preuve que dans l'espèce précédente ; néanmoins Danty, 11, 2, 11, la juge, même dans ce cas, suffisante pour faire admettre ce tiers à la preuve par témoins.

Si la personne à qui je vous ai écrit de compter cette somme étoit une personne contre qui j'en dusse avoir la répétition, faute par vous d'en avoir tiré le reçu, vous ne serez pas admis à la preuve testimoniale contre moi : car, en vous accordant que vous l'avez comptée, vous ne pouvez me la demander, faute d'avoir retiré le reçu qui m'est nécessaire pour la répéter.

804. Si j'ai prêté à un mineur une somme d'argent dont je lui demande le paiement, prétendant qu'elle a tourné à son profit ; le billet que j'ai de lui, qui constate le prêt, ne doit pas être regardé comme un commencement de preuve suffisant pour me faire admettre à la preuve par témoins que le mineur a employé utilement la somme; car ce seroit donner facilité aux usuriers de prêter de l'argent aux mineurs, et de le répéter en supposant de faux témoins qui déposeroient de l'emploi. *Danty*, 11, 4, 3.

805. Un second genre de commencement de preuve par écrit, est lorsque j'ai contre quelqu'un, par un écrit authentique où il étoit partie, ou par un écrit privé signé de lui, la preuve qu'il est mon débiteur, sans avoir la preuve de la somme : c'est un commencement de preuve par écrit, qui doit me faire admettre à la preuve par témoins de la somme.

Premier exemple : Je vous demande le paiement d'une somme de cent écus ; j'ai votre billet, qui porte : *Je promets payer à un tel la somme de cent.... qu'il m'a prêtée;* le mot d'*écus* a été omis dans le billet. Vous prétendez ne m'avoir emprunté que cent sous, que vous m'offrez. Votre billet est un commencement de preuve par écrit, qui doit me faire admettre à la preuve testimoniale du prêt de cent écus.

Nota que faute de la faire, je ne pourrois demander que cent sous, suivant la régle, *Semper in obscuris quod minimum est sequimur.* Observez aussi que, pour que je sois admis à la preuve testimoniale, il faut qu'il y ait de la vraisemblance dans la somme que je prétends vous avoir prêtée; c'est pourquoi, dans l'espèce proposée, je ne serois pas admis à prouver par témoins que je vous ai prêté une somme de cent mille livres.

Autre exemple de commencement de preuve par écrit : Je vous demande cent pistoles que je prétends vous avoir données en dépôt : je n'ai point d'acte de ce dépôt ; mais j'ai votre billet par lequel vous vous reconnoissez mon débiteur, sans exprimer de quelle somme, par ces termes, *je vous satisferai sur ce que vous savez.* Cette lettre ne contient pas la preuve du dépôt de cent pistoles, mais elle prouve que vous êtes mon débiteur ; ce qui est un commencement de preuve par écrit, qui doit me faire admettre à la preuve testimoniale. *Arrêt rapporté par Chassanée, et cité par Danty,* 11, 1, 14.

806. Les écritures privées qui ne sont pas signées forment, contre celui qui les a écrites, un troisième genre de commencement de preuve par écrit de ce qu'elles contiennent. Par exemple, je demande à quelqu'un trente pistoles que je prétends lui avoir prêtées ; je rapporte un billet par lequel il reconnoît le prêt, lequel est écrit de sa main et daté, mais n'est pas signé. Ce billet ne suffit pas pour justifier le prêt ; mais il peut, suivant les circonstances, former un commencement de preuve par écrit, qui doit me faire admettre à la preuve par témoins.

A plus forte raison la quittance écrite de la main du créancier, quoique non signée, dont le débiteur est en possession, est un commencement de preuve par écrit du paiement, qui doit faire admettre le débiteur à la preuve testimoniale, la preuve de la libération étant encore plus favorable. *Danty,* 11, 1, 7.

Observez néanmoins que, pour qu'une quittance non signée fasse un commencement de preuve par écrit du paiement d'une dette, il faut que la dette en acquit de laquelle le paiement est fait, y soit exprimée ; un reçu vague non signé ne fait aucun commencement de preuve par écrit. *Danty, ibid.*

En certains cas même, la quittance non signée peut faire preuve entière, comme lorsqu'elle est écrite sur le livre journal du créancier, ou au dos de la promesse.

807. Suivant les principes que nous venons d'exposer, le commencement de preuve par écrit doit résulter, ou d'un acte public, dans lequel celui contre qui on veut faire la preuve ait été partie, ou d'un acte privé signé de lui, ou du moins écrit de sa main.

L'acte écrit par celui qui demande à faire preuve ne

peut pas lui servir de commencement de preuve, parce-qu'on ne peut pas se faire de titres à soi-même.

Il faut néanmoins excepter de cette décision les livres des marchands, lesquels, lorsqu'ils sont en régle, font un commencement de preuve en faveur de ceux qui les ont écrits, comme nous l'avons observé ci-dessus, *ch.* 1, *art.* 2, §. 4.

808. L'écrit d'un tiers ne peut pas faire le commencement de preuve par écrit que demande l'ordonnance; car ce tiers n'est que comme un témoin; et ce qu'il a déclaré par écrit ne peut équipoller qu'à une preuve testimoniale. De là naît la décision de la question, si la reconnoissance qu'une veuve a faite par son inventaire d'une dette de communauté, doit être regardée comme un commencement de preuve par écrit contre les héritiers de son mari? Je ne le pense pas : car la veuve ne peut être regardée que comme un témoin vis-à-vis des héritiers du mari, pour la part qui leur est demandée; et par conséquent la reconnoissance qu'elle fait par l'inventaire, n'équipolle, vis-à-vis des héri-tiers, qu'à une disposition de témoins, et ne paroît pas de-voir former contre eux un commencement de preuve par écrit. Néanmoins *Vrevin, sur l'art.* 54 *de l'ordonnance de Moulins*, rapporte un arrêt qui, en conséquence d'une pa-reille reconnoissance de la veuve, a admis à la preuve par témoins contre les héritiers; mais cet arrêt a été rendu dans un temps auquel les esprits n'étoient pas encore bien ac-coutumés à la disposition de l'ordonnance de Moulins : cette ordonnance étoit regardée alors comme une loi contraire au droit commun, et qui ne pouvoit être trop restreinte.

Il en est de même de la reconnoissance que l'un des héritiers feroit de la dette du défunt; elle ne sert pas de commencement de preuve contre ses cohéritiers.

809. De là naît encore la décision de la question, si un acte reçu par un notaire incompétent fait un com-mencement de preuve par écrit de ce qui y est contenu, contre les parties qui sont dites par cet acte avoir con-

tracté, lorsque cet acte n'est pas signé par les parties, qui ne savoient pas signer? Je ne le pense pas ; car ce notaire incompétent, étant personne privée dans le lieu où il a instrumenté, son acte ne peut équipoller qu'à une disposition de témoin, lorsque les parties ne l'ont pas souscrit. Si les parties l'avoient souscrit, il vaudroit comme écriture privée, suivant que nous l'avons dit *suprà*.

Je pense qu'il faut dire la même chose lorsque l'acte pèche dans sa forme, par le défaut de quelque formalité ; comme si le notaire l'a reçu sans se faire assister de témoins : car le notaire ne s'étant pas comporté comme personne publique, son acte ne peut passer pour l'attestation d'une personne publique, et il n'équipolle qu'à une simple déposition de témoin, *suprà, n.* 775, *in fin.*

ARTICLE V.

TROISIÈME PRINCIPE.

Celui qui n'a pas pu se procurer une preuve littérale doit être admis à la preuve testimoniale.

810. L'ordonnance de Moulins, confirmée par celle de 1667, en ordonnant qu'il seroit dressé des actes, n'a pas entendu exiger l'impossible, ni même exiger des choses trop difficiles, et qui gêneroient ou empêcheroient le commerce ; c'est pourquoi elle n'a interdit la preuve testimoniale qu'à ceux qui ont pu s'en procurer facilement une littérale.

Toutes les fois donc qu'il n'a pas été au pouvoir du créancier de se procurer une preuve littérale de l'obligation qui a été contractée envers lui, la preuve testimoniale du fait qui l'a produite ne peut lui être refusée, à quelque somme que puisse monter l'objet de cette obligation.

811. Suivant ce principe, la preuve testimoniale des délits et quasi-délits ne peut jamais être refusée à celui envers qui ils ont été commis, à quelque somme que puisse monter la réparation par lui prétendue ; car il est évident qu'il

n'a pu être en son pouvoir de s'en procurer une autre preuve.

812. Par la même raison, chacun est admis à la preuve testimoniale des fraudes qu'on lui a faites. Par exemple, on doit permettre la preuve par témoins des pactions secrètes pour faire passer les biens d'un défunt à une personne prohibée, en fraude de ses héritiers; car il est évident qu'il n'est pas au pouvoir des héritiers d'avoir la preuve par écrit de cette fraude.

813. Il en est de même de l'obligation qui naît d'un quasi-contrat : comme cette obligation se contracte sans le fait de celui envers qui elle est contractée, et qu'il n'a pas été en son pouvoir de s'en procurer une preuve littérale, on ne peut lui refuser la preuve testimoniale du fait qui l'a produite.

Par exemple, si quelqu'un, pendant mon absence, a fait valoir mes terres, a fait la moisson, les vendanges, a vendu les blés et les vins qui en sont provenus, il doit me rendre compte de cette administration. S'il disconvient de cette administration, la preuve testimoniale ne m'en peut être refusée; car je n'ai pu m'en procurer une autre preuve.

814. Il y a aussi quelques conventions qui se font en de certaines circonstances qui ne permettent guère qu'on en puisse faire un acte par écrit lorsqu'elles interviennent, et dont, en conséquence, l'ordonnance de 1667 a permis la preuve testimoniale, à quelque somme que se monte ce qui en fait l'objet.

Tels sont les dépôts nécessaires en cas d'incendie, ruine, tumulte, naufrage. L'ordonnance de 1667, *tit.* 20, *art.* 3, les excepte expressément de la disposition qui exclut la preuve par témoins au-delà de 100 liv.

Par exemple, si, dans l'accident d'un incendie ou de la ruine d'une maison qui vient à écrouler, celui qui l'habite dépose avec précipitation chez ses voisins les meubles qu'il a sauvés des flammes ou de la ruine, et que ses voisins disconviennent du dépôt, il sera admis à la preuve par témoins des choses qu'il leur a confiées, à quelque somme que puisse en monter la valeur : car la précipitation avec laquelle il a été obligé de faire ce dépôt, ne lui a pas permis de s'en procurer une preuve par écrit.

Il en est de même lorsque, dans le temps d'une émeute on d'une incursion d'ennemis, je détourne par une porte de derrière mes meubles, que je confie au premier venu pour les sauver du pillage des ennemis ou des séditieux prêts à entrer dans ma maison ; ou lorsqu'un vaisseau étant échoué sur le rivage, je confie mes marchandises à la hâte à ceux qui se présentent : en tous ces cas il est évident qu'on n'a pas pu se procurer une preuve par écrit de ces dépôts ; c'est pour cela que l'ordonnance de 1667 en permet la preuve par témoins.

815. Par une raison semblable, la même ordonnance, au même titre, *art.* 4, permet la preuve par témoins des dépôts faits par les voyageurs aux hôtes et hôtesses des hôtelleries où ils logent ; car on ne dresse point d'actes par écrit de ces dépôts ; un hôte n'auroit pas le loisir de faire inventaire de toutes les choses que lui confient les voyageurs qui arrivent tous les jours et à tous moments chez lui.

ARTICLE VI.

QUATRIÈME PRINCIPE.

Celui qui a perdu par un cas fortuit la preuve littérale, doit être admis à la preuve testimoniale.

816. La même raison qui oblige d'admettre à la preuve testimoniale celui qui n'a pu s'en procurer une littérale, oblige aussi à y admettre celui qui, par un cas fortuit et imprévu, a perdu le titre qui lui servoit de preuve littérale.

Par exemple, si, dans l'incendie ou dans le pillage de ma maison, j'ai perdu mes papiers, parmi lesquels étoient des billets de mes débiteurs à qui j'avois prêté de l'argent, ou des quittances des sommes que j'avois payées à mes

créanciers; à quelque somme que puissent monter ces
billets et ces quittances, je dois être admis à la preuve par
témoins des sommes que j'ai prêtées, ou que j'ai payées,
parceque c'est par un cas fortuit et imprévu, et sans ma
faute, que j'ai perdu les billets et les quittances qui formoient la preuve littérale.

Je puis faire cette preuve par témoins, qui déposeront
avoir vu entre mes mains, avant l'incendie, les billets de
mes débiteurs, ou les quittances de mes créanciers, dont
ils connoissent l'écriture, et se souvenir de la teneur, ou
qui déposeront avoir quelque connoissance de la dette ou
du paiement.

Mais, pour que le juge puisse admettre cette preuve, il
faut que le cas fortuit qui a donné lieu à la perte des titres
qui formoient la preuve littérale, soit constant. Par exemple, dans l'espèce ci-dessus proposée, il faut qu'il soit
avoué entre les parties, que ma maison a été incendiée
ou pillée, ou que je sois en état de le prouver, pour que
je puisse être admis à la preuve testimoniale des prêts
d'argent ou des paiements dont je prétends avoir perdu
les billets ou les quittances dans l'incendie ou le pillage de
ma maison.

Si celui qui demande à être reçu à la preuve testimoniale allègue seulement qu'il a perdu ses titres, sans qu'il
y ait aucun fait de force majeure constaté, par lequel il les
ait perdus, il ne peut être reçu à la preuve testimoniale
que ces titres ont existé : autrement l'ordonnance qui défend la preuve par témoins, pour prévenir la subornation
des témoins, deviendroit illusoire; car il ne seroit pas plus
difficile à quelqu'un qui voudroit faire la preuve par témoins de quelque prêt ou de quelque paiement qu'il n'auroit pas fait, de suborner des témoins, qui diroient qu'ils
ont vu entre ses mains des obligations ou des quittances,
comme d'en suborner qui diroient qu'ils ont vu compter
l'argent.

ARTICLE VII.

Comment se fait la preuve testimoniale.

817. Lorsqu'un créancier demande à faire preuve de l'obligation qu'il prétend que l'autre partie a contractée envers lui, et pareillement lorsqu'un débiteur offre la preuve du paiement qu'il prétend avoir fait de la somme qui lui est demandée : si, suivant les principes établis dans les articles précédents, la preuve est admissible, le juge rend une sentence interlocutoire, par laquelle il permet à la partie de faire la preuve testimoniale qu'elle a offert de faire, sauf à l'autre partie à faire la preuve du contraire.

Cette sentence s'appelle un appointement à faire enquêtes. En exécution de cette sentence, les parties doivent, dans le temps et selon les formes prescrites par l'ordonnance de 1667, *tit.* 22, produire et faire entendre les témoins par le juge ou commissaire ; et il est dressé un acte de leur déposition, qu'on appelle *enquête.*

818. Pour que l'enquête contienne une preuve testimoniale du fait que la partie s'est chargée de prouver, il faut que ce fait soit attesté par les dépositions de deux témoins au moins, dont les dépositions soient valables.

Le témoignage d'un seul témoin ne peut faire une preuve, quelque digne de foi qu'il soit, et en quelque dignité qu'il soit constitué, *etiamsi præclaræ curiæ honore præfulgeat;* l. 9, *Cod. de Test.* Mais un témoin unique fait une semi-preuve, laquelle étant soutenue du serment, peut quelquefois, dans des matières très légères, compléter la preuve.

C'est sur ce principe que notre coutume d'Orléans, *art.* 156, décide que, lorsque quelqu'un a laissé paître ses bêtes dans l'héritage d'autrui, et qu'elles y ont fait dommage, la preuve de l'obligation résultante de ce dommage peut se faire par un témoin et le serment du demandeur, pourvu qu'il ne prétende pas plus de vingt sous, si le dommage a été fait de jour, et de quarante sous, si le dommage a été fait de nuit. *Voyez* les articles 160 et 161.

Lorsqu'une personne prétend avoir deux différentes créances, à la preuve desquelles il a été admis, il faut qu'il prouve chaque créance par la déposition de deux témoins. S'il avoit fait entendre deux témoins, dont l'un en attestât une, et l'autre attestât l'autre, chacune n'étant attestée que par un témoin unique, il n'auroit fait la preuve d'aucune.

Il en seroit de même si un débiteur avoit été admis à la preuve de différents paiements ; il faudroit que chaque paiement fût prouvé par deux témoins.

Quid, si j'ai été admis à la preuve d'une seule créance, et que pour la prouver j'aie fait entendre plusieurs témoins, qui déposent chacun de faits différents justificatifs de cette créance, et que chacun desdits faits ne soit attesté que par un témoin unique ; la réunion de tous ces témoins singuliers de chaque fait formera-t-elle une preuve complète de la créance ? Par exemple, si j'ai été admis à prouver que je vous ai prêté dix pistoles ; qu'un témoin dépose avoir été présent au prêt, et m'avoir vu vous compter l'argent ; qu'un second dépose vous avoir entendu me faire l'aveu de la dette ; ces deux témoins singuliers de chaque fait formeront-ils une preuve du prêt ? *Cravett. de antiq. temporum, au tom.* 17 *de Tractat. p.* 175, *n.* 15, *et seq.*, décide pour l'affirmative. La raison est que l'aveu que vous m'avez fait du prêt, supposant le prêt, la déposition du second témoin conspire avec le premier pour attester le prêt. Ils déposent l'un et l'autre avoir connoissance du prêt : le prêt, qui est l'unique fait à la preuve duquel j'ai été admis, se trouve donc attesté par deux témoins, et par conséquent pleinement prouvé.

Il en seroit de même si aucun des témoins n'avoit été présent au prêt, et que le premier témoin déposât d'un aveu que vous m'avez fait de ce prêt en sa présence dans un certain temps, et le second, d'un autre aveu que vous m'en avez fait en sa présence dans un autre temps : le prêt seroit pleinement prouvé par les dépositions des deux témoins ; car ils se réunissent l'un et l'autre à déposer qu'ils ont connoissance de ce prêt : le temps dans lequel vous en avez fait l'aveu étant indifférent pour la foi qu'il doit faire du prêt, il doit être indifférent qu'ils déposent d'un aveu fait dans le même temps, ou qu'ils déposent de différents aveux faits en différents temps : il suffit qu'ils déposent l'un et l'autre qu'ils ont connoissance du prêt. Il est indifférent de quelle manière ils ont eu cette connoissance ; il est indifférent que ce soit un même aveu fait en leur présence, ou différents aveux faits en la présence de chacun d'eux, qui leur aient procuré cette connoissance.

819. Quoique deux témoins suffisent pour faire la preuve d'un fait, néanmoins, comme la partie qui a été admise à la preuve n'est pas assurée de ce que les témoins déposeront, elle en peut faire entendre jusqu'à dix sur un même fait : l'audition de ceux qu'elle auroit fait entendre au-delà de ce nombre, ne doit pas passer dans la taxe des dépens qui lui auroient été adjugés. *Ordonn. de* 1667, *t.* 22, *art.* 21.

820. Pour qu'une déposition soit valable, il faut, 1º qu'elle ne pèche pas dans la forme ; autrement elle est déclarée nulle, et le juge n'y a aucun égard. *Voyez* sur ces formes l'ordonnance de 1667, *tit.* 22.

Observez que lorsque la déposition du témoin a été déclarée nulle par le fait du juge, qui a manqué à quelqu'une des formes prescrites pour l'audition des témoins, la partie qui a produit ce témoin est admise à le faire entendre de nouveau ; *tit.* 22, *art.* 36 : mais lorsque la nullité procède de la partie, qui a manqué à quelqu'une des procédures prescrites pour la confection des enquêtes, elle ne peut plus le faire entendre.

Pour qu'une déposition soit valable, il faut, 2º qu'elle n'ait pas été rejetée pour quelque cause de reproche contre la personne du témoin. Nous verrons en l'article suivant quelles sont les causes de reproche.

821. Pour qu'une déposition soit valable, il faut, 3° qu'elle ne contienne rien en elle-même qui en fasse suspecter la sincérité. C'est pourquoi une déposition doit être rejetée lorsqu'elle contient des contradictions ou des choses hors de vraisemblance.

Il faut sur-tout, pour qu'une déposition soit valable, que le témoin qui dit avoir connoissance du fait explique comment il a cette connoissance; *l. 4, Cod. de Test. Barth. ad d. l.* Par exemple, si je veux prouver que vous m'avez vendu une telle chose, il ne suffit pas que le témoin dise en termes vagues, qu'il a connoissance que vous m'avez vendu cette chose; il faut qu'il explique comment il a cette connoissance, en disant, par exemple, qu'il étoit présent au marché, ou en disant qu'il vous a entendu dire que vous m'avez fait cette vente : s'il disoit qu'il le sait pour l'avoir entendu dire à un tiers, sa déposition ne feroit pas de preuve.

822. La preuve qu'une partie a faite par la déposition de deux ou de plusieurs témoins qui ont attesté le fait par elle avancé, n'est valable qu'autant qu'elle ne se trouve pas détruite par l'enquête de l'autre partie, qui, de son côté, a produit des témoins qui ont attesté le contraire. Par exemple, si sur une demande en réparation d'injures, j'ai fait entendre des témoins qui ont dit qu'ils étoient présents à la querelle, et que vous m'avez dit telles et telles injures que je n'ai pas repoussées ; et que, de votre côté, vous en ayez fait entendre qui ont dit que c'est moi qui vous ai dit des injures que vous n'avez pas repoussées, les enquêtes, en ce cas, se détruisent mutuellement, et il n'en résulte de part et d'autre aucune preuve.

Mais si mes témoins étoient en beaucoup plus grand nombre que les vôtres; ou bien si les miens étoient de bons bourgeois, gens d'une probité reconnue, et que les vôtres fussent des gens de la lie du peuple, la preuve qui résulte de mon enquête devroit prévaloir, et ne seroit pas détruite par la vôtre. *Arg. l. 3, §. 2, ff. de test. Numerus testium, dignitas et auctoritas confirmat rei de quâ quæritur fidem.*

ARTICLE VIII.

De la qualité des témoins, et des reproches qu'on peut proposer contre leurs personnes.

823. On n'exige pas dans les témoins qui sont produits en justice pour faire la preuve d'un fait, toutes les qualités qui sont requises dans ceux qu'on appelle pour être présents à la confection des actes pour la solennité de l'acte : les femmes, les étrangers non naturalisés, les religieux profès sont admis à déposer en justice. La raison de cette différence est qu'on a le choix des témoins qu'on appelle pour la solennité des actes, au lieu qu'on ne peut produire, pour déposer d'un fait, que ceux qui en ont connoissance.

Les causes de reproche qu'on peut opposer contre la personne d'un témoin pour faire rejeter sa déposition, peuvent se rapporter à quatre chefs; le défaut de raison, le défaut de bonne fame, la suspicion de partialité, et la suspicion de subornation.

Du défaut de raison.

824. Il n'est pas douteux que la déposition d'un enfant et celle d'un insensé doivent être rejetées.

A l'égard des impubères qui approchent de la puberté, et qui par conséquent commencent à avoir quelque usage de raison, leurs dépositions ne doivent pas être rejetées indistinctement; mais cela doit être laissé à la prudence du juge, qui peut admettre la déposition de ces personnes, lorsqu'elle est bien circonstanciée, et que le fait sur lequel elles ont rendu témoignage n'est pas au-dessus de la portée de leur jugement.

Ceux qui prétendent rejeter indistinctement la déposition des impubères, se fondent sur la loi 3, §. 5, ff. *de testibus,* qui défend d'admettre la déposition des impubères dans l'accusation capitale de violence publique; mais je ne pense pas qu'on en doive faire une décision générale, et l'étendre aux matières civiles.

Du défaut de bonne fame.

825. Les dépositions de ceux qui ont encouru l'infamie par quelque condamnation, doivent être rejetées. L'ordonnance de 1667, *tit.* 23, *art.* 2, le suppose.

Non seulement la perte de l'état de bonne fame, mais la simple suspension de cet état, qui résulte d'un décret de prise de corps rendu contre une personne, doit faire rejeter sa déposition; parceque, pour qu'un témoin soit digne de foi, il ne suffit pas qu'il soit exempt de crime, il faut encore qu'il soit exempt de tout soupçon légitime.

Il en est de même d'un décret d'ajournement personnel, lorsque le titre d'accusation sur lequel il est rendu peut être susceptible d'une peine infamante.

L'ordonnance de 1667, en l'article ci-dessus cité, met les décrets, aussi bien qae les condamnations, au rang des actes qui servent de fondement aux reproches des témoins.

Du soupçon de partialité.

826. Le soupçon de partialité est une juste cause du reproche qui fait rejeter la déposition des témoins : les témoins, pour être dignes d'une pleine foi, doivent être entièrement désintéressés.

C'est sur ce fondement qu'on rejette les dépositions, 1° de ceux qui ont quelque intérêt personnel à la décision de la cause, quoiqu'ils ne soient pas parties au procès.

Par exemple, si, en conséquence d'un commencement de preuve par écrit, j'ai été admis à faire preuve testimoniale que vous m'aviez vendu un certain héritage, la déposition des seigneurs de qui l'héritage relève doit être rejetée, parcequ'ils ont intérêt à la décision de la cause, à cause des profits qui leur seroient dus, s'il étoit jugé qu'il y a eu une vente.

827. 2º Sur le même fondement, on rejette la déposition des témoins qui sont parents ou alliés de l'une ou de l'autre des parties, ou des deux, jusqu'au quatrième degré de la ligne collatérale inclusivement. *Ordonnance de 1667, tit. 22, art. 11.*

Observez que les parents et alliés d'une partie ne peuvent déposer ni en sa faveur, ni même contre elle, les parentés et alliances faisant soupçonner ou une amitié ou une haine contraire à l'impartialité. *Sunt apud concordes excitamenta charitatis, inter iratos verò incitamenta odiorum.* C'est la raison qui est rapportée dans le procès-verbal de l'ordonnance.

Il paroît par ce procès-verbal que cette disposition de l'ordonnance souffrit beaucoup de difficulté, et passa contre l'avis de M. le premier président et des autres magistrats du parlement. Par le droit romain, il n'y avoit que les pères et mères et les enfants qui n'étoient pas admis à porter témoignage les uns contre les autres; l. 6, *Cod. de test.*; l. 9, ff. *h. tit.* Tous les parents de la ligne collatérale y étoient admis; sauf que dans les accusations criminelles on ne forçoit pas les parents, jusqu'au degré des enfants des cousins issus de germain, à porter témoignage contre leurs parents; l. 4, ff. *d. tit.*

828. 3º Sur le même fondement, on rejette assez ordinairement les dépositions des serviteurs et domestiques de l'une ou de l'autre des parties. J'ai dit assez ordinairement; car l'ordonnance n'ayant pas fait une défense absolue d'admettre ces dépositions, comme elle a fait à l'égard des parents et des alliés, mais s'étant contentée d'ordonner qu'il seroit fait mention dans la prémisse de chaque déposition, si le témoin étoit serviteur ou domestique des parties, elle donne à entendre qu'elle laisse à la prudence du juge d'y avoir égard, s'il le juge à propos, et de les admettre ou de les rejeter selon les différentes circonstances.

On appelle *serviteurs*, des gens que nous avons à nos gages pour nous rendre tous les services que nous leur commandons de nous rendre, quoiqu'ils soient préposés principalement à une certaine espèce de service.

On peut être ainsi serviteur sans être domestique; tels sont un jardinier ou un garde-chasse qu'un homme domicilié en ville a dans ses terres. Ils ne sont pas proprement ses domestiques, puisqu'ils ne demeurent pas avec lui, et ne sont pas à sa table; mais ils sont ses serviteurs, puisqu'il les a à ses gages, et qu'il peut leur commander, lorsqu'il est à sa terre, de lui rendre tous les services auxquels ils peuvent être propres.

En cela ces personnes diffèrent de ceux avec qui nous avons un marché pour nous faire un certain ouvrage pour une certaine somme, tels que sont nos vignerons : ceux-ci ne sont pas proprement nos serviteurs, et nous n'avons pas droit de leur commander, ni d'exiger d'eux autre chose que l'ouvrage qu'ils sont obligés de faire. C'est pourquoi dans l'usage on reçoit le témoignage des vignerons d'une partie.

On appelle *domestiques*, les personnes qui demeurent en notre maison et mangent notre pain, soit que ces personnes soient en même temps nos serviteurs, tels que sont des laquais, des cochers, cuisiniers, valets-de-chambre, maîtres-d'hôtel, etc.; soit que ces personnes ne soient pas proprement des serviteurs, pourvu que nous ayons néanmoins sur eux quelque autorité; tels que sont des apprentis, des clercs de procureur, etc.

Les dépositions des serviteurs ou des domestiques sont sur-tout rejetées, lorsqu'ils sont entendus pour et à la requête de leurs maîtres. On cite à cet égard la loi 6, ff. *de test.*, qui dit : *Idonei non videntur esse testes, quibus imperari potest ut testes fiant.* Cette loi ne reçoit pas néanmoins une application parfaite. Cela est dit des esclaves et des fils de famille, qui étoient soumis à une puissance à laquelle il n'étoit pas en leur pouvoir de se soustraire, au lieu que nos serviteurs sont des personnes libres.

C'est sur le même fondement de soupçon de partialité, qu'on ne doit pas recevoir dans une cause le témoignage de l'avocat ni du procureur de l'une ou de l'autre des parties; l. 25, ff. *de test.*

Leur témoignage seroit suspect de partialité s'ils étoient témoins en faveur de leurs parties; et il y auroit de l'indécence à les admettre à être témoins contre leurs parties.

Par la même raison, un tuteur, un curateur qui est partie en cette qualité pour son mineur ou son interdit, ne peut être témoin ni pour ni contre lui; des fabriciers, des administrateurs d'hôpitaux, et autres personnes semblables, ne peuvent être témoins ni pour ni contre la fabrique ou l'hôpital.

Mais les parents, même les enfants de ces personnes, qui ne sont parties qu'en nom qualifié de tuteurs, ou curateurs, ou administrateurs, et pareillement leurs serviteurs et leurs domestiques, peuvent être témoins; car ces personnes ne sont pas proprement parties; c'est le mineur, l'interdit, la fabrique, l'hôpital, qui est partie par leur ministère.

Par la même raison, lorsqu'un corps est partie, les membres de ce corps ne doivent pas être reçus à porter témoignage : ce témoignage seroit suspect de partialité s'ils étoient témoins pour leur corps, et il seroit indécent qu'on les obligeât à être témoins contre leur corps.

Mais comme chaque membre d'un corps, étant une personne distinguée du corps, suivant la régle, *Universitas distat à singulis,* 7, §. 1, ff. *quod cuj. univ.,* ne peut être censée partie; rien n'empêche que les parents, alliés, serviteurs et domestiques de chacun des membres du corps puissent être admis à porter témoignage dans les causes où le corps est partie.

829. 5° Le soupçon de partialité fait aussi rejeter ordinairement les dépositions des témoins qui seroient en procès avec la partie contre qui ils sont produits. La raison est qu'on plaide rarement sans aigreur, et que les procès causent pour l'ordinaire des inimitiés entre les parties plaidantes.

Comme ce sont sur-tout les procès criminels qui causent

de grandes inimitiés, il n'est pas douteux qu'on doit rejeter la déposition d'un témoin qui a un procès criminel,
soit comme accusé, soit comme accusateur, contre la partie
contre laquelle il est produit. Cela est conforme à la Novelle 90, *cap.* 7. A l'égard des procès civils, je pense qu'on
ne doit pas les regarder indistinctement comme une cause
suffisante de reproche. Si le législateur l'eût voulu, il s'en
seroit expliqué, comme il a fait à l'égard des parentés et
alliances; ne l'ayant pas fait, il est à présumer qu'il a voulu
laisser à la prudence du juge d'admettre ou non le reproche, suivant les circonstances. Par exemple, il admettra
le reproche si le procès est un procès où il s'agisse de
toute la fortune, *lis de omnibus bonis;* car l'aigreur qui résulte des procès est ordinairement d'autant plus grande
que l'intérêt est plus grand. Le reproche doit être encore
admis, quoique l'objet du procès ne soit pas considérable,
si c'est un procès dans lequel on attaque la bonne foi et
la probité d'une partie; mais lorsqu'un procès est de peu
de conséquence, que la probité des parties n'est point attaquée, et qu'il ne roule que sur de simples questions de
droit, je ne pense pas qu'il doive être une cause suffisante
de reproche contre le témoin qui a ce procès avec la partie
contre laquelle il est produit. De tels procès ne sont pas
de nature à causer des inimitiés; quand ils causeroient
quelque aigreur, ce ne pourroit être qu'une aigreur légère;
et ce seroit bien mal présumer des hommes, que de soupçonner qu'une aigreur légère qu'auroit un témoin contre
une partie, pût altérer la sincérité de son témoignage,
qu'il rend sous la religion du serment.

Le juge doit sur-tout faire grande attention si le procès
que la partie a fait à un témoin qui est produit contre elle,
et dont elle veut faire contre lui un moyen de reproche,
n'est pas un procès qu'elle paroisse avoir affecté de faire à
ce témoin dans un temps où elle prévoyoit qu'on le feroit
entendre contre elle, dans la vue de s'en faire un moyen
de reproche. Lorsque cela paroît, le juge ne doit avoir
aucun égard à ce reproche.

Si le procès que le témoin a contre la partie contre laquelle il est produit, est souvent une cause de reproche, par la même raison c'en est une, si ce témoin est saisi et exécuté en ses biens par cette partie; car une telle saisie est encore plus propre qu'un procès à causer une inimitié.

Du soupçon de subornation.

830. Le soupçon légitime de subornation est aussi une juste cause de reproche qui doit faire rejeter la déposition d'un témoin. Il y a lieu à ce soupçon, et l'on rejette la déposition de ce témoin, lorsqu'il est prouvé et avoué que la partie qui le produit lui a fait, depuis l'appointement, quelque présent, ou lui a donné à manger et à boire chez elle ou au cabaret, à ses dépens; mais si le témoin avoit mangé avec la partie sans être défrayé, il n'y auroit pas lieu à ce reproche.

C'est aussi une forte présomption de subornation, lorsqu'il est prouvé que la partie qui produit le témoin lui a dressé par écrit sa déposition. *Voyez l'arrêt au tome V du Journal, cité par M. Jousse, sur l'art. 1 du tit. 23 de l'ordonnance de 1667.*

CHAPITRE III.

De la confession, des présomptions et du serment.

SECTION PREMIÈRE.

De la confession.

La confession est ou judiciaire, ou extrajudiciaire.

§. I. De la confession judiciaire.

831. La confession judiciaire est l'aveu qu'une partie fait devant le juge d'un fait sur lequel elle est interrogée, et dont le juge donne acte.

Les confessions ou aveux que font les parties par des actes de procédure signifiés dans le cours d'une instance, peuvent aussi passer pour une espéce de confession judiciaire, lorsque le procureur a un pouvoir de sa partie de les faire; et il est censé l'avoir tant qu'il n'est pas désavoué.

832. La confession judiciaire faite par une personne capable d'ester en jugement, fait une pleine foi du fait qui est confessé, et décharge l'autre partie d'en faire la preuve. C'est pourquoi si un débiteur, assigné pour payer une dette, confesse devoir la chose ou la somme qui lui est demandée, le créancier demandeur est déchargé de faire la preuve de la dette; et il peut, sur cette confession, obtenir contre son débiteur un jugement de condamnation. *Vice versâ*, si le créancier qui a un titre de créance, est convenu en jugement des paiements que le débiteur soutient lui avoir faits, ces paiements demeurent pour constants, et le débiteur est déchargé d'en faire la preuve.

833. Observez que lorsque je n'ai d'autre preuve que votre confession, je ne puis la diviser. Supposons, par exemple, que j'aie donné une demande contre vous pour une somme de 200 liv. que je soutiens vous avoir prêtée, et dont je vous demande le paiement : si sur cette demande vous êtes convenu en justice du prêt, en ajoutant que vous m'avez rendu cette somme, je ne puis tirer de votre confession une preuve du prêt, qu'elle ne fasse en même temps foi du paiement ; car je ne puis m'en servir contre vous qu'en la prenant telle qu'elle est, et en son entier. *Si quis confessionem adversarii allegat, vel depositionem testis, dictum cum suâ quantitate approbare tenetur;* Bruneman, *ad l.* 28, ff. *de pact.*

834. La preuve qui résulte de la confession contre celui qui l'a faite, n'est pas telle qu'elle ne puisse la détruire, en prouvant l'erreur qui y a donné lieu; et en cela cette preuve est moindre que celle qui résulte de la présomption *juris et de jure*, dont nous traiterons dans les sections suivantes, laquelle exclut toute preuve du contraire.

Si, par exemple, je vous ai demandé en justice une

somme de 200 liv. que je prétendois avoir prêtée à votre père, duquel prêt je ne produisois pour toute preuve qu'une lettre par laquelle votre père m'avoit prié de lui faire ce prêt, et que sur cette demande vous soyez convenu me devoir cette somme, cette confession forme contre vous une preuve de cette dette; et au lieu qu'avant cette confession, vous pouviez obtenir congé de ma demande sans rien prouver, en disant simplement que vous n'avez aucune connoissance du prêt, que la lettre par moi produite ne justifie pas suffisamment; au contraire, depuis votre confession, j'ai contre vous, par votre confession, une preuve suffisante pour vous faire condamner à me payer cette somme; à moins que de votre part vous ne rapportiez des preuves que le prêt n'a pas été fait, et que c'est par erreur que vous en êtes demeuré d'accord. Comme si, par exemple, vous rapportiez ma lettre, par laquelle j'aurois répondu à votre père que je ne pouvois pas lui faire le prêt qu'il me demandoit, et que vous assurassiez ne l'avoir trouvée que depuis votre confession, l'erreur de votre confession étant justifiée par cette lettre, détruit cette confession, et la preuve qui en résultoit : car, de même qu'un consentement formé par l'erreur n'est pas un vrai consentement, suivant cette règle de droit, *Non videntur qui errant consentire*; l. 116, §. 2, ff. *de R. J.*; de même une confession à laquelle l'erreur a donné lieu n'est pas une vraie confession : *Non fatetur qui errat*; l. 2, *de confessis*.

Observez que l'erreur d'une confession ne peut être justifiée que par la preuve de quelque fait, dont la connoissance n'est survenue à celui qui l'a faite que depuis qu'il l'a faite, comme dans l'espèce ci-dessus rapportée; mais celui qui a fait une confession ne peut la détruire en alléguant que c'est une ignorance de droit en laquelle il étoit lorsqu'il a fait la confession qui y a donné lieu; car c'est sa faute de ne s'être pas fait instruire auparavant : c'est pourquoi la loi 2, ci-dessus citée, après avoir dit, *Non fatetur qui errat*, ajoute, *nisi jus ignoravit*.

Cette distinction entre l'erreur de droit et l'erreur de fait paroîtra par l'exemple suivant. Supposons qu'un mineur en âge de tester, a légué une somme considérable à son précepteur : l'héritier assigné est convenu devoir à ce précepteur la somme portée au testament. Si depuis cet héritier a recouvré un codicille portant révocation du legs, sa confession, à laquelle l'ignorance de ce codicille, qui est une erreur de fait, avoit donné lieu, sera détruite; mais si le legs n'a pas été révoqué, et qu'il dise seulement que c'est par erreur qu'il est convenu devoir la somme portée au testament, parcequ'il ignoroit alors la loi qui défend aux mineurs de léguer à leurs précepteurs; cette erreur par lui alléguée, étant une erreur de droit, il ne sera pas écouté à la proposer; et la preuve qui résulte de sa confession subsistera.

Il nous reste à observer que lorsqu'un défendeur qui a confessé devoir la somme qui lui est demandée, veut prouver l'erreur de la confession; si la preuve des faits par lesquels il veut justifier cette erreur a besoin d'une longue discussion, le demandeur peut le faire condamner à payer provisionnellement la somme qu'il a confessé devoir; car jusqu'à ce qu'il ait fait la preuve de ces faits, la preuve qui résulte de sa confession subsiste, et doit faire accorder la provision au demandeur.

§. II. De la confession extrajudiciaire.

835. La confession extrajudiciaire est celle qui se fait hors justice.

Nous n'entendons pas parler ici de la confession que font les parties de leurs obligations par l'acte du contrat d'où elles naissent, ou par des actes de titre nouvel et de reconnoissance, qui sont passés exprès pour cela. Nous avons traité, au chapitre premier, de la preuve que font ces actes.

Les confessions de la dette, dont nous parlons ici, sont celles que fait le débiteur, soit dans une conversation, soit par une lettre missive, ou qui se trouvent incidemment dans quelque acte qui n'a pas été passé exprès pour cela. Dumoulin distingue celles que mon débiteur a faites à moi-même, et celles qu'il a faites à des tiers hors de ma présence.

Lorsque c'est à moi-même que le débiteur a confessé la dette, et que sa confession exprime la cause de la dette, cette confession fait une preuve complète de la dette; mais si elle a été faite d'une manière vague, et sans exprimer la cause, elle ne forme, selon cet auteur, qu'une preuve imparfaite, qui a besoin d'être complétée par le serment supplétoire que le juge doit me déférer.

Lorsque la confession a été faite à quelqu'un qui me représentoit, comme à mon tuteur, à mon curateur, à mon procureur, etc., c'est la même chose que si elle avoit été faite à moi-même.

Lorsqu'elle a été faite à un tiers hors de ma présence, elle ne fait qu'une preuve imparfaite, qui doit être complétée par le serment supplétoire. Telles sont les distinctions que fait Dumoulin, *ad* l. 3, *Cod. de reb. cred.*

Ces principes de Dumoulin me paroissent avoir encore besoin d'une distinction. Lorsque mon débiteur, qui est convenu hors justice me devoir une certaine somme, nie, quand il est assigné pour la payer, avoir contracté envers moi la dette de cette somme, la confession qu'il en a faite ci-devant le convainc de mensonge, et établit la preuve de la dette dont je lui demande le paiement, sans qu'il puisse être ensuite écouté à alléguer, sans preuve, qu'il a payé cette somme, dont il a d'abord nié avoir jamais été débiteur.

Mais si mon débiteur assigné est convenu m'avoir effectivement dû cette somme, mais soutient me l'avoir payée depuis qu'il est convenu me la devoir, soit que sa confession ait été faite à un tiers, soit qu'elle ait été faite à moi-même, soit qu'elle ait été faite dans une conversation, soit qu'elle se trouve dans une lettre missive, ou dans quelque autre acte qui n'ait pas été fait pour me servir de preuve de la dette, elle ne fera aucune preuve que la somme me soit encore due aujourd'hui.

A l'égard de ce que dit Dumoulin, que la confession faite à un tiers ne fait qu'une preuve imparfaite de la dette, observez qu'il y a certains cas où elle doit en faire une preuve complète.

Guthierez, *de contr. jura*, *q.* 54, *n.* 5, rapporte pour exemple le cas où le débiteur, en faisant cet aveu à des tiers, dit qu'il le fait pour la décharge de sa conscience. Par exemple, si un malade fait venir deux personnes auxquelles, dans la crainte où il est d'être surpris par la mort, il déclare qu'il me doit une somme de 100 liv. que je lui ai prêtée sans billet, une telle confession, quoique faite à des tiers, me paroît faire une preuve complète de la dette.

Lorsque mon débiteur, dans un inventaire pour dissoudre une société, comprend dans le passif la dette dont il est tenu envers moi, cette confession, quoique faite hors de ma présence, me paroît aussi devoir faire une preuve complète de la dette.

Si la confession extrajudiciaire que le débiteur a faite de la dette en présence et sur le requis du créancier, fait une preuve complète de la dette, à plus forte raison la confession extrajudiciaire du paiement, faite par le créancier en présence et sur le requis du débiteur, fait une preuve parfaite du paiement; car la libération étant favorable, elle doit se prouver plus facilement que l'obligation. Il en est de même si cet aveu a été fait par le créancier, en présence de quelqu'un qui l'avoit requis de la part du débiteur; car c'est comme s'il avoit été fait en présence de la personne même du débiteur. *Guthierez, ibid.*

Il y a même des docteurs cités par Guthierez, qui pensent que la confession extrajudiciaire du paiement faite par le créancier, quoiqu'en l'absence du débiteur, fait une preuve complète du paiement; mais Guthierez pense qu'elle ne fait qu'une preuve imparfaite. Cela doit beaucoup dépendre des circonstances.

836. Celui qui veut prouver sa demande par la confession extrajudiciaire de la dette, ou ses défenses par la confession qu'il prétend que le demandeur a faite du paiement ou de la remise de la dette, doit justifier cette confession. Elle peut se justifier ou par quelque écrit, ou par des témoins. Si néanmoins le fait que j'entends prouver par votre confession extrajudiciaire étoit un fait dont la preuve testimoniale ne fût pas admissible, je ne pourrois être admis à la preuve testimoniale de votre confession. Par exemple, si je vous demande la restitution d'un certain livre de la valeur de plus de 100 liv. que je prétends vous avoir prêté, et que je mette en fait que vous êtes convenu du prêt en présence de témoins, je ne serai pas admis à prouver par témoins cette confession, parceque ce seroit m'admettre indirectement à la preuve testimoniale du prêt d'une chose qui vaut plus de 100 liv., ce que l'ordonnance défend.

837. Pour que la confession fasse une preuve contre celui qui l'a faite, il faut que celui qui l'a faite soit capable de s'obliger; la confession d'une femme non autorisée de son mari, ou d'un mineur, ne fait pas de preuve.

838. La confession fait preuve non seulement contre celui qui l'a faite, mais encore contre ses héritiers : néanmoins si quelqu'un avoit confessé devoir à une personne à qui les lois défendent de donner, cette confession ne fera pas contre eux preuve de la dette, à moins que les causes de la dette ne soient bien circonstanciées. C'est le cas de la maxime, *Qui non potest donare, non potest confiteri.*

839. La confession tacite doit avoir le même effet que la confession expresse. C'est pourquoi le paiement que fait une personne, étant une confession tacite de sa part qu'il devoit la chose qu'il a payée, il résulte de ce paiement une preuve contre lui, que la chose qu'il a payée étoit effectivement due.

Si donc il veut répéter cette chose comme l'ayant payée indûment, celui qui l'a reçue n'est point chargé de prouver qu'elle lui fût due effectivement ; il en a une preuve suffisante, qui résulte de la confession tacite que renferme le paiement qui lui a été fait ; c'est à celui qui a fait le paiement à justifier l'erreur. C'est la décision de la loi 25, ff. *de probat.*

Néanmoins Paul, de qui est cette loi, y apporte deux exceptions. La première est que si celui à qui la chose a été payée, étant assigné en répétition, a commencé par dénier le paiement qui lui en a été fait, et que ce paiement ait été depuis justifié, il doit être obligé à prouver que la chose qui lui a été payée lui étoit effectivement due. La raison de cette exception est que la présomption contre la vérité de la dette, qui résulte de la fausse dénégation qu'il a faite du paiement qui lui en a été fait, détruit la présomption de la vérité de cette dette qui résultoit du paiement.

Paul rapporte une seconde exception en faveur des mineurs, des femmes, des soldats, des gens de campagne. Comme ces gens sont faciles à surprendre, il trouve à propos que celui qui a reçu d'eux quelque chose en paiement, soit tenu de prouver que la chose étoit effectivement due. Cette exception ne me paroît pas devoir être admise indistinctement ; elle doit beaucoup dépendre des circonstances.

SECTION II.

Des présomptions.

840. On peut définir la présomption, un jugement que la loi ou l'homme porte sur la vérité d'une chose, par une conséquence tirée d'une autre chose. Ces conséquences sont fondées sur ce qui arrive communément et ordinairement : *Præsumptio ex eo quod plerumquè fit. Cujac. in parat. ad tit. cod. de probat. et præs.*

Par exemple, la loi présume qu'une dette a été payée, lorsque le créancier a rendu au débiteur son billet, parceque communément et ordinairement le créancier ne remet au débiteur son billet qu'après le paiement de la dette.

Alciat dit que ce terme *præsumptio, présomption*, dérive de *sumere* et de *præ*, parceque SUMIT *pro vero, habet pro vero*, elle fait tenir quelque chose pour vrai, PRÆ, *id est antequàm aliundè probetur*, sans qu'il soit besoin d'en faire d'autre preuve.

La présomption diffère de la preuve proprement dite : celle-ci fait foi directement et par elle-même d'une chose; la présomption en fait foi par une conséquence tirée d'une autre chose. Ceci s'éclaircira par des exemples. La foi que fait l'acte portant quittance du paiement d'une dette, est une *preuve littérale* du paiement de cette dette : la foi que font les dépositions des témoins qui ont vu le créancier recevoir de son débiteur la somme qui lui étoit due, en est une *preuve vocale;* car la quittance et ces dépositions de témoins font foi par elles-mêmes et directement de ce paiement. Mais la foi que les quittances des trois dernières années de ferme font du paiement des années précédentes, est une *présomption;* parceque ce n'est pas par elles-mêmes et directement que ces quittances en font foi, mais par une conséquence que la loi tire du paiement des trois dernières années, que les précédentes ont été payées, laquelle conséquence est fondée sur ce qu'il est ordinaire de payer les anciennes fermes avant les nouvelles.

Il y a dans la matière des obligations différentes espèces de présomptions : il y en a qui sont établies par une loi, qu'on appelle *présomptions de droit;* et d'autres qui ne sont établies par aucune loi, qu'on appelle *présomptions simples.* Entre les présomptions de droit, il y en a qui sont présomptions *juris et de jure;* les autres sont simplement présomptions de droit, *præsumptiones juris.*

§. I. Des présomptions *juris et de jure.*

841. 'Les présomptions *juris et de jure* sont celles qui

font tellement preuve, qu'elles excluent toute preuve qu'on voudroit faire du contraire. Alciat définit ainsi la présomption *juris et de jure* : *Est dispositio legis aliquid præsumentis, et super præsumpto tanquàm sibi comperto statuentis.* Elle est, dit Menoch. *Tr. de Præs.*, *lib.* 1, *q.* 3, appelée *præsumptio* JURIS, parceque *à lege introducta est;* ET DE JURE, parceque *super tali præsumptione lex inducit firmum jus, et habet eam pro veritate.*

842. Ces présomptions *juris et de jure* ont quelque chose de plus que la preuve littérale ou vocale, et même que la confession.

La preuve littérale, aussi bien que la vocale, peut être détruite par une preuve contraire; elle n'exclut pas celui contre qui elle milite, d'être écouté, et reçu à faire, s'il le peut, la preuve du contraire.

Par exemple, si le demandeur qui se prétend mon créancier d'une somme de 100 liv. qu'il prétend m'avoir prêtée, produit une obligation devant notaires, par laquelle j'ai reconnu qu'il me l'avoit prêtée; la preuve littérale qui résulte de cette obligation peut être détruite par une preuve contraire, et elle ne m'exclut pas d'être écouté à faire, si je le puis, la preuve du contraire, *putà* en rapportant une contre-lettre par laquelle le demandeur auroit reconnu que je n'ai pas reçu la somme portée par ladite obligation.

Il en est de même de la confession, quoique faite *in jure.* Nous avons vu en la section précédente, que la preuve qui en résulte peut être détruite par la preuve que peut faire celui qui l'a faite, que c'est une erreur qui y a donné lieu.

Au contraire, les présomptions *juris et de jure* ne peuvent être détruites, et la partie contre qui elles militent n'est pas admise à prouver le contraire, comme nous le verrons dans les sections suivantes.

La principale espèce de présomption *juris et de jure* est celle qui naît de l'autorité de la chose jugée : comme elle mérite d'être traitée avec étendue, nous la traiterons *ex professo* dans la section suivante.

La présomption qui naît du serment décisoire est aussi une espéce de présomption *juris et de jure*, dont nous traiterons en la quatrième section, où nous traiterons des serments.

§. II. Des présomptions de droit.

843. Les présomptions de droit sont aussi établies sur quelque loi, ou par argument de quelque loi ou texte de droit, et sont pour cela appelées *præsumptiones juris*. Elles font la même foi qu'une preuve, et elles dispensent la partie en faveur de qui elles militent, d'en faire aucune pour fonder sa demande ou ses défenses : mais, et c'est en cela qu'elles diffèrent des présomptions *juris et de jure*, elles n'excluent pas la partie contre qui elles militent, d'être reçue à faire la preuve du contraire ; et si cette partie vient à bout de la faire, elle détruira la présomption.

844. Lorsque deux personnes d'une même province, dont la coutume admet la communauté de biens entre homme et femme, y ont contracté mariage, il y a une présomption de droit qu'elles sont convenues d'une communauté de biens, telle que la coutume l'admet · la femme qui en conséquence demande part aux héritiers de son mari dans les biens qu'il a acquis, n'a pas besoin de faire aucune preuve de cette convention.

Cette présomption est établie par les dispositions des coutumes qui portent que *homme et femme sont uns et communs, etc.*; car c'est comme si elles disoient qu'ils sont présumés être convenus, qu'ils seroient uns et communs, etc. Elle est fondée sur ce qu'il est ordinaire en cette province que les personnes qui s'y marient conviennent d'une communauté ; d'où la loi a tiré la conséquence, que les parties qui s'étoient mariées sans s'être expliquées, devoient être présumées être tacitement convenues d'une communauté : *Præsumptio enim ab eo quod plerumquè fit.* Cette présomp-

2.

tion n'étant pas *juris et de jure*, elle dispense bien de faire la preuve de la convention de communauté, mais elle n'exclut pas la preuve du contraire, qui peut se faire par un contrat de mariage qui porte une clause d'exclusion de communauté.

845. C'est pareillement une présomption de droit, que dans notre ville d'Orléans les murs sont communs entre voisins, jusqu'à sept pieds au-dessus de terre. *Coutume d'Orléans*, art. 234.

Celui donc qui veut y appuyer quelque chose n'en peut être empêché par son voisin, et il n'est pas obligé d'apporter aucune preuve de son droit de communauté, qui se trouve suffisamment fondé sur la présomption établie par la coutume : mais cette présomption peut être détruite par la preuve que le voisin feroit par des titres, que le mur appartient à lui seul.

846. La loi 3, *Cod. de apoch. publ.* contient aussi une présomption de droit. Suivant cette loi, les quittances de trois années consécutives de tributs forment une présomption du paiement des années précédentes. Quoique cette loi n'ait été faite que pour les tributs, sa décision a été étendue aux arrérages de rentes, soit foncières, soit constituées, aux loyers, aux fermes, et autres semblables dettes annuelles : *nam ubi eadem ratio, idem jus statuendum est.* Cette décision est fondée sur ce qu'étant ordinaire d'exiger les anciennes dettes avant les nouvelles, les paiements des nouveaux arrérages plusieurs fois répétés doivent faire présumer le paiement des anciens. Elle est aussi fondée sur ce qu'on doit subvenir aux débiteurs, et ne les pas obliger à garder trop long-temps des quittances, et en trop grand nombre, de peur qu'ils n'en égarent quelqu'une. *Perez, ad dict. tit. cod.*

Il y en a qui vont jusqu'à dire que la quittance d'une seule année doit faire présumer le paiement de toutes les précédentes ; mais ce sentiment ne paroît pas autorisé.

Cette présomption n'a lieu que lorsque les arrérages ou fermes des années précédentes sont dus à la même personne qui a donné les quittances des trois dernières, et par les mêmes personnes à qui on les a données. Elle a encore d'autres exceptions. Voyez ce que nous en avons dit en notre Traité du Contrat de louage, *p.* 3, *ch.* 1, *art.* 3. Cette présomption n'étant pas *juris et de jure*, n'exclut pas le créancier contre qui elle milite, de faire la preuve que les anciens arrérages lui sont dus, et que, depuis les quittances des trois dernières années, le débiteur a reconnu devoir ces anciens arrérages.

847. La loi 2, §. 1, ff. *de pact.*, nous fournit encore un exemple d'une présomption de droit. Cette loi présume qu'une dette est acquittée, lorsque le créancier a rendu au débiteur son billet; elle est fondée sur ce qu'il n'est ni ordinaire ni vraisemblable qu'un créancier rende le billet avant qu'il soit acquitté : cette présomption, n'étant pas *juris et de jure*, n'exclut pas le créancier de faire preuve que la dette n'a pas été payée. Nous avons parlé de cette présomption *suprà*, *n.* 608.

La présomption de paiement qui résulte de ce que le billet du débiteur se trouve barré, *chirographum cancellatum*, est semblable à la précédente : c'est une présomption de droit; la loi 24, ff. *de prob.* la suppose. Elle est fondée sur ce que c'est un signe ordinaire de paiement, lorsqu'un billet se trouve barré; elle dispense le débiteur d'apporter d'autres preuves du paiement. Mais cette présomption peut être détruite par une preuve que le créancier feroit, que c'est par une erreur que le billet a été barré, et qu'il n'a point été réellement acquitté; l. 24, ff. *de probat.*; *putà*, si le créancier produisoit une lettre par laquelle le débiteur lui écrivoit en ces termes : « Je vous renvoie le billet de « feu mon père, que vous m'avez envoyé barré, comp- « tant sur la parole que je vous avois donnée de l'ac- « quitter; je suis au désespoir de ne pouvoir la te- « nir, etc. »

848. La présomption du paiement ou de la remise des profits, qui résulte de la réception en foi, faite sans ré- serve, est une autre espèce de présomption de droit : elle

est établie sur l'article 66 de notre coutume d'Orléans, et elle est fondée sur ce qu'il est ordinaire que le seigneur fasse cette réserve lorsqu'il n'a pas été payé des profits, et qu'il n'entend pas en faire remise. Cette présomption dispense le vassal de faire d'autres preuves du paiement des profits, et d'en rapporter quittance; mais elle n'exclut pas le créancier de faire la preuve que les profits lui sont encore dus, *putà*, par des lettres dans lesquelles le vassal auroit reconnu en être débiteur.

On pourroit rapporter encore plusieurs autres exemples : ceux qu'on a rapportés suffisent.

§. III. Des présomptions qui ne sont pas établies par une loi.

849. Il y a quelques unes de ces présomptions qui, sans être établies par aucune loi, sont assez fortes pour faire la même foi que les présomptions de droit, sauf à la partie contre qui elles militent, à faire la preuve du contraire. En voici un exemple assez ordinaire. Lorsqu'une partie désavoue le procureur qui a occupé pour elle sur une demande, si le procureur désavoué est porteur de l'exploit de demande, et que l'huissier qui a donné l'exploit ne soit pas désavoué; cet exploit dont il est porteur forme une présomption en faveur du procureur, qui équipolle à une preuve du mandat, et suffit pour lui faire donner congé du désaveu.

La présomption est encore plus forte si le procureur est aussi porteur des titres de la partie, sur lesquels on a fondé la demande; et la présomption qui résulte de ces titres empêche aussi la partie de pouvoir désavouer l'huissier. Pareillement, lorsque le procureur du défendeur est porteur des titres de sa partie qui ont servi à la défense de la cause, ces titres forment une preuve du mandat qu'il a eu d'occuper.

Ces présomptions dispensent bien le procureur d'apporter d'autres preuves du mandat; mais elles n'excluent pas le désavouant de faire, s'il le peut, la preuve qu'il n'a point chargé le procureur d'occuper. Comme s'il rap-

portoit une lettre de ce procureur conçue en ces termes :
« J'ai reçu les titres que vous m'avez envoyés pour con-
« sulter nos avocats ; je ne ferai rien sans vos ordres : » une
telle lettre, qui établit que les titres ne lui ont été envoyés
que pour consulter, et par laquelle il se soumet à attendre
des ordres pour former la demande, détruit la présomption du mandat d'occuper, qui résultoit de ce qu'il est porteur des titres.

Observez à l'égard des huissiers, que le titre dont l'huissier étoit porteur fait bien une présomption de son mandat
pour une assignation qu'il aura donnée en conséquence
de ce titre, ou pour un simple commandement qu'il aura
fait en vertu de ce titre ; mais il est très dangereux d'en
établir une présomption pour des saisies, exécutions et
ventes qu'il aura faites ; car nous voyons arriver tous les
jours que des huissiers, abusant d'une pièce qu'on leur a
remise pour faire un commandement, font, contre le gré
du créancier, des saisies qui ruinent en frais le débiteur,
et quelquefois le créancier.

Les autres présomptions que nous appelons *simples* ne
forment pas seules et par elles-mêmes une preuve ; elles
servent seulement à confirmer et à compléter la preuve
qui résulte d'ailleurs.

850. Quelquefois pourtant le concours de plusieurs de
ces présomptions réunies ensemble équipolle à une preuve.
Papinien, en la loi 26, ff. *de probat.* en rapporte un exemple.
Une sœur étoit chargée envers son frère de la restitution
d'un fidéicommis : après la mort du frère, il étoit question
de savoir si ce fidéicommis étoit encore dû par la sœur à
la succession du frère. Papinien décide qu'on doit présumer que le frère en avoit fait la remise à sa sœur ; et
cette présomption de la remise il la tire de trois circonstances ; 1° de l'union entre le frère et la sœur ; 2° de ce
que le frère avoit vécu fort long-temps sans demander le
fidéicommis ; 3° de ce qu'on rapportoit un très grand
nombre de comptes faits entre le frère et la sœur sur les
affaires respectives qu'ils avoient ensemble, dans aucun

desquels il n'y en avoit pas la moindre mention. Chacune, de ces circonstances prise séparément, n'auroit formé qu'une simple présomption, insuffisante pour faire décider que le défunt avoit remis la dette; mais leur réunion a paru à Papinien former une preuve suffisante de cette, remise.

SECTION III.

De l'autorité de la chose jugée.

L'espéce particulière de présomption *juris et de jure*, qui résulte de l'autorité de la chose jugée, nous a paru mériter d'être traitée en particulier dans cette section.

Nous y verrons, 1° quels sont les jugements qui ont l'autorité de la chose jugée; 2° quels sont les jugements qui sont nuls, et ne peuvent par conséquent avoir cette autorité; 3° quelle est l'autorité de la chose jugée; 4° à l'égard de quelles choses elle a lieu; 5° entre quelles personnes.

ARTICLE PREMIER,

Quels sont les jugements qui ont l'autorité de chose jugée.

851. Pour qu'un jugement ait l'autorité de *chose jugée*, et même pour qu'il puisse en avoir le nom, il faut que ce soit un jugement définitif qui contienne, ou une condamnation, ou un congé de demande : RES JUDICATA *dicitur quæ finem controversiarum pronuntiatione judicis accipit, quod vel condemnatione vel absolutione contingit;* l. 1, ff. de re jud.

Un jugement qui contient une condamnation provisionnelle ne peut donc avoir ni le nom ni l'autorité de *chose jugée;* car quoiqu'il donne à la partie qui l'a obtenu le droit de contraindre la partie condamnée à payer par provision la somme ou les choses portées par la condamnation, il ne met pas fin au procès, et ne forme pas une présomption *juris et de jure*, que cette somme ou ces choses sont dues; puisque la partie condamnée, après qu'elle a satisfait par provision à la condamnation, est reçue, dans le cours du procès au principal, à prouver qu'elles ne sont pas dues, et peut en conséquence faire révoquer le jugement. A plus forte raison, les sentences ou arrêts interlocutoires, qui ne contiennent ni condamnation ni congé de demande, ne peuvent avoir l'autorité de *chose jugée. Non vox omnis judicis, judicati continet auctoritatem*; l. 1, *Cod. de sent. et interloc.*

852. L'ordonnance de 1667, *tit.* 27, *art.* 5, rapporte trois cas dans lesquels les jugements définitifs ont l'autorité de *chose jugée.* Il y est dit : « Les sentences et juge- « ments qui doivent passer en force de *chose jugée,* sont « ceux rendus en dernier ressort, et dont il n'y a appel, « ou dont l'appel n'est pas recevable, soit que les parties « y eussent formellement acquiescé, ou qu'elles n'en eus- « sent interjeté appel dans le temps, ou que l'appel ait été « déclaré péri. »

Nous traiterons séparément de ces trois cas.

§. I.

PREMIER CAS.

Des jugements rendus en dernier ressort, et de ceux dont il n'y a pas d'appel.

853. L'ordonnance unit dans cet article, aux jugements rendus en dernier ressort, ceux dont il n'y a pas encore d'appel interjeté; parceque, tant qu'il n'y a pas encore d'appel, ils ont, de même que ceux rendus en dernier ressort, une espèce d'autorité de *chose jugée,* qui donne à la partie en faveur de qui ils ont été rendus, le droit d'en poursuivre l'exécution; et forme une espèce de pré- somption *juris et de jure,* qui exclut la partie contre qui ils ont été rendus, de pouvoir rien proposer contre, tant qu'il n'y a pas d'appel interjeté : mais cette autorité, et la présomption qui en résulte, ne sont que momentanées, et sont détruites aussitôt qu'il y a un appel interjeté.

Cela a lieu, quand même la sentence seroit du nombre de celles qui doivent s'exécuter par provision, nonobstant l'appel; car cette exécution provisoire ne donne, pendant l'appel, à ces sentences que l'effet des jugements provisionnels, lesquels, comme nous l'avons vu ci-dessus, n'ont pas l'autorité de *chose jugée.*

854. A l'égard des jugements rendus en dernier ressort, tels que sont les arrêts des cours souveraines, et en certains cas les sentences des juges présidiaux et des juges-consuls, lorsqu'ils sont définitifs, ils ont une autorité de *chose jugée* stable et perpétuelle.

Lorsque le jugement en dernier ressort est contradictoire, il a cette autorité aussitôt qu'il a été rendu; mais lorsqu'il a été rendu par défaut, à moins que ce ne soit à tour de rôle, la partie défaillante contre qui il a été rendu est reçue à y former opposition dans la huitaine, du jour de la signification du jugement faite à son procureur; ou, si elle n'avoit pas constitué procureur, du jour de la signification faite à sa personne ou à son domicile. Cette opposition détruit l'effet du jugement : c'est pourquoi ce n'est qu'après que la partie défaillante a laissé passer la huitaine sans former opposition, que les jugements rendus par défaut acquièrent une autorité de *chose jugée* stable et perpétuelle.

855. Les arrêts et jugements en dernier ressort ne peuvent jamais être attaqués par la voie ordinaire de l'appel; mais les arrêts peuvent l'être, en certains cas, par la voie extraordinaire de la requête civile.

Les jugements présidiaux rendus en dernier ressort peuvent pareillement être attaqués dans les mêmes cas par la voie d'une simple requête d'opposition, qui est aussi une voie extraordinaire, et qui ne diffère de la requête civile qu'en ce qu'elle n'exige pas les mêmes formalités qui sont requises pour la requête civile; telles que sont celles de consigner les amendes portées par l'article 16 du titre dernier de l'ordonnance de 1667, et d'attacher à la réquête une consultation d'anciens avocats, suivant l'article 13.

Ces requêtes n'arrêtant point l'exécution des arrêts et jugements en dernier ressort (*art.* 18), et la partie n'étant reçue à opposer contre le jugement d'autres moyens que ceux qui servent de fondement à la requête civile, sans qu'elle puisse être écoutée dans aucuns moyens du fond, *art.* 31, 37; il s'ensuit que les arrêts et jugements qui sont dans quelqu'un des cas pour lesquels il y a lieu à la requête civile ne laissent pas, jusqu'à ce qu'ils aient été rescindés par cette voie, d'avoir une autorité de *chose jugée*, mais qui n'est pas stable et perpétuelle, puisqu'elle peut être détruite par la rescision du jugement : elle ne devient telle que lorsque la partie a laissé passer le temps dans lequel on doit se pourvoir par cette voie, ou lorsqu'elle en a été déboutée; car, en ce cas, elle n'est plus reçue à se pourvoir de nouveau; *art.* 41.

856. L'ordonnance rapporte les différents cas dans lesquels il y a lieu à la requête civile : elle distingue à cet égard les majeurs et les mineurs, les particuliers et l'église.

Les causes pour lesquelles les particuliers, quoique majeurs, sont reçus à se pourvoir par requête civile, sont rapportées en l'article 34 du titre 35. Il y est dit : «*Ne* «*seront reçues autres ouvertures de requêtes civiles, à l'égard* «*des majeurs*, que, 1° *le dol personnel.*

C'est-à-dire, lorsque la partie en faveur de qui le jugement a été rendu a employé le dol et l'artifice pour le faire rendre, *putà*, en supprimant des pièces décisives, ou en employant des pièces fausses, comme il sera dit ci-après.

2° *Si la procédure par nous ordonnée n'a pas été suivie.* Ce vice rend nul le jugement.

3° *S'il a été prononcé sur choses non demandées ou non contestées, et s'il a été plus adjugé qu'il n'a été demandé.* C'est encore un vice qui rend le jugement nul, et dont nous parlerons en l'article suivant.

4° *S'il a été omis de prononcer sur l'un des chefs de demande.*

5° *S'il y a contrariété d'arrêts ou jugements en dernier ressort entre les mêmes parties sur les mêmes moyens, et en mêmes cours ou juridictions ; sauf, en cas de contrariété en différentes cours ou juridictions, à se pourvoir en notre grand conseil.*

6° *Si dans un même arrêt il y a des dispositions contraires.*

7° *Si on a jugé sur pièces fausses.*

Observez qu'il ne suffit pas, pour rescinder le jugement par la voie de la requête civile, que la partie au profit de qui il a été rendu ait produit des pièces fausses : il faut qu'il paroisse que c'est sur le fondement de ces pièces que le jugement a été rendu : *Causa judicati irritum non devocatur ; nisi probare poteris eum qui judicaverit, secutum ejus instrumenti fidem quod falsum esse constiterit, adversùs te pronuntiasse ; l. 3, Cod. si ex fals. instr.*

Il faut aussi que ces pièces n'aient pas déja été attaquées de faux dans l'instance sur laquelle le jugement a été rendu ; car, en ce cas, la question sur la vérité ou fausseté de cette pièce seroit une question qui auroit été déja jugée par ce jugement, et qui par conséquent ne pourroit plus se renouveler, comme l'a fort bien observé M. Jousse, en son Commentaire sur cet article.

Au reste, quoique la partie qui veut se pourvoir par requête civile eût par erreur reconnu la vérité de la pièce dont il prétend avoir découvert depuis la fausseté, il n'en doit pas moins être reçu à attaquer cette pièce comme fausse, et le jugement qui a été rendu sur cette pièce ; *l. 11, ff. de except.*

8° *Ou sur des offres ou consentement qui aient été désavoués, et le désaveu jugé valable.*

Si mon procureur a donné un consentement ou fait des offres sur lesquelles j'ai été condamné, je puis, si je prétends n'avoir pas donné pouvoir à mon procureur de faire ces offres, me pourvoir par requête civile contre l'arrêt : mais, pour y être reçu, il faut que je forme un désaveu contre mon procureur, et que je le fasse contre lui déclarer valable.

9° *Ou s'il y a des pièces décisives nouvellement recouvrées et retenues par le fait de la partie.*

C'est un exemple du dol personnel de la partie en faveur de qui le jugement a été rendu, qui donne lieu à la requête civile, comme il a été dit ci-dessus.

Le recouvrement des pièces décisives n'est pas seul suffisant pour donner ouverture à la requête civile et faire rétracter l'arrêt, comme nous le verrons *infrà*, *art.* 3. C'est la suppression de ces pièces, faite par le dol de la partie, qui y donne lieu.

857. Lorsque c'est contre des mineurs, contre l'église ou contre des communautés que l'arrêt a été rendu, outre les cas qu'on vient de rapporter, il y a encore un autre cas qui donne ouverture à la requête civile; savoir, *s'ils n'ont été défendus, ou s'ils ne l'ont été valablement;* art. 35.

Ces termes doivent s'interpréter par le projet de l'article 36, qui se trouve dans le procès-verbal de l'ordonnance, *page* 463. Il y est dit : « Ce que dessus aura lieu à « l'égard des ecclésiastiques, des communautés et des mi- « neurs. Et outre, réputons encore à leur égard pour « ouverture de requête civile, s'ils n'ont point été défen- « dus; c'est à savoir que les arrêts ou jugements en dernier « ressort aient été donnés par défaut ou par forclusion; « s'ils n'ont pas été valablement défendus, en cas que les « principales défenses de fait ou de droit aient été omises, « quoique ces arrêts ou jugements en dernier ressort « aient été contradictoires, ou sur les productions des « parties; en telle sorte néanmoins qu'il paroisse qu'ils « n'ont point été défendus, ou non valablement défendus, « et que le défaut des défenses omises ait donné lieu à « ce qui a été jugé. »

Le procès-verbal porte que ce projet d'article fut trouvé bon.

D'où il suit que ce n'est que *brevitatis et compendii studio* qu'il a été retranché, et parcequ'on a cru que tout ce qu'il renferme étoit suffisamment renfermé sous la généralité de ces termes, *s'ils n'ont été défendus, ou non valablement défendus.*

Observez que l'église est toujours présumée n'avoir pas été suffisamment défendue, lorsque l'affaire n'a pas été communiquée aux gens du roi : l'art. 34 en fait une cause de requête civile.

Observez aussi que l'église n'a ces droits que lorsqu'il s'agit du fonds de son domaine. *Arrêt du 27 novembre 1703, rapporté par Augeard, tom.* 3. Lorsqu'il ne s'agit que des revenus, c'est plutôt la cause du bénéficier que ce n'est celle de l'église.

858. La partie contre qui l'arrêt a été rendu, lorsqu'elle se trouve dans quelqu'un des cas ci-dessus rapportés, doit se pourvoir par requête civile devant la cour qui a rendu l'arrêt, dans les six mois de la signification de l'arrêt qui lui en a été faite depuis sa majorité; *art.* 5.

Si la partie est morte dans ledit temps de six mois, ses héritiers ont un nouveau délai de six mois du jour d'une nouvelle signification qui leur sera faite; et s'ils sont mineurs, le temps ne courra que du jour de la signification faite depuis leur majorité.

L'église, les communautés, tant laïques qu'ecclésiastiques, et les particuliers absents du royaume pour cause publique, ont un an depuis la signification qui leur est faite de l'arrêt; *art.* 7.

Si le titulaire de bénéfice meurt dans ledit délai d'un an, le successeur, autrement que par résignation, a un nouveau délai d'un an, du jour d'une nouvelle signification de l'arrêt qui doit lui être faite; *art:* 9. A l'égard du résignataire, il n'a, pour se pourvoir par requête civile contre l'arrêt rendu contre son résignant, que le temps qui restoit à son résignant; et il n'est pas nécessaire de lui faire une nouvelle signification; il est présumé avoir été instruit pur son résignant.

859. Lorsqu'on se pourvoit pour cause de jugement rendu sur pièces fausses, ou pour cause de pièces nou-

vellement découvertes, le délai de six mois ou d'un an ne court que depuis la découverte, *pourvu*, dit l'ordonnance, *art.* 12, *qu'il y ait preuves par écrit, et non autrement.*

Il ne me suffira donc pas, pour être reçu dans ma requête civile après le délai ordinaire de six mois, de dire que je n'ai découvert la pièce ou la fausseté de la pièce que depuis peu; il faut que j'aie une preuve par écrit du temps de la découverte.

Par exemple, si, après plusieurs années, la partie au profit de qui l'arrêt a été rendu contre moi vient à mourir, et qu'il paroisse par l'inventaire fait après sa mort des papiers trouvés sous les scellés, que la pièce décisive du procès, qu'il avoit supprimée, a été trouvée parmi ces papiers; cet inventaire est une preuve par écrit que la découverte de cette pièce s'est faite au temps de l'inventaire.

Pareillement, si la partie au profit de qui l'arrêt a été rendu contre moi sur une pièce fausse produit, après plusieurs années, dans un autre procès, contre une autre personne, la même pièce, et que dans le cours de cette instance elle soit attaquée de faux, le jugement qui l'aura déclarée fausse sera une preuve du temps de la découverte de cette fausseté.

860. Les causes pour lesquelles on peut se pourvoir par requête contre les jugements présidiaux rendus en dernier ressort, sont les mêmes que celles pour lesquelles on doit se pourvoir par requête civile contre les arrêts. À l'égard du temps dans lequel on doit se pourvoir, il n'y a d'autre différence, sinon qu'au lieu que le temps de se pourvoir contre les arrêts est de six mois à l'égard des particuliers, et d'un an à l'égard de l'église, des communautés et des absents, *rei publicæ causâ;* celui pour se pourvoir contre les jugements présidiaux n'est que de trois mois à l'égard des particuliers, et de six mois à l'égard de l'église, des communautés et desdits absents.

§. II.

SECOND CAS.

Des jugements dont l'appel n'est plus recevable.

861. L'ordonnance rapporte, en second lieu, parmi les jugements qui ont la force de *chose jugée*, et qui forment en conséquence la présomption *juris et de jure*, dont nous traitons, ceux dont l'appel n'est plus recevable.

Elle rapporte deux choses pour lesquelles il ne l'est plus : la première est lorsque les parties contre qui les jugements ont été rendus y ont *formellement* acquiescé.

L'ordonnance par ce terme, *formellement*, n'entend pas qu'il soit nécessaire que la partie, pour être exclue de l'appel, ait acquiescé au jugement en termes exprès, et ait passé un acte d'acquiescement; elle a seulement voulu dire qu'il falloit que son acquiescement ne fût point équivoque. C'est pourquoi si, pour le paiement de la somme à laquelle elle a été condamnée, elle a requis ce terme, soit lors du jugement, soit depuis, il n'est pas douteux qu'elle n'est plus recevable à appeler, la requisition d'un terme étant une marque non équivoque de son acquiescement au jugement : *Ad solutionem dilationem petentem acquievisse sententiæ manifestè probatur*; l. *Cod. de re judic.* A plus forte raison doit-elle être censée avoir acquiescé lorsqu'elle est entrée en paiement, soit de la somme portée par la condamnation, soit des dépens auxquels elle a été condamnée, à moins que dans les cas auxquels la sentence est exécutoire par provision, elle n'ait payé en vertu de contrainte, en protestant qu'elle ne payoit qu'en vertu de contrainte, sans préjudice à l'appel par elle interjeté, ou qu'elle comptoit interjeter.

Lorsque la partie qui a acquiescé à la sentence est dans le cas de pouvoir se faire restituer contre son acquiescement, soit pour cause de minorité, soit pour cause de dol, ou pour quelque autre cause, l'autorité de *chose jugée* que le jugement avoit acquise par l'acquiescement à la sentence, n'est pas stable et perpétuelle ; elle sera détruite lorsque la partie aura été restituée contre son acquiescement.

862. La seconde cause pour laquelle l'appel n'est plus recevable, c'est lorsque la partie contre qui le jugement a été rendu a laissé passer le temps dans lequel l'appel devoit être interjeté.

Les principes de notre droit sont bien différents sur ce temps, de ceux du droit romain. Par le droit romain, la partie qui se croyoit lésée par la sentence, pouvoit, le jour même qu'elle avoit été rendue, en appeler de vive voix *apud acta*, c'est-à-dire, au greffe ou sur le barreau : *Si apud acta quis appellaverit, satis erit si dicat*, APPELLO ; l. 2, ff. *de appell.*

L'appel étant une voie autorisée par les lois, les magistrats romains ne s'offensoient pas que la partie qui refusoit d'acquiescer à leur jugement, en interjetât appel en leur présence, pourvu qu'elle le fît d'une manière respectueuse, sans proférer aucuns termes injurieux contre le juge ou contre la sentence ; l. 8, ff. *de appell.*

Lorsque la partie n'avoit pas appelé le jour que la sentence avoit été rendue, l'appel devoit être interjeté par une requête que l'appelant présentoit au juge qui avoit rendu la sentence. Cette requête devoit contenir les noms de l'appelant et de la partie contre qui on appeloit, la sentence dont on appeloit, et les griefs contre cette sentence. Elle tendoit à ce qu'il plût au juge de faire expédier les lettres qu'on appeloit *apostoli*, par lesquelles il renvoyoit la cause devant le juge d'appel. La partie n'avoit, pour interjeter cet appel, que deux jours depuis la sentence, lorsqu'elle avoit été partie en son nom ; ou trois jours, lorsqu'elle n'avoit été partie qu'en nom qualifié de procureur, tuteur, curateur ou administrateur ; l. 5, §. 5, ff. *de opp.* ; l. 1, §. 11, 12, 13, ff. *quand. app.*

Ces jours étoient *utiles ;* c'est-à-dire qu'on ne comptoit pas les jours auxquels le juge n'avoit pas donné audience publique; *d. l.* 1 , §. 7, §. 9.

Justinien, par sa Novelle 23, *cap.* 1, a augmenté ce temps; il accorde, pour interjeter appel, un délai de dix jours, du jour de la prononciation de la sentence.

Ces principes du droit romain, quoique bien opposés aux nôtres, paroissent bien sages et bien propres à conserver, en abrégeant les procès, la tranquillité des citoyens. Le roi de Prusse les a adoptés dans son Code; il n'accorde, pour appeler des sentences, que le délai de dix jours porté par la Novelle. La partie lésée par une sentence ne souffre aucun préjudice de ce court délai : dès le commencement que la cause a été portée devant le premier juge, cette partie a pu prévoir qu'elle pourroit perdre sa cause; et, pendant tout le temps qu'a duré le procès, elle a eu le temps de délibérer sur le parti qu'elle auroit à prendre, dans le cas où elle perdroit son procès.

863. Suivant les principes de notre droit françois, la partie qui se croit lésée par une sentence, lorsqu'elle n'a fait aucun acte d'acquiescement à cette sentence, et qu'elle n'a pas été sommée d'en interjeter appel, a le temps de dix ans entiers pour en interjeter appel, lequel temps ne commence à courir que du jour de la signification de la sentence. *Ordonnance de* 1667, *tit.* 27, *art.* 17.

On accorde le double du temps, c'est-à-dire le temps de vingt ans, à l'église, aux hôpitaux, colléges, universités et maladreries, pour interjeter appel des sentences qu'ils prétendent leur faire grief par rapport à quelqu'un de leurs domaines ; et ce temps court pareillement du jour de la signification de la sentence; *ibidem.*

Quelque longs que soient ces délais, j'ai ouï dire à des praticiens que cette disposition de l'ordonnance n'étoit pas toujours observée au parlement de Paris ; et qu'on y recevoit des appels après le temps de ces délais expiré.

La partie au profit de qui la sentence a été rendue peut

abréger les délais, en faisant une sommation juridique à la partie au profit de qui la sentence a été rendue, d'en interjeter appel, si bon lui semble : mais cette sommation ne peut être faite qu'au bout de trois ans, du jour de la signification de la sentence, si ce sont des particuliers contre qui la sentence a été rendue ; et au bout de six ans, si c'est contre l'église, hôpitaux, collèges, universités et maladreries, pour raison de quelques uns de leurs domaines ; *ordonnance de* 1667, *d. tit. art.* 12.

L'effet de cette sommation est que la partie à qui elle a été faite, n'a plus pour appeler que six mois depuis la sommation ; *art.* 12.

Si avant l'expiration de ces délais de trois ans ou de six ans, ou de celui de six mois, la partie contre qui la sentence a été rendue décède ; ou, lorsque c'est un bénéficier, si elle résigne son bénéfice ; son héritier ou légataire universel, ou successeur tranquille au bénéfice, doit encore avoir une année de délai pour interjeter appel, outre tout le temps qui restoit du délai qu'avoit celui auquel il a succédé ; et il faut, au bout de ce nouveau délai d'un an, lui faire une sommation, quand même on en auroit déja fait une au défunt ou au prédécesseur ; et du jour de cette sommation, l'héritier ou successeur n'aura plus que six mois pour être reçu à appeler ; *art.* 12, 13, 15.

Ces délais ne courent pas contre les mineurs ; *art.* 16 ; mais ils courent contre les absents hors du royaume, même pour le service du roi.

§. III.

TROISIÈME CAS.

Des jugements dont l'appel a été déclaré péri.

864. L'ordonnance rapporte, en troisième lieu, entre les jugements qui ont la force de *chose jugée*, ceux dont l'appel a été déclaré péri.

L'appel est péri lorsque l'instance d'appel est tombée

en péremption, par une discontinuation de procédure pendant trois ans, et qu'il est intervenu un jugement qui a déclaré la péremption acquise.

Ce jugement qui déclare acquise la péremption de l'instance d'appel, emporte la confirmation de la sentence dont on avoit interjeté appel, et lui donne la force de *chose jugée*; l'appelant qui a laissé périmer l'instance d'appel, n'étant plus recevable à appeler de nouveau.

Cela ne souffre pas de difficulté, lorsque le tribunal où étoit pendante l'instance d'appel est un tribunal de dernier ressort : il n'est pas douteux en ce cas que le jugement de ce tribunal, qui déclare acquise la péremption de l'instance d'appel, étant un jugement en dernier ressort, donne la force de *chose jugée* à la sentence dont étoit appel, qu'il a confirmée. Lorsque le tribunal où l'instance d'appel étoit pendante n'est pas un tribunal de dernier ressort, la sentence de ce tribunal qui aura déclaré la péremption acquise, n'étant pas un jugement en dernier ressort, l'appelant contre qui elle a été rendue peut en appeler. Mais sur cet appel, les juges ne doivent examiner que la question de savoir s'il y avoit lieu à la péremption que le juge dont est appel a déclaré acquise ; et s'il leur paroît qu'il y avoit lieu, ils doivent, sans entrer en connoissance du fond, confirmer la sentence : si au contraire la péremption n'étoit pas acquise, en prononçant du mal jugé de la sentence qui l'a déclarée acquise, ils renverront les parties à procéder au fond.

865. Les instances d'appel, quoique non contestées, peuvent tomber en péremption aussi-bien que celles qui ont été contestées.

C'est l'exploit d'assignation devant le juge d'appel, pour procéder sur l'appel, qui introduit et forme l'instance d'appel, quand même il n'auroit été suivi d'aucune procédure, pas même de présentation ; cet exploit seul est censé former une instance sujette à péremption, que la partie au profit de qui la sentence a été rendue peut faire déclarer acquise au bout de trois ans depuis cet exploit. C'est ce qui est porté par le règlement de la cour du 28 mars 1692.

Lorsque l'assignation a été suivie de procédure, le temps de trois ans pour la péremption ne se compte que depuis la dernière procédure.

Ce temps court même contre les mineurs, sauf leur recours contre leur tuteur. Bouchel, en sa Bibliothèque, *verbo Perempt.*, en rapporte plusieurs arrêts.

Ce temps peut être interrompu de plusieurs manières ; par la mort ou le changement d'état de l'une des parties, par la mort de l'un des procureurs, etc.

Quoique ce temps soit accompli, la péremption de l'appel n'est pas acquise, jusqu'à ce qu'il soit intervenu un jugement qui l'ait déclarée acquise; et si depuis ce temps expiré, avant que le jugement soit intervenu, il a été fait quelque procédure de la part de la partie contre qui l'appel a été interjeté, et qu'elle n'ait pas désavoué son procureur, la péremption sera ouverte, et ne pourra plus être opposée qu'au bout d'un nouveau temps de trois ans de discontinuation de procédure.

ARTICLE II.

Des jugements qui sont nuls, et qui ne peuvent en conséquence avoir l'autorité de chose jugée.

866. Il y a une grande différence entre un jugement nul et un jugement inique. Un jugement nul est celui qui a été rendu contre la forme judiciaire, *sententia injusta:* un jugement est inique, *sententia iniqua*, lorsque le juge a mal jugé; *putà*, en condamnant une partie à payer ce que dans la vérité elle ne devoit pas, ou en la déchargeant de payer ce qu'elle devoit. Un jugement, quoiqu'inique, lorsqu'il a été rendu selon la forme judiciaire, peut avoir l'autorité de *chose jugée*, lorsqu'il est dans quelqu'un des cas de l'article précédent; et quelqu'inique qu'il soit, il est réputé équitable, sans que la preuve du contraire puisse être reçue.

Au contraire, un jugement nul qui a été rendu contre la forme judiciaire ne peut avoir l'autorité de *chose jugée*, à moins que la nullité n'en ait été couverte.

Un jugement peut être nul, ou par rapport à ce qu'il contient, ou par rapport aux personnes entre lesquelles il a été rendu, ou par rapport au juge qui l'a rendu, ou par l'inobservation de quelque forme judiciaire.

§. I. Des jugements qui sont nuls par rapport à ce qui y est contenu.

867. Un jugement est nul, lorsque l'objet de la condamnation qu'il prononce est incertain : *Sententia debet esse certa.* Par exemple, si un jugement étoit ainsi conçu : *Nous avons condamné le défendeur à payer au demandeur tout ce qu'il lui doit;* il est évident qu'un tel jugement n'auroit pas l'autorité de *chose jugée,* et seroit absolument nul; car ce qui est dû au demandeur, n'étant expliqué ni par le jugement, ni par quelque acte auquel il se rapporte, le jugement ne contient rien de certain : c'est ce que décide la loi 3, *Cod. de sent. quæ sine certâ quant. Hæc sententia,* Omnem debiti quantitatem cum usuris competentibus solve, *judicati actionem præstare non potest, quùm ita demùm sine certâ quantitate facta condemnatio auctoritate rei judicatæ censeatur, si parte aliquâ actorum certa sit quantitas comprehensa.*

868. Il n'est pas néanmoins nécessaire que l'objet de la condamnation soit expliqué par le jugement; il suffit qu'il le soit par quelque acte auquel le jugement se rapporte. Par exemple, un jugement qui condamne à payer les causes de la demande est valable, et peut avoir l'autorité de *chose jugée,* lorsque les causes de la demande sont expliquées par l'exploit de demande auquel se rapporte le jugement. *Quùm Judex ait : Solve quod petitum est, valet sententia; l.* 59, §. 1, ff. *de re judic.*

869. Il n'est pas nécessaire non plus que l'objet de la condamnation soit quelque chose de liquide; il suffit qu'il doive le devenir par la liquidation qui en sera faite par des experts : c'est pourquoi un jugement qui condamne le

défendeur à des dommages et intérêts ou à une indemnité, ne laisse pas de pouvoir avoir l'autorité de *chose jugée*, quoique ces dommages et intérêts ou cette indemnité n'étant pas encore liquidés, l'objet de la condamnation ne soit pas encore quelque chose de liquide et de certain ; car il doit le devenir par l'estimation qui en sera faite par les experts. C'est ce que décide Alexandre Sévère : *Quamquàm pecuniæ quantitas sententiâ non contineatur, sententia tamen rata est, quoniam* INDEMNITATEM *rei publicæ præstari jussit; l. 2, Cod. de sent. quæ sine cert. quant.*

870. 2° Un jugement est nul lorsque l'objet de la condamnation qu'il contient est quelque chose d'impossible. *Paulus respondit impossibile præceptum judicis nullius esse momenti; l. 3, ff. quæ sent. Idem respondit ab eâ sententiâ, cui pareri rerum naturâ non potuit, sine causâ appellari; d. l. §. 1.*

871. 3° Un jugement est nul lorsqu'il prononce expressément contre les lois : *Si expressìm sententia contra juris rigorem data sit.... si* SPECIALITER, c'est-à-dire (expressément), *contra leges vel senatûs-consultum, vel constitutiones fuerit prolata; l. 19, ff. de appell. Quùm contra sacras constitutiones judicatur, appellationis necessitas remittitur; l. 1, §. 2, ff. quæ sent. sine appell.*

Observez que, pour que le jugement soit nul, il faut qu'il ait prononcé expressément contre la loi ; il faut qu'il ait jugé que la loi ne devoit pas être observée : mais s'il a seulement jugé que l'espèce qui étoit à juger n'étoit pas dans le cas de la loi, quoiqu'elle y fût ; ce jugement n'est pas censé impugner la loi ; il n'est pas nul, il est seulement inique, et il ne peut en conséquence être réformé que par la voie ordinaire de l'appel ; c'est ce que nous enseigne Callistrat : *Quùm prolatis constitutionibus contra eas pronuntiat judex, eo quòd non existimat causam de quâ judicat per eas juvari, non videtur contra constitutiones sententiam dedisse ; ideòque ab ejusmodi sententiâ appellandum est ; alioquin rei judicatæ stabitur ; l. 32, ff. de re jud.*

Observez aussi que les jugements qui prononçoient

expressément contre les lois étoient, chez les Romains, nuls de plein droit : chez nous, il faut se pourvoir contre ces jugements au conseil en cassation, lorsqu'il n'y a pas lieu à la voie ordinaire de l'appel.

872. 4° Un jugement est nul lorsqu'il contient des dispositions contraires, qui impliquent contradiction. Par exemple, étant assigné pour délaisser par action de revendication un héritage que vous m'aviez vendu, je vous ai appelé en garantie : le jugement me donne congé de la demande, et vous condamne à me rendre le prix de l'héritage que je vous ai payé, et en mes dommages et intérêts. Ces deux dispositions se contrarient; car il implique que j'aie congé de la demande, et que l'on condamne mon garant. Cette contrariété dans ce jugement le rend nul : c'est pourquoi le demandeur, qui a été par ce jugement renvoyé de sa demande, pourra, si c'est un jugement en dernier ressort, se pourvoir contre par la voie de la requête civile, sous prétexte que ce jugement se contredit, et contient une disposition contraire à celle dont il se plaint, qui a donné congé de sa demande. S'il a laissé passer le temps de se pourvoir par la requête civile, le jugement acquerra contre lui la force de *chose jugée* : mais à l'égard de mon garant, je pense que quoiqu'il ne se soit pas pourvu par la voie de la requête civile, je ne puis jamais être reçu à poursuivre contre lui l'exécution de ce jugement; parceque le congé qui y est donné de la demande donnée contre moi réclame perpétuellement contre la condamnation de mon garant, et que la bonne foi ne permet pas que, retenant la chose, je demande qu'on m'en rende le prix.

873. 5° Un jugement est nul lorsqu'il a prononcé sur ce qui n'a pas été demandé, ou lorsqu'il a condamné une partie à plus qu'il ne lui avoit été demandé; car le juge n'est établi juge que pour statuer sur les demandes qui sont portées devant lui, et ne peut par conséquent rendre de jugement que sur ce qui en fait l'objet. *Potestas judicis*

ultrà id quod in judicium deductum est nequaquàm potest excedere; l. 18, ff. com. div.

874. De même que le jugement est nul lorsqu'il condamne le défendeur à payer ce qui ne lui avoit pas été demandé, il l'est pareillement lorsqu'il a donné congé d'une demande à laquelle le défendeur avoit acquiescé; car, en l'un et en l'autre cas, il a jugé sur ce qui n'étoit pas l'objet d'une contestation soumise à son jugement. L'ordonnance de 1667, *tit*. 35, *art*. 34, a compris l'un et l'autre cas, en disant qu'il y a ouverture à la requête civile, s'il a été prononcé sur choses *non demandées* ou *non contestées*.

875. Ces nullités tirées de ce que le juge a prononcé sur ce qui n'étoit pas soumis à son jugement, n'ont pas lieu de plein droit; elles doivent être opposées, ou par la voie ordinaire de l'appel, lorsque le jugement n'est pas un jugement de dernier ressort; sinon, par la voie de la requête civile; et lorsque la partie a laissé passer le temps sans se pourvoir contre le jugement, ces nullités sont couvertes.

§. II. Des nullités des jugements qui se tirent des parties entre lesquelles ils ont été rendus.

876. Un jugement, pour être valable, doit être rendu entre des parties capables d'ester en jugement, *Quæ habent legitimam standi in judicio personam..*

Toutes les procédures faites par un incapable d'ester en jugement, ou contre lui, sont nulles de plein droit, aussi-bien que les jugements qui seroient rendus sur ces procédures.

877. Les personnes qui ne sont pas capables d'ester en jugement sont, 1° celles qui ont perdu l'état civil, soit par une condamnation à peine capitale, soit par la profession religieuse. Néanmoins les religieux sortis de leur cloître pour desservir un bénéfice, tels que sont les curés chanoines-réguliers, sont réputés capables d'ester en jugement, tant en demandant qu'en défendant : car quoique leur bénéfice ne les restitue pas à l'état civil, néanmoins,

comme l'administration des biens et droits de leur bénéfice leur est accordée, aussi-bien que celle de leur pécule,
il est nécessaire qu'ils puissent ester en jugement pour ce
qui concerne les biens et les droits de leurs bénéfices, et
pour les actions qui naissent des obligations personnelles
qu'ils ont contractées, ou qu'on a contractées envers eux.

878. Les mineurs qui sont sous puissance de tuteur
ne sont pas capables d'ester en jugement; les actions qui
leur appartiennent ne peuvent être intentées que par leurs
tuteurs en leur qualité de tuteurs; et les actions qu'on a
contre eux ne doivent pas être intentées contre eux, mais
contre leurs tuteurs en ladite qualité.

Lorsque le mineur n'a pas de tuteur, celui qui a une
action à intenter contre lui doit présenter requête au juge
du domicile du mineur, à ce qu'il lui soit permis de con-
voquer les parents du mineur, pour lui être pourvu d'un
tuteur, contre lequel, après qu'il aura été nommé, il in-
tentera son action.

Lorsque les mineurs sont émancipés, ils peuvent ester
eux-mêmes en jugement; mais ils ne le peuvent qu'avec
l'assistance d'un curateur, qui leur est à cet effet nommé par
le juge, et qui doit être en cause avec eux.

879. Les femmes qui sont sous puissance de mari ne
peuvent, en pays coutumier, ester en jugement, soit en
demandant, soit en défendant, sans être autorisées par
leur mari, ou, à son refus, par justice. C'est pourquoi il
ne suffit pas à ceux qui ont quelque action à intenter contre
une femme mariée de l'assigner, il faut qu'ils assignent
son mari avec elle.

Au reste, une femme est censée suffisamment autorisée
de son mari, lorsque son mari est en cause avec elle; et
en cela les actes judiciaires sont différents des extrajudi-
ciaires : car, pour qu'une femme mariée contracte valablement hors de justice, il ne suffit pas que son mari soit partie avec elle au contrat; il faut qu'il soit dit en termes
exprès qu'il l'autorise, comme nous le verrons en trai-

tant de la puissance maritale, à la fin du Traité du Contrat de mariage.

Cette règle, qu'une femme mariée ne peut ester en jugement sans être autorisée, reçoit quelques exceptions. Notre coutume d'Orléans, *art.* 200, lui permet d'intenter sans son mari les actions pour raison des injures qu'elle prétend lui avoir été faites, et de défendre à celles pour raison des injures qu'on prétend qu'elle a faites.

880. Il nous reste à observer, à l'égard de toutes les personnes qui sont incapables d'ester en jugement, que cette incapacité n'empêche pas de pouvoir former une accusation contre elles, lorsqu'elles ont commis quelques crimes; et elles peuvent défendre à l'accusation.

881. De ce principe, que pour qu'un jugement soit valable, les parties doivent être capables d'ester en jugement, on avoit tiré, dans le droit romain, cette conséquence, que le jugement rendu contre une partie qui étoit morte avant le jugement, étoit nul; car, pour être capable d'ester en jugement, il faut être : lorsqu'on n'est plus au monde, on ne peut plus avoir aucune capacité. C'est sur ce fondement que Paul dit : *Eum qui in rebus humanis non fuit sententiæ datæ tempore, inefficaciter condemnatum videri*; l. 1, ff. *quæ sent. sine app.*

Dans notre droit françois, lorsque la mort de l'une des parties n'arrive que lorsque le procès est en état d'être jugé, c'est-à-dire lorsqu'il ne reste plus aucune procédure à faire, ni aucune plaidoirie à entendre, la mort de la partie n'empêche pas le juge de rendre le jugement, qui est aussi valable que s'il eût été rendu dès son vivant. C'est la disposition de l'*art.* 1 *du tit.* 26 *de l'ordonnance de* 1667. L'ordonnance a négligé en cela la subtilité du droit, pour éviter les longueurs et les frais superflus qu'auroit en ce cas causés une reprise d'instance.

Lorsqu'une partie décède dans le cours de l'instruction, et que le procureur a notifié la mort par un acte signifié au procureur de l'autre partie, ce qui s'appelle *un exoine de mort*, l'autre ne peut plus dès-lors faire aucunes procédures, et il ne peut être rendu aucun jugement, jusqu'à ce que l'instance ait été reprise par les héritiers ou autres successeurs du défunt, ou qu'ayant été assignés pour la reprendre, il ait été rendu un jugement qui ordonne qu'elle demeurera pour reprise : les procédures qui auroient été faites depuis l'exoine de mort jusqu'à la reprise d'instance, ainsi que les jugements qui auroient été rendus, sont nuls de plein droit; *d. tit. art.* 1 et 2. Tant que le décès n'est pas signifié, les procédures faites par l'autre partie, quoique depuis le décès, sont valables ; *art.* 3 ; et il en est de même des jugements qu'elle obtiendroit.

882. C'est aussi une nullité dans un jugement qui procède de la part de la partie avec laquelle il a été rendu, lorsqu'elle a procédé pour un autre, sans avoir qualité pour agir ou défendre pour lui.

Par exemple, si dans notre coutume d'Orléans, qui entre non nobles fait perdre à la femme qui se remarie la tutèle de ses enfants, et ne la fait pas passer au second mari, ce second mari, par une erreur dont j'ai vu des exemples, forme une demande pour lesdits enfants en la qualité de leur vitric, ou y défend, le jugement rendu sur cette demande sera nul par le défaut de qualité dans laquelle ce vitric aura procédé.

Par la même raison, si un mari, qui peut seul et sans sa femme intenter les actions mobiliaires de sa femme, et y défendre, croyant par erreur qu'il en est de même de celles qui concernent le fonds et la propriété des immeubles de sa femme, a, sans sa femme, en sa qualité de mari, intenté lesdites actions, ou y a défendu, le jugement rendu avec lui dans cette qualité sera nul.

Par la même raison, si un tuteur, après le temps de sa tutèle fini, continuoit de procéder pour ses mineurs devenus majeurs, la procédure et les jugements rendus sur cette procédure seroient nuls par le défaut de qualité.

Mais si, par le compte qu'il a rendu à son mineur, il lui a tenu compte de ce que lui devoient ses débiteurs, il peut en son propre nom, comme ayant les droits cédés de son mineur, poursuivre lesdits débiteurs.

883. Lorsque j'ai donné une procuration spéciale à quelqu'un afin qu'il donnât pour moi une demande, la demande doit être donnée en mon nom ; ce seroit une mauvaise procédure si elle étoit donnée au nom de ce procureur, et en la qualité de procureur fondé de ma procuration : de là cette maxime, qu'il n'y a que le roi en France qui plaide par procureur.

§. III. Des jugements qui sont nuls de la part des juges qui les ont rendus, ou par l'inobservation des formalités judiciaires.

884. Un jugement peut être nul de la part du juge qui l'a rendu, lorsqu'il étoit sans caractère, comme s'il n'avoit pas été reçu dans son office, s'il étoit interdit, s'il étoit incompétent.

Observez que la nullité qui résulte de ces défauts n'a pas lieu de plein droit : il faut se pourvoir par la voie d'appel devant le supérieur, pour la faire prononcer.

885. L'inobservation de quelque formalité rend aussi le jugement nul ; comme lorsqu'on a rendu à l'audience un jugement par défaut contre un défaillant qui ne s'est pas présenté et n'a pas constitué procureur avant qu'il ait été pris un défaut au greffe des présentations, ou avant l'expiration des délais. On peut apporter une infinité d'autres exemples.

Ces nullités n'ont pas lieu de plein droit ; il faut se pourvoir par voie d'appel ou d'opposition ; et lorsque c'est un arrêt ou jugement en dernier ressort, par la voie de la requête civile ou de la requête présidiale ; cette espèce de nullité étant une des causes qui y donnent ouverture, comme nous l'avons vu *suprà*, *n*. 856.

ARTICLE III.

Quelle est l'autorité de la chose jugée.

886. L'autorité de la *chose jugée* fait présumer vrai et

équitable tout ce qui est contenu dans le jugement; et cette présomption étant *juris et de jure*, exclut toute preuve du contraire : *Res judicata pro veritate accipitur; l. 207, ff. de R. J.*

Par exemple, la partie qui a été condamnée à payer quelque chose, est présumée la devoir effectivement. Celui au profit de qui le jugement a été rendu, peut en conséquence, après le lui avoir signifié, la contraindre à la payer, par la saisie et vente de ses meubles et immeubles, sans qu'elle puisse être écoutée à offrir de faire la preuve qu'elle ne la doit pas.

Vice versâ, lorsque le jugement a donné congé ou mis hors de cour sur la demande d'une partie, les choses qu'elle avoit demandées par cette demande sont tellement présumées ne lui être pas dues, qu'elle ne peut plus désormais être reçue à les demander ; il naît du jugement une exception qe'on appelle *exceptio rei judicatæ*, qui la rend non-recevable.

887. L'autorité de la *chose jugée* ne permettant pas la preuve du contraire de ce qui a été jugé, la partie contre qui le jugement a été rendu n'est pas écoutée à offrir de justifier que le juge est tombé dans quelque erreur, même de simple calcul : *Res judicatæ si sub prætextu computationis instaurentur, nullus erit litium finis; l. 2, Cod. de re jud.*

Néanmoins si l'erreur de calcul se rencontroit dans le jugement même, cette erreur se réformeroit; *putà*, si le jugement portoit : « Nous avons déclaré Jacques débiteur « envers Pierre d'une somme de 50 liv. pour telle cause ; « plus, d'une somme de 25 liv. pour telle autre cause ; « lesdites sommes faisant ensemble la somme de 100 l., « que nous avons condamné Jacques de payer à Pierre » ; l'erreur de calcul se trouvant en ce cas dans le jugement, se réformeroit d'elle-même, et Pierre ne pourroit pas exiger la somme de 100 liv., mais seulement celle de 75; l. 1, §. 1, ff. *quæ sent. sine appel.*

888. L'autorité de la *chose jugée* exclut tellement la preuve du contraire, que la partie contre qui le jugement

a été rendu n'y est pas reçue, quand même elle rapporteroit des pièces décisives qu'elle n'auroit recouvrées que depuis le jugement : *Sub specie novorum instrumentorum posteà repertorum res judicatas restaurari exemplo grave est*; l. 4, *Cod. de re jud.*

Ce principe, que les choses jugées ne peuvent être rétractées pour cause de pièces décisives recouvrées depuis le jugement, recevoit par le droit romain une exception, dans le cas auquel le jugement avoit été rendu dans une cause douteuse, pour la décision de laquelle le juge avoit déféré le serment supplétoire à la partie en faveur de qui il avoit été rendu. Dans ce cas, la partie qui avoit succombé pouvoit, pour cause de pièces décisives recouvrées depuis, être restituée contre le jugement; l. 31, ff. *de jurejur.*

Cette exception au principe ne doit pas avoir lieu dans notre droit françois; car l'ordonnance de 1667, *t.* 35, *art.* 34, n'admettant la partie contre qui l'arrêt ou jugement en dernier ressort a été rendu, à se pourvoir contre par requête civile, pour cause de pièces décisives recouvrées depuis, que dans le cas auquel il paroîtroit qu'elles ont été retenues par le fait de l'autre partie, c'est une conséquence qu'elle n'y peut être admise dans tous les autres cas.

ARTICLE IV.

A l'égard de quelle chose a lieu l'autorité de la chose jugée.

889. L'autorité de la *chose jugée* n'a lieu qu'à l'égard de ce qui a fait l'objet du jugement.

C'est pourquoi, pour que la partie qui a été renvoyée ou mise hors de cour sur la demande qu'elle avoit donnée contre moi, doive être exclue d'une nouvelle demande qu'elle a depuis donnée contre moi, par l'exception *rei judicatæ*, qui naît de l'autorité de la *chose jugée* qu'a le jugement qui m'a donné congé de sa demande, il faut que sa nouvelle demande ait le même objet qu'avoit la première, dont le jugement m'a donné congé.

Il faut pour cela que trois choses concourent. 1° Il faut qu'elle demande la même chose qui avoit été demandée par la première demande dont on m'a donné congé. 2° Il faut que, par la nouvelle demande, elle demande cette chose pour la même cause pour laquelle elle l'avoit demandée par la première. 3° Il faut qu'elle la demande dans la même qualité, et qu'elle la demande contre moi dans la même qualité dans laquelle nous procédions sur la première.

Quùm quæritur hæc exceptio (rei judicatæ) noceat necne; inspiciendum est an idem corpus sit, quantitas eadem, idem jus; et an eadem causa petendi, et eadem conditio personarum; quæ nisi omnia concurrant, alia res est; l. 12; l. 13; l. 14, ff. de except. rei jud.

Au reste, lorsque ces trois choses concourent, pour qu'il y ait lieu à l'exception *rei judicatæ*, il n'importe que ce soit *eodem an diverso genere judicii*, que la question terminée par le jugement soit renouvelée.

§. I. De ce qui est requis en premier lieu, *ut si eadem res.*

890. Ce principe, que pour qu'il y ait lieu à l'exception *rei judicatæ*, il faut que la chose demandée soit la même chose qui avoit été demandée par la première demande dont on a donné congé, ne doit pas être entendu trop littéralement : IDEM CORPUS *in hâc exceptione non utique omni pristinâ qualitate servatâ, nullâ adjectione diminutioneve factâ, sed pinguiùs pro communi utilitate accipitur; l. 14, vº idem corpus, ff. de except. rei jud.*

Par exemple, quoique le troupeau que je vous demande aujourd'hui ne soit pas composé des mêmes bêtes dont il étoit composé lors de la première demande que j'en ai faite, et dont le jugement a donné congé, je n'en suis pas moins censé demander la même chose, et en conséquence non-recevable en ma demande ; *Si petiero gregem (et victus fuero), et vel aucto vel minuto numero gregis, iterùm eum-*

dem gregem petam, obstabit mihi exceptio; l. 21, §. 1, ff. d. tit.

891. Je suis pareillement censé demander la même chose, lorsque je demande quelque chose qui en fait partie : *Sed et si speciale corpus ex grege petam, si adfuit in eo grege, peto obstaturam exceptionem;* d. l. 21, §. 1.

C'est ce que nous enseigne Ulpien : *Si quis quùm totum petisset, partem petat, exceptio rei judicatæ nocet; nam pars in toto est; eadem enim res accipitur, et si pars petatur ejus quod totum petitum est; nec interest utrùm in corpore hoc quæratur, an in quantitate, vel in jure;* l. 7, ff. de except. rei jud.

892. Je suis encore censé demander la même chose que j'avois demandée par ma première demande, dont le jugement a donné congé, lorsque je demande une chose qui est provenue, et qui ne m'appartiendroit ou ne me seroit due qu'autant que celle dont elle provient, et que j'ai demandée par ma première demande, m'auroit appartenu ou m'auroit été due.

Par exemple, si dans nos colonies j'ai donné demande contre vous pour que vous fussiez tenu de me donner la négresse Catherine, que je prétendois avoir achetée de vous et en avoir payé le prix, et que n'ayant pu justifier ce prétendu achat, il ait été donné congé de ma demande par un jugement en dernier ressort, je ne serai pas recevable à vous demander sur le même fondement, l'enfant dont elle est accouchée; car cet enfant ne pouvant m'être dû qu'autant que la mère m'auroit été due, ce seroit renouveler la question qui a été terminée par le jugement: *Si ancillam petiero (suppléez et victus fuero), et post litem contestatam conceperit et pepererit, mox partum ejus petam, utrum idem petere videor ? Et quidem ita definiri potest, toties eamdem rem agi quoties apud judicem posteriorem id quæritur quod apud priorem quæsitum est : in his igitur ferè omnibus exceptio (rei judicatæ) nocet;* d. l. 7, §. 1.

893. Par la même raison, si j'ai succombé dans la de-

mande d'une somme principale, je ne dois pas être recevable à demander les intérêts de cette somme; car ces intérêts ne peuvent m'être dus, si la somme principale ne m'est pas due.

Il n'en est pas de même dans le cas inverse: quoique j'aie succombé dans la demande des intérêts d'une somme, je ne laisse pas d'être reçu dans la demande de cette somme; car de ce que les intérêts n'en sont pas dus, il ne s'ensuit pas que la somme principale ne puisse m'être due : *Si in judicio actum sit, usuræque solæ petitæ sint, non est verendum ne noceat exceptio rei judicatæ*; l. 23, ff. d. tit.

894. Si j'ai succombé dans la demande que j'ai donnée contre vous à l'égard d'un droit de passage pour les gens de pied, que je prétendois sur votre héritage, et que je donne demande contre vous pour un droit de passage pour les bêtes de somme que je prétends sur ledit héritage, dois-je être censé demander la même chose que ce que j'avois demandé par ma première demande dont on a donné congé, et pouvez-vous en conséquence m'opposer l'exception *rei judicatæ* ? La raison de douter pour l'affirmative, est que le droit que je demande aujourd'hui, paroît renfermer celui que j'ai demandé par ma première demande dont on a donné congé, puisque quiconque à le droit de faire passer des bêtes de somme, a aussi le droit de faire passer des gens de pied; et qu'ayant été jugé que je n'ai pas le droit de faire passer des gens de pied, il s'ensuit qu'à plus forte raison je n'ai pas celui de faire passer des bêtes de somme. La raison de décider au contraire qu'il n'y a pas lieu à l'exception *rei judicatæ*, est que ces droits étant des espèces différentes de droits de servitude, la demande qui a pour objet l'un de ces droits, a un objet différent de celui de la demande qui a pour objet l'autre espèce de droit de servitude : on ne peut donc pas dire que je demande la même chose que j'avois déja demandée, ni par conséquent m'opposer l'exception *rei judicatæ*. Quant à ce qu'on oppose, qu'ayant été jugé que je n'avois pas le droit de faire passer des gens de pied, il a

été jugé qu'à plus forte raison je n'avois pas celui d'y faire passer des bêtes de somme ; je réponds qu'il a été jugé que je n'avois pas le droit de faire passer des gens de pied, ni à plus forte raison des bêtes de somme, en vertu du droit de simple passage pour les gens de pied, qu'on a jugé ne me pas appartenir. Mais de ce que je n'ai pas le droit de simple passage pour les gens de pied, il ne s'ensuit pas que je ne puisse avoir une autre espéce de servitude pour le passage des bêtes de somme, dont il ne s'agissoit point lors de ma première demande, et que je demande aujourd'hui. C'est ce que décide Ulpien : *Si quis iter petierit, deinde actum petat, puto fortiùs defendendum aliud videri tunc petitum, aliud nunc, et ideò exceptionem rei judicatæ cessare ;* l. 11, §. 6, ff. d. tit.

Il faut décider autrement, lorsque le droit de servitude que je demande est la même espéce de servitude que j'avois prétendue par ma première demande, dont on a donné congé, quoique je la prétende plus considérable que je ne la prétendois alors. Africain apporte cet exemple : *Egi tecum jus mihi esse ædes meas usque ad decem pedes altiùs tollere ; post ago jus mihi esse usque ad viginti pedes altiùs tollere ; exceptio rei judicatæ procul dubio obstabit : sed et si rursus ita agam jus mihi esse ad alios decem pedes tollere, obstabit exceptio ; quùm aliter superior pars jure haberi non possit, quàm si inferior quoque jure habeatur ;* l. 26, ff. d. tit.

§. II. De ce qui est requis en second lieu, *ut sit eadem causa petendi.*

895. Pour qu'il y ait lieu à l'exception *rei judicatæ*, il ne suffit pas que la chose que vous me demandez soit la même que vous m'aviez demandée par votre première demande, dont on m'a donné congé ; il faut que vous la demandiez pour la même cause pour laquelle vous l'aviez demandée : *Oportet ut sit eadem causa petendi.*

Il y a à cet égard une différence à observer entre les actions personnelles et les actions réelles.

Quoique j'aie succombé dans une action personnelle

2.

par laquelle je vous demandois une chose que je prétendois m'être due par vous, en vertu d'une certaine cause
d'obligation, cela ne m'exclut pas de vous demander la
même chose que je prétends m'être par vous due, en
vertu d'une autre cause d'obligation.

Finge. J'ai fait un marché avec vous, par lequel nous
sommes convenus que pour un certain ouvrage que je
devois faire pour vous, et que j'ai fait depuis, vous me
donneriez la somme de 200 liv. ou votre cheval, à mon
choix. Depuis vous m'avez vendu votre cheval pour un
certain prix : j'ai donné contre vous l'action *ex empto*,
pour que vous fussiez condamné à me le livrer; et n'ayant
pu justifier la vente que vous m'en avez faite, il a été
donné congé de ma demande par un jugement rendu en
dernier ressort : cela ne m'exclut pas de vous demander
le même cheval par l'action *præscriptis verbis*, qui naît du
marché que nous avons fait ensemble pour l'ouvrage que
j'ai fait pour vous.

Au contraire, dans les actions réelles, si j'ai revendiqué
une certaine chose que vous possédiez, et que je prétendois m'appartenir, le jugement qui a donné congé de ma
demande, m'exclut de pouvoir former contre vous une
nouvelle demande, par laquelle je vous contesterois de
nouveau la propriété de cette chose, quand même je pré-
tendrois justifier qu'elle m'appartient, par d'autres moyens
que ceux que j'ai proposés lors de la première demande
dans laquelle j'ai succombé.

La raison de différence est que la même chose peut
m'être due en vertu de plusieurs différentes causes d'o-
bligations; et j'ai autant de créances différentes de cette
chose, et autant d'actions différentes contre mon débiteur, qu'il y a de différentes causes d'obligations d'où
elles naissent, lesquelles différentes actions renferment
autant de questions différentes. Le jugement qui a donné
congé de ma demande sur l'une de ces actions, n'a rien
statué sur les autres actions que je puis avoir, et sur les
questions qu'elles renferment; et il ne peut pas par con-

séquent m'exclure de les intenter. Le jugement qui a jugé sur l'action *ex empto* que j'ai donnée contre vous, que vous ne me deviez pas en vertu d'un contrat de vente la chose que je vous demandois, n'établit pas que vous ne me la devez pas en vertu d'un autre contrat, et ne m'exclut pas par conséquent de vous la demander par une autre action qui naît de cet autre contrat.

Il n'en est pas de même du droit de propriété. Si l'on peut avoir différentes créances d'une même chose, on ne peut au contraire avoir qu'un seul et même droit de propriété d'une même chose : c'est pourquoi, lorsque par un jugement qui vous a donné congé de ma demande en revendication d'une certaine chose, il a été jugé que la propriété de cette chose ne m'appartenoit pas, je ne puis plus avoir d'autres actions contre vous pour réclamer cette propriété; ce seroit renouveler la même question qui a été terminée par le jugement : car cette question étoit uniquement de savoir si la chose m'appartenoit ou non. Il n'importe que j'aie omis de proposer quelque moyen par lequel je pouvois établir mon droit de propriété; il suffit qu'il ait pu être proposé.

C'est ce que nous enseigne Paul : *Actiones in personam ab actionibus in rem in hoc differunt, quòd cùm eadem res ab eodem mihi debeatur, singulas obligationes singulæ causæ sequuntur, nec ulla earum alterius petitione vitiatur : at quùm in rem ago, non expressâ causâ ex quâ rem meam esse dico, omnes causæ unâ petitione apprehenduntur; neque enim ampliùs quàm semel res mea esse potest, sæpiùs autem deberi potest; l. 14, §. 2, ff. de exc. rei jud.*

De là cette règle de droit : *Non ut ex pluribus causis deberi nobis idem potest, ita ex pluribus causis idem possit nostrum esse; l. 159, ff. de R. J.*

896. Ce que nous venons de dire à l'égard de l'action réelle n'a lieu que lorsqu'elle a été donnée d'une manière générale et sans restriction; mais quant à la demande que j'ai donnée, si je l'avois restreinte à un certain moyen, par lequel je me prétendois propriétaire d'une chose, le

jugement qui a jugé que je n'étois pas fondé dans ce moyen, ne m'excluroit pas de pouvoir revendiquer la même chose par les autres moyens sur lesquels je prétends pouvoir établir qu'elle m'appartient.

Par exemple, si étant celui que la loi appelle *ab intestat* à la succession de mon parent, j'ai accusé de faux son testament, ou si je l'ai querellé d'inofficiosité, et revendiqué en conséquence l'hérédité contre l'héritier testamentaire qui en étoit en possession; quoique j'aie succombé dans l'accusation de faux ou dans la querelle d'inofficiosité, cela ne m'exclura pas de pouvoir former de nouveau la demande en pétition d'hérédité par d'autres moyens : *Etsi quæstionis titulus prior inofficiosi testamenti causam habuisset, judicatæ rei præscriptio non obstaret, eamdem hæreditatem ex aliâ causâ vindicanti; l. 3, Cod. de petit. hæred.; adde l. 47, ff. de pet. hæred.*

897. Quelque générale qu'ait été ma première demande en revendication d'une chose, le jugement qui en a donné congé ne m'exclut pas de former de nouveau une demande en revendication, lorsque je prétends en être devenu propriétaire par un titre survenu depuis le jugement; car ce jugement, en jugeant que je n'étois pas alors propriétaire de cette chose, n'établit pas que je n'aie pu en acquérir depuis la propriété. La question qui doit faire l'objet de la nouvelle demande, qui est de savoir si le titre survenu depuis le jugement m'a fait acquérir la propriété de cette chose, est une question différente de celle qui a fait l'objet de la première : car c'est un principe, qu'il n'y a lieu à l'exception *rei judicatæ*, que lorsqu'on renouvelle la même question qui a été terminée par le jugement rendu sur la première.

§. III. De la troisième chose requise, *ut sit eadem conditio personarum.*

898. La troisième chose requise pour qu'il y ait lieu à l'exception *rei judicatæ*, est qu'il faut que celui qui me demande la même chose qu'il m'avoit déja demandée par une première demande, dont le jugement m'a donné

congé, me forme cette nouvelle demande dans la même qualité dans laquelle il a donné la première; et il faut pareillement qu'il donne cette demande contre moi dans la même qualité dans laquelle je procédois sur l'autre demande. Par exemple, si en ma seule qualité de tuteur d'un mineur, je vous ai demandé une certaine chose, le jugement qui vous en a donné congé ne m'exclura pas de vous demander en mon nom la même chose, *et vice versâ;* car lorsque j'ai été partie sur la première demande en qualité de tuteur, je n'étois pas proprement partie, c'étoit mon mineur qui l'étoit par mon ministère. La nouvelle demande que je donne en mon nom n'est donc pas *entre les mêmes parties*, et elle ne peut par conséquent être exclue par l'autorité de la chose jugée sur la première demande : car cette autorité ne peut avoir lieu qu'entre les mêmes parties entre lesquelles le jugement a été rendu, comme nous le verrons en l'article suivant.

§. IV. Qu'il n'importe que ce soit *eodem an diverso genere judicii.*

899. Pourvu que les trois choses que nous avons expliquées dans les paragraphes précédents concourent, il n'importe, pour qu'il y ait lieu à l'exception *rei judicatæ*, que la question terminée par un jugement qui a l'autorité de *chose jugée* soit renouvelée *eodem an diverso genere judicii.* C'est ce que nous apprend le jurisconsulte : *Generaliter, ut Julianus definit, exceptio rei judicatæ obstat, quoties inter easdem personas eadem quæstio revocatur vel alio genere judicii;* l. 7, §. 4, ff. *de except. rei judic.*

On peut apporter plusieurs exemples de ce principe. *Finge.* Vous aviez intenté contre moi l'action *quantò minoris,* pour que je fusse condamné de vous faire une diminution sur le prix d'un certain cheval que je vous ai vendu, que vous disiez avoir un certain vice dont vous me prétendiez garant : on a jugé ou que le cheval n'avoit pas ce vice, ou que c'étoit un vice dont le vendeur n'étoit pas garant; et l'on m'a donné congé de votre demande. Si depuis vous donnez contre moi l'action rédhibitoire pour raison du même cheval et du même vice, afin de me faire condamner à le reprendre ; je pourrai vous opposer l'exception *rei judicatæ*, qui naît du jugement qui m'a donné congé de votre demande, quoique cette nouvelle demande que vous formez contre moi soit une autre espéce d'action, et que vous preniez des conclusions différentes. Les trois choses requises pour cette exception concourent : c'est le même cheval qui étoit l'objet de votre première demande sur laquelle le jugement a été rendu, qui fait l'objet de celle-ci ; c'est *eadem res*, c'est aussi *eadem causa petendi* : car la question sur cette nouvelle demande est, comme sur la première, de savoir si je suis garant du vice dont vous vous plaignez ; et cette question se renouvelle *inter easdem personas*, ce qui suffit pour qu'il y ait lieu à l'exception. La différence de l'action et des conclusions n'empêche pas que cette nouvelle demande n'ait le même objet que la première, et ne soit *eadem res : Cùm quis actionem mutat et experitur, dummodò de eâdem re experiatur, etsi diverso genere actionis quam instituit, videtur de eâdem re agere;* l. 5, ff. d. tit.

ARTICLE V.

Entre quelles personnes a lieu l'autorité de la chose jugée.

900. L'autorité de la chose jugée n'a lieu qu'entre les mêmes parties entre lesquelles le jugement a été rendu : elle ne donne aucun droit, ni à des tiers, ni contre des tiers étrangers : *Res inter alios judicatæ neque emolumentum afferre his qui judicio non interfuerunt, neque præjudicium solent irrogare;* l. 2, *Cod. quib. res jud. non noc. Sæpè constitutum est res inter alios judicatas aliis non præjudicare;* l. 63, *de re jud.*

Pour faire l'application de ce principe, il faut examiner présentement à l'égard de quelles personnes la chose jugée est censée jugée entre les mêmes parties, de manière qu'elle puisse faire loi entre elles ; et à l'égard de quelles personnes au contraire la chose jugée est censée *res inter alios judicata*, dont il ne puisse naître aucun droit, ni en leur faveur, ni contre elles.

901. La chose est censée jugée entre les mêmes parties, non seulement à l'égard des personnes qui ont été parties par elles-mêmes, mais à l'égard de celles qui ont été parties par leurs tuteurs, curateurs, ou autres légitimes administrateurs, qui avoient qualité pour intenter leurs actions, et pour y défendre.

Par exemple, si le tuteur d'un mineur, en sa qualité de tuteur, a donné une demande contre moi, dont le juge m'a donné congé, et que ce mineur, devenu majeur, intente contre moi la même demande, je puis le faire déclarer non-recevable par l'exception *rei judicatæ*; car le jugement rendu contre le tuteur est réputé rendu contre le mineur, qui étoit la véritable partie, par le ministère de son tuteur.

Par la même raison, si des fabriciers d'une certaine paroisse, en cette qualité de fabriciers, ont donné une demande contre moi, dont on m'a donné congé, et que leurs successeurs intentent de nouveau la même demande contre moi, je les ferai déclarer non-recevables par l'exception *rei judicatæ*; car c'étoit la fabrique qui étoit partie dans le jugement qui m'a donné congé de la demande de ces fabriciers, et elle ne peut plus par conséquent renouveler par le ministère de ses nouveaux fabriciers une demande terminée par un jugement où elle étoit partie par le ministère de leurs prédécesseurs.

902. Les successeurs des parties sont censés *les mêmes parties* que les personnes auxquelles ils ont succédé. C'est pourquoi la chose jugée est à leur égard réputée *entre les mêmes parties*, et a par conséquent en leur faveur ou contre eux la même autorité de chose jugée qu'elle auroit eue en faveur de la partie à qui ils ont succédé, ou contre elle.

Par exemple, le jugement qui m'a donné congé de votre demande donne à mes héritiers aussi-bien qu'à moi l'exception *rei judicatæ* contre vos héritiers aussi-bien que contre vous, s'ils renouveloient la même demande.

903. Cela ne peut être douteux à l'égard des héritiers et autres successeurs universels qui sont *hæredum loco*. Dans les matières réelles, celui qui a succédé, quoiqu'à titre singulier, à l'une des parties pour la chose qui a fait l'objet du procès, est aussi censé la même partie.

Par exemple, quand vous avez donné la demande en revendication d'un certain héritage contre Pierre, le jugement qui a donné à Pierre congé de votre demande donnera à celui qui a acheté cet héritage de Pierre l'exception *rei judicatæ* contre la demande en revendication de cet héritage, si vous la renouvelez contre cet acheteur, parcequ'à cet égard il est censé la même partie que Pierre à qui il a succédé; l, 11, §. 3, ff. *de exc. jud.*

Par la même raison, si j'ai eu contestation avec le propriétaire d'un héritage voisin, pour lui faire détruire un ouvrage par lequel je prétendois qu'il renvoyoit les eaux de son héritage sur le mien, et qu'après le jugement rendu sur cette contestation il ait vendu son héritage, ou moi le mien; le jugement rendu entre nous donnera à l'acheteur l'exception *rei judicatæ*, si on renouvelle contre lui la contestation pour raison de cet ouvrage : on donnera cette exception contre lui, si c'est lui qui la renouvelle; *d. leg.* §. 2.

904. Les lois citées sont dans l'espéce d'un acheteur; il ne doit pas être douteux à l'égard d'un acheteur, que lorsque la demande est renouvelée contre lui, il y a lieu à l'exception *rei judicatæ* qu'eût pu opposer son vendeur, puisque cette action réfléchit contre le vendeur, qui doit défendre l'acheteur, et prendre son fait et cause.

Quoique cette raison cesse à l'égard des successeurs à titre lucratif, auxquels il n'est pas dû de garantie, il faut néanmoins décider qu'ils doivent être réputés la même partie que celui à qui ils ont succédé à l'héritage qui a fait l'objet du jugement, et qu'ils peuvent, de même que lui,

opposer à la partie contre qui ce jugement a été rendu,
l'autorité de la chose jugée qui en résulte.

Par exemple, si j'ai fait juger contre vous, que mon héritage ne vous appartenoit pas, ou qu'il n'étoit pas sujet à
un certain droit de servitude auquel vous le prétendiez
sujet, et que vous formiez contre celui à qui j'ai fait depuis donation de cet héritage, une nouvelle demande, soit
pour le revendiquer, soit pour y prétendre le même droit
de servitude, le donataire, comme étant à mes droits,
pourra vous opposer l'exception *rei judicatæ*.

Pour quelle raison? La voici. Lorsque nous faisons quelque convention par rapport à une chose qui nous appartient, nous sommes censés stipuler tant pour nous que
pour tous ceux qui nous succéderont à cette chose, lesquels sont compris sous le terme d'*ayants-cause*; et en conséquence le droit qui résulte de cette convention passe à
tous nosdits successeurs ou ayants-cause, comme nous l'a-
vons vu *suprà*, au commencement de ce Traité, *n.* 67 et
68 : de même, lorsque nous plaidons par rapport à une
certaine chose qui nous appartient, nous sommes censés
plaider tant pour nous que pour tous nos ayants-cause et
successeurs à cette chose; et le droit qui résulte du jugement qui est rendu sur cette contestation doit passer à
tous nos successeurs et ayants-cause : *Eadem enim debet
esse ratio judiciorum in quibus videmur quasi contrahere, ac
conventionum.*

905. De même que le successeur peut opposer le jugement qui a été rendu au profit de son auteur, comme nous
venons de le voir, de même, *vice versâ*, on peut opposer
au successeur le jugement rendu contre son auteur, pourvu
néanmoins qu'il n'ait succédé à son auteur que depuis le
procès sur lequel a été rendu le jugement contre son auteur. *Finge.* Pierre a donné contre vous une demande en
revendication d'un certain héritage, dont il vous a été
donné congé : Pierre ensuite m'a constitué une hypothèque spéciale sur cet héritage. Si je donne contre vous une

action hypothécaire pour me délaisser cet héritage, et que je demande à prouver que Pierre mon débiteur en étoit le propriétaire, et m'y a valablement constitué un droit d'hypothéque, vous pouvez m'opposer l'exception *rei judicatæ*, résultante du jugement que vous avez obtenu contre Pierre mon auteur, qui, en vous donnant congé de sa demande, a jugé qu'il ne lui appartenoit pas, et qu'il n'a pu par conséquent me l'hypothéquer.

Il en seroit autrement, si Pierre m'avoit constitué cette hypothéque dès avant le procès qu'il a eu contre vous : vous ne pourriez pas en ce cas m'opposer le jugement que vous avez obtenu contre lui; car ce jugement qui a jugé que Pierre n'étoit pas alors propriétaire de l'héritage ne décide pas qu'il n'ait pu l'être auparavant, lorsqu'il m'y a constitué un droit d'hypothéque; et en justifiant par moi qu'il en étoit propriétaire alors, cela suffit pour que mon action hypothécaire procéde contre vous, quoiqu'il ait depuis cessé de l'être, et qu'il ne le fût plus lors du procès qu'il y a eu entre vous et lui; l. 11, §. 10, ff. *de except. rei jud.*; l. 3, ff. *de pign. et hyp.*

906. Quoiqu'un jugement soit censé avoir été rendu avec le successeur, lorsqu'il l'a été avec son auteur, on ne peut pas dire de même que celui qui est rendu avec le successeur doive être censé rendu avec son auteur.

C'est pourquoi le jugement rendu avec le successeur, ni l'exception *rei judicatæ* qui en résulte, ne peuvent être opposés contre son auteur, ni par son auteur : *Julianus scribit exceptionem rei judicatæ à personâ auctoris ad emptorem transire solere; retrò autem ab emptore ad auctorem reverti non debere*; l. 9, §. 2, ff. *de except. rei jud.*

Il en rapporte cet exemple : *Si hæreditariam rem vendideris, ego eamdem ab emptore petiero et vicero; petenti tibi non opponam exceptionem.* AT SI EA RES JUDICATA NON SIT *inter me et eum cui vendidisti; d. §.; item si victus fuero; tu adversùs me exceptionem non habebis*; l. 10.

907. Nous avons établi qu'un jugement étoit, vis-à-vis

de quelqu'un, censé rendu entre les mêmes parties, soit qu'il eût été partie lui-même dans le procès sur lequel le jugement est intervenu, soit que son auteur y eût été partie. Au contraire, vis-à-vis de ceux qui n'ont été parties ni eux-mêmes, ni par leurs auteurs, ce jugement est res inter alios judicata, qui ne peut leur être opposé par la partie en faveur de qui il a été rendu, et qu'ils ne peuvent opposer à la partie contre qui il a été rendu. Cela a lieu, quoique la question qu'ils ont ensemble soit la même que celle qui a été jugée par ce jugement, quoiqu'elle se décide par les mêmes moyens, et même quoiqu'elle dépende d'un même fait.

C'est ce qui paroîtra par cet exemple que rapporte Paul : J'ai confié une certaine somme à une personne qui a laissé plusieurs héritiers. Ayant demandé à l'un desdits héritiers la restitution de cette somme pour la part dont il en étoit tenu, le juge, qui n'a pas fait assez d'attention aux preuves sur lesquelles j'établissois ce dépôt, lui a donné congé de ma demande. Si je demande aux autres héritiers la restitution des parts dont ils sont tenus de cette somme, ils ne pourront pas m'opposer le jugement qui a donné à leur cohéritier congé de ma demande, parceque ce jugement, où ils n'ont pas été parties, est à leur égard res inter alios judicata, qui ne peut leur donner aucun droit, quoique la question soit la même que celle qui a été jugée contre moi par ce jugement au profit de leur cohéritier, et qu'elle dépende des mêmes faits, qui est de savoir si j'ai effectivement confié cette somme au défunt, et si elle ne m'a pas été rendue : Si cum uno hærede depositi actum sit, tamen et cum cæteris hæredibus rectè agetur, nec exceptio rei judicatæ eis proderit; nam etsi eadem quæstio in omnibus judiciis vertitur, tamen personarum mutatio cum quibus singulis suo nomine agitur, aliam atque aliam rem facit; l. 22, ff. de except. rei jud.

Ce principe, que l'autorité de la chose jugée n'a pas lieu à l'égard des personnes qui n'ont pas été parties, et qui ne sont pas les successeurs de quelqu'une des parties, tient à un autre principe, que nous avons établi en l'article précédent, que l'autorité de *la chose jugée* n'a lieu qu'à l'égard de la chose même sur laquelle le jugement a statué.

Par exemple, dans l'espèce ci-dessus rapportée, si le jugement qui a donné congé à l'un des héritiers du débiteur, de la demande d'un créancier du défunt, pour la part dont on le prétendoit tenu de cette dette, n'a pas l'autorité de *chose jugée* en faveur des autres héritiers, pour les parts dont on les en prétend tenus; ce n'est pas seulement parceque c'est *res inter alios judicata*, c'est aussi parceque ce qu'on leur demande n'est pas la même chose que ce qui a fait l'objet du jugement rendu au profit de leur cohéritier; car les parts de la dette qu'on leur demande sont bien les parts d'une même dette, mais ce ne sont pas la même part de cette dette qui a été demandée à leur cohéritier. Le jugement rendu au profit de leur cohéritier n'a statué que sur cette part, et ne peut avoir par conséquent l'autorité de *chose jugée* à l'égard des autres parts qui leur sont demandées. C'est ce que veut dire le jurisconsulte en la loi ci-dessus citée: *Mutatio personarum cum quibus singulis suò nomine agitur, aliam atque aliam rem facit.*

Pareillement, lorsqu'un créancier a laissé plusieurs héritiers, le débiteur qui a eu congé de la demande que l'un des héritiers a donnée pour sa part ne peut pas opposer ce jugement contre les demandes que les autres héritiers font de leurs parts, ce jugement étant *res inter alios judicata*, et n'étant pas même *eadem res;* car ces parts que demandent les autres héritiers, quoique parts d'une même créance, ne sont pas la même part que celle qui a fait l'objet et la matière du jugement.

908. Il n'en est pas de même lorsque la chose due à plusieurs héritiers ou autres personnes copropriétaires est quelque chose d'indivisible, tel qu'est un droit de servitude: cette chose n'étant pas susceptible de parts, chacun d'eux est créancier du total, ou copropriétaire du total. C'est pourquoi le jugement rendu sur la demande que l'un d'eux a faite de

cette chose a eu pour objet la même chose que la demande qu'en feroient les autres; c'est *eadem res*. On peut aussi dire que ce jugement n'est pas *res inter alios judicata*, à l'égard des autres créanciers ou propriétaires de cette chose; car l'indivisibilité de leur droit avec le sien les fait regarder comme étant avec lui une même partie. Ce jugement a donc à leur égard l'autorité de *chose jugée*: lorsqu'il a été rendu en faveur de leur copropriétaire ou cocréancier, ils peuvent, de même que lui, s'en servir contre la partie contre qui il a été rendu; et s'il a été rendu contre leur copropriétaire ou cocréancier, il peut être opposé contre eux, comme il l'a été contre lui.

Néanmoins si le jugement avoit été rendu par collusion, la loi leur permettoit de renouveler le procès : *Si de communi servitute quis bene quidem deberi intendit, sed aliquo modo litem perdidit culpâ suâ, non est æquum hoc cæteris damno esse; sed si per collusionem cessit litem adversario, cæteris dandam esse actionem de dolo* (c'est-à-dire, comme l'explique fort bien la glose, *replicationem de dolo contrà exceptionem rei judicatæ*); l. 19, ff. *si serv. vind.*

Suivant nos usages, le jugement rendu contre l'un de plusieurs créanciers ou copropriétaires d'un droit indivisible peut, à la vérité, être opposé aux autres; mais, sans qu'ils aient besoin d'alléguer la collusion, ils peuvent en interjeter appel, quoique celui contre qui il a été rendu y ait acquiescé; et si c'est un jugement en dernier ressort, ils y peuvent former opposition en tiers.

Pareillement, entre plusieurs débiteurs d'une chose indivisible, l'indivisibilité de leur obligation les fait regarder comme n'étant tous qu'une même partie, et fait en conséquence réputer le jugement rendu avec l'un d'eux, comme rendu avec les autres; sauf que ceux qui n'ont pas été parties par eux-mêmes peuvent se pourvoir contre par la voie de l'appel ou de l'opposition en tiers, comme il a été dit ci-dessus.

909. La dépendance de l'obligation d'une caution de celle du débiteur principal à laquelle elle a accédé, fait

aussi regarder la caution comme étant la même partie que le débiteur principal, à l'égard de tout ce qui est jugé pour ou contre le débiteur principal.

C'est pourquoi si le débiteur principal a eu congé de la demande du créancier, pourvu que ce ne soit pas sur des moyens personnels à ce débiteur principal, la caution depuis poursuivie peut opposer au créancier l'exception *rei judicatæ : Si pro servo meo fidejusseris, et mecum de peculio actum sit* (suppléez *et judicatum sit nihil à servo meo deberi*), *si posteà tecum eo nomine agatur, excipiendum est de re judicatâ;* l. 21, §. 4, *de except. rei jud.*

Le créancier ne peut en ce cas répliquer que c'est *res inter alios judicata;* car étant de l'essence du cautionnement que l'obligation de la caution dépende de celle du débiteur principal, qu'elle ne puisse devoir que ce qu'il doit, qu'elle puisse opposer toutes les exceptions *in rem* qui peuvent être par lui opposées, il s'ensuit que tout ce qui est jugé en faveur du débiteur principal est censé l'être en faveur de la caution, qui doit à cet égard être censée la même partie que lui.

Vice versâ, lorsque le jugement a été rendu contre le débiteur principal, le créancier peut l'opposer à la caution, et demander qu'il soit exécutoire contre lui : mais la caution est reçue à appeler de ce jugement; ou s'il est rendu en dernier ressort, à y former opposition en tiers : *Admittuntur ad provocandum fidejussores pro eo pro quo intervenerunt;* l. 5, §. 1, *item fidejussores,* ff. *de appell.*

910. Suivant les principes du droit romain, le droit des légataires dépendant de celui de l'héritier institué, le jugement rendu contre l'héritier institué, qui a déclaré le testament nul, n'est pas regardé, vis-à-vis de ces légataires, comme *res inter alios judicata,* et peut leur être opposé; le droit de ces légataires étant dépendant de celui de l'héritier, les fait regarder comme n'étant en quelque façon qu'une même partie avec l'héritier; mais ils sont reçus à en appeler; l. 5, §. 1 et 2, ff. *de appell.;* ou, lorsque le jugement est en dernier ressort, à y former opposition en tiers.

Il en est autrement d'un jugement qui, sur la demande d'un légataire, auroit, en déclarant le testament nul, donné congé de sa demande : ce jugement est, à l'égard des autres légataires, *res inter alios judicata*, qui ne peut leur être opposée, et dont ils n'ont pas besoin d'appeler ; l. 1, ff. *de except. rei jud.* La raison de différence est que le droit des légataires ne dépend pas du droit de celui de leur colégataire contre qui le jugement a été rendu, au lieu qu'il dépend du droit de l'héritier institué : *Quùm ab institutione hæredis pendeant omnia quæ testamento continentur.*

SECTION IV.

Du serment.

911. Il y a trois espéces principales de serment qui sont usités dans les procès civils : 1° le serment qu'une partie défère ou réfère à l'autre, pour en faire dépendre la décision de la cause, et qui est pour cet effet appelé *serment décisoire ;* 2° le serment que doit faire la partie qui est interrogée sur faits et articles ; 3° le serment que le juge défère de son propre mouvement à l'une des parties, soit pour décider la cause, soit pour fixer ou déterminer la quantité de la condamnation ; il est appelé *juramentum judiciale.*

ARTICLE PREMIER.

Du serment décisoire.

912. Le serment décisoire est, comme nous l'avons dit, celui qu'une partie défère ou réfère à l'autre, pour en faire dépendre la décision de la cause.

§. I. Sur quelles choses peut-on déférer le serment décisoire ?

913. On peut déférer le serment décisoire sur quelque espéce de contestation que ce soit, et dans quelque espéce d'instance civile que ce soit, sur le possessoire comme sur le pétitoire, dans les causes sur une action person-

nelle, comme dans celles sur une action réelle : *Jusjuran-dum et ad pecunias et ad omnes res locum habet;* l. 3, ff. *de jurejur.*

On ne peut néanmoins déférer le serment que sur ce qui est du propre fait de la partie à qui on le défère. Une partie n'est point obligée de le rendre sur ce qui est du fait d'une autre personne de qui elle est héritière, ou aux droits de laquelle elle est; car je ne puis ignorer mon propre fait: au lieu que je ne suis pas obligé de savoir ce qui est du fait d'un autre à qui j'ai succédé : *Hæredi ejus cum quo contractum est, jusjurandum deferri non potest.* Paul, *sent.* 11, 1, 4.

Une personne qui me demande le paiement du prix d'une chose qu'elle prétend avoir vendue au défunt dont je suis l'héritier, ne peut donc pas me déférer le serment sur le fait de savoir si la chose a été vendue ou non au défunt; car ce n'est pas mon fait, c'est le fait du défunt, que je ne suis point obligé de savoir. Mais l'usage parmi nous est qu'en ce cas on puisse me déférer le serment sur le fait de savoir si j'ai connoissance que le défunt dût la somme demandée; car en ce cas on ne me défère pas le serment sur le fait de la vente, qui est le fait du défunt, mais on me défère le serment sur le fait de la connoissance qu'on prétend que j'ai de la dette, qui est mon propre fait.

§. II. En quel cas peut-on déférer le serment décisoire?

914. Le demandeur peut déférer le serment au défendeur, toutes les fois que le demandeur croit n'avoir pas une preuve suffisante du fait qui sert de fondement à sa demande. Pareillement, le défendeur peut déférer le serment au demandeur, lorsqu'il n'a pas la preuve du fait qui sert de fondement aux défenses qu'il doit proposer contre la demande.

Ce serment peut être déféré avant comme depuis la contestation en cause, en cause d'appel comme en première instance.

C'est une question qui a été controversée entre les docteurs, de savoir s'il faut quelque commencement de preuve pour que le demandeur soit reçu à déférer le serment; ou s'il doit y être reçu, quoiqu'il n'ait pas le moindre commencement de preuve de sa demande. La Glose, *ad* l. 3, *Cod. de R. cred.*, Barthole, Balde, et plusieurs autres docteurs cités par Mascardus, *de probat. concl.* 957, exigent quelque commencement de preuve. Les raisons qu'ils allèguent pour cette opinion sont, 1° que c'est un principe général de droit, que le défendeur doit avoir congé d'une demande qui n'est pas prouvée, sans être tenu à rien pour obtenir ce congé : *Actore non probante, qui convenitur, et si nihil ipse præstet, obtinebit;* l. 4, *Cod. de edend.* Donc, dit-on, le défendeur ne doit pas être tenu, pour obtenir le congé d'une demande dont il n'y a aucun commencement de preuve, de rendre son serment; et le demandeur ne doit pas être reçu à le lui déférer, puisque la loi dit qu'il n'est tenu à rien, *et si nihil ipse præstet.* 2° C'est encore un principe de droit, que le demandeur doit fournir de sa part les preuves de sa demande, et que ce n'est pas au défendeur à les lui fournir contre soi: *Intelligitis quod intentionis vestræ proprias adferre debetis probationes, non adversùs se ab adversariis adduci;* l. 7, *Cod. de test.*

Donc, dit-on, le demandeur qui n'a apporté aucune preuve de sa demande ne doit pas être admis à se la procurer, en déférant le serment au défendeur. 3° On dit qu'on ne doit pas, sans aucun sujet, être reçu à intenter une affaire à quelqu'un, et lui causer l'embarras de rendre une affirmation que des personnes timorées se font souvent une peine de rendre, même sur des choses dont elles croient être les plus certaines : on prétend tirer aussi quelque argument de la loi 31, ff. *de jurej.*, des lois 11 et 12, *Cod. de reb. cred.* L'opinion contraire, qu'un demandeur n'a pas besoin d'aucun commencement de preuve pour être reçu à déférer le serment au défendeur, est plus véritable, et elle a été embrassée par Cujas, *obs.* XXII, 28, Duaren, Doneau, Fachinée, et par plusieurs autres; c'est aussi celle de Vinnius, qui a parfaitement traité la

2.

question, *select. quæst.* 1, 42, et que nous ne faisons que copier ici. Les raisons sur lesquelles elle est établie sont, 1° qu'on ne doit point exiger du demandeur ce que la loi qui a établi l'usage du serment décisoire n'a pas exigé de lui : or l'édit du préteur qui a établi ce droit n'exige point du tout que le demandeur ait quelque commencement de preuve de sa demande; il dit indistinctement : *Eum à quo jusjurandum petitur, jurare aut solvere cogam;* l. 34, §. 6, ff. *de jurej.* 2° Il peut arriver très souvent qu'une demande dont il n'y a aucun commencement de preuve, ne laisse pas d'être en elle-même très juste. Par exemple, j'ai prêté à un ami une somme d'argent sans en retirer aucun billet. La demande que je lui fais pour la restitution de cette somme ne laisse pas d'être juste en elle-même, quoique je n'aie aucun commencement de preuve du prêt qui en est le fondement. Le juge ne doit négliger aucuns des moyens qui se présentent pour découvrir la vérité, et pour parvenir à rendre la justice à qui elle appartient. Je lui en présente un, en déférant le serment au défendeur; car s'il refuse d'affirmer que je ne lui ai fait aucun prêt, ou qu'il me l'a rendu, son refus qu'il fera de rendre son affirmation sera un aveu tacite de la dette. Le juge doit donc saisir ce moyen de découvrir la vérité, et m'admettre à déférer le serment au défendeur, quoique je n'aie aucun commencement de preuve de ma demande; le refus que j'espère que le défendeur fera de son affirmation, pouvant faire par lui-même une preuve complète de la dette, et du tort qu'il a eu d'en refuser le paiement : *Manifestæ turpitudinis et confessionis est, nolle jurare;* l. 38, ff. *de jurej.* 3° Cette opinion s'établit encore par des textes formels de droit: il est dit en la loi 12, *Cod. de reb. cr.* que ce serment peut être déféré, même dès le commencement de la cause, *in principio litis,* et par conséquent avant même que le demandeur ait fourni aucune preuve. La loi 35, ff. *de jurej.,* s'exprime encore en termes plus formels; elle dit qu'on peut déférer le serment, *omnibus aliis probationibus deficientibus.*

A l'égard des raisons ci-dessus rapportées pour la première opinion, elles sont des plus frivoles, et il est facile d'y répondre. Lorsqu'il est dit que le défendeur doit obtenir le congé d'une demande qui n'est pas prouvée, sans qu'il soit tenu à rien pour obtenir ce congé, *etiamsi nihil ipse præstet;* cela ne signifie autre chose, sinon qu'il n'a pas besoin, pour obtenir ce congé, de produire de sa part aucun titre ni aucun témoin; mais cela ne signifie point du tout qu'il ne soit point tenu de rendre son serment lorsqu'il lui est déféré. Quant à ce qui est dit dans la loi 7, *Cod. de test.*, que le défendeur ne doit pas être obligé à fournir des preuves contre lui-même, cela ne s'applique qu'à ce qui est dit au commencement de cette loi, que le défendeur ne doit pas être obligé à produire des témoins ou des titres contre lui-même: *Nimis grave est quòd petitis, urgeri partem diversam ad exhibitionem eorum per quos sibi negotium fiat;* mais cela n'a aucune application à la délation du serment; une partie ne peut se plaindre qu'on agisse trop durement avec elle, lorsque par le serment qui lui est déféré on la rend elle-même juge de sa propre cause. A l'égard de ce que l'on dit, qu'il y a de l'inconvénient qu'une personne, sans aucun sujet, sans aucun commencement de preuve, puisse nous causer l'embarras de rendre notre affirmation, je réponds qu'on ne peut pas parer à tous les inconvénients: l'embarras de soutenir un procès est un bien plus grand embarras que celui de rendre une affirmation, puisqu'on peut mettre une fin prompte à celui-ci, en rendant l'affirmation demandée. Néanmoins une personne peut, sans aucun sujet, en formant contre moi une demande entièrement dénuée de preuves, me causer l'embarras d'entrer en procès: pourquoi ne pourra-t-on pas également me causer l'embarras de rendre mon serment en me le déférant? Les Romains avoient établi une espéce de remède à ces inconvéniens, par le serment que les parties étoient obligées de rendre avant la plaidoirie de la cause, que c'étoit de bonne foi qu'elles soutenoient le procès; et par celui que la partie qui déféroit le serment étoit pareillement obligée de rendre, qu'elle le déféroit de bonne foi, dans la seule vue de faire connoître la vérité, et sans aucune vue de vexer la partie à qui elle le déféroit : c'est ce qu'on appeloit *juramentum de calumniâ*. Ces serments ne sont pas d'usage parmi nous. A l'égard des lois alléguées pour la première opinion, il n'en résulte rien : il n'est question dans la loi 31 que du serment supplétoire qui se défère par le juge, et nullement du serment décisoire. Il résulte bien de la loi 12, qu'il peut être question entre les parties si le serment a été bien ou mal déféré ; mais cette question concerne ou la nature du fait sur lequel il a été déféré, ou la qualité de la partie qui le défère, ou de celle à qui il est déféré ; et il ne concerne nullement le point de savoir si le demandeur a un commencement de preuve, cela étant indifférent.

§. III. Des personnes qui peuvent, et à qui l'on peut déférer le serment.

915. Comme on fait dépendre de ce serment la décision de la contestation et du droit des parties, il s'ensuit qu'il n'y a que ceux qui ont la disposition de leurs droits qui puissent déférer ce serment, et auxquels il puisse être déféré.

C'est pourquoi un mineur ne peut pas, sans l'autorité de son tuteur, déférer ce serment ; l. 17, §. 1, ff. *de jurej.*, et on ne peut pas le lui déférer ; l. 34, §. 2, ff. *d. tit.*

Suivant ce principe, un homme insolvable ne peut pas, en fraude de ses créanciers, déférer le serment à son débiteur, sur ce qui lui est dû ; car il ne peut pas disposer de ses droits en fraude de ses créanciers. C'est pourquoi ses créanciers, sans avoir égard au serment rendu par ce débiteur de leur débiteur, peuvent saisir et arrêter ce qu'il doit, et en justifiant la dette faire condamner au paiement ce débiteur de leur débiteur.

Quelques docteurs ont soutenu que celui à qui le serment ne pouvoit pas être référé, parceque le fait est un fait qui n'est pas son propre fait, et dont il n'a pas connoissance, n'est pas recevable à déférer le serment à sa partie adverse, quoique ce soit le propre fait de cette partie. C'est l'avis de Natta, *cons.* 35. Il se fonde sur la loi 34, ff. *de jurejur.*, où il est dit que celui à qui le serment est déféré ne peut pas se plaindre qu'on lui fasse tort en cela, puisqu'il peut le référer : *De injuriâ queri non potest, quùm possit jusjurandum referre.* Donc, dit-il, par argument à *contrario*, celui à qui le serment est déféré n'est pas obligé d'accepter la condition, dans le cas auquel il ne peut pas le référer. Cette conséquence ne vaut rien ; car cette raison rapportée en la loi 34, *quùm possit jusjurandum referre*, n'est qu'une raison de plus pour laquelle celui à qui le serment est déféré ne peut se plaindre ; la principale raison qui est apportée ailleurs, et qui seule suffit, est que personne ne peut se plaindre qu'on le fasse juge dans sa propre cause. Le sentiment contraire, qui est celui de Fachinée, de Cravetta, et des autres docteurs par lui cités, est fondé sur des raisons plus solides. Nous ne devons pas exiger de celui qui défère le serment ce qu'aucune loi n'exige de lui : or il n'y a aucune loi qui exige que celui qui défère le serment soit tel qu'on puisse le lui référer. Au contraire, la loi 17, §. 2, permet expressément à un tuteur et à un curateur de déférer le serment dans les causes qu'ils soutiennent en cette qualité, quoiqu'on ne puisse pas le leur référer, puisque la cause du pupille ou de l'interdit n'est pas le propre fait de ce tuteur ou curateur.

Un procureur ne peut déférer le serment, à moins qu'il n'ait un pouvoir spécial, ou qu'il ne soit un procureur *universorum bonorum*, c'est-à-dire qu'il n'ait un pouvoir général d'administrer ; *l.* 17, §. 3.

Le syndic d'un corps ne le peut sans un pouvoir spécial ; *l.* 34, §. 1.

On ne peut le déférer à ces personnes, parceque ce seroit le leur déférer sur quelque chose qui n'est pas de leur propre fait ; *l.* 34, §. 3, ff. *h. tit.*

§. IV. De l'effet du serment déféré, référé, fait ou refusé.

916. Celui à qui le serment a été déféré doit faire le serment, ou le référer à celui qui le lui a déféré: s'il ne fait ni l'un ni l'autre, il doit perdre sa cause : *Manifestæ turpitudinis et confessionis est nolle jurare, nec jusjurandum referre;* l. 38, ff. *d. tit.*

Si la chose sur laquelle le serment a été déféré n'est pas du fait des deux parties, mais seulement de celle à qui il a été déféré, elle n'aura pas le choix de le référer, et elle sera tenue précisément de rendre son serment, à peine de perte de sa cause.

Si la partie fait le serment qui lui a été déféré, il résultera de son serment une présomptiou *juris et de jure*, de la vérité de la chose sur laquelle le serment lui aura été déféré et qu'il aura affirmée, contre laquelle aucune preuve contraire ne pourra être reçue, suivant que nous l'avons déja observé en la section seconde.

Si elle réfère le serment, la partie à qui elle l'aura référé sera précisément tenue de rendre son affirmation, faute de quoi elle doit perdre sa cause : si elle rend son affirmation, ce qu'elle aura affirmé sera pareillement tenu pour avéré, sans qu'on puisse admettre aucune preuve du contraire.

Tout ceci est renfermé en la loi 34, §. *fin.* ff. *de jurej.*

Lorsque c'est au défendeur que le serment a été déféré ou référé, le serment qu'il a fait, qu'il ne devoit pas ce qui lui étoit demandé, lui donne, contre la demande, l'exception *jurisjurandi*, qui doit lui en faire donner congé avec dépens.

Cette exception étant fondée sur une présomption *juris et de jure*, elle exclut le demandeur d'être écouté à offrir la preuve que la partie a rendu son serment de mauvaise foi, et s'est parjurée. C'est ce que nous enseigne Julien : *Adversùs exceptionem jurisjurandi, replicatio doli mali non debet dari, quùm Prætor id agere debet ne de jurejurando quæratur;* l. 15, ff. *de except.*

Il n'y seroit pas écouté, quand même il offriroit de faire
cette preuve par des pièces nouvellement recouvrées : en
cela le serment décisoire déféré ou référé par la partie, a
plus de force que le serment supplétoire, dont nous traiterons *infrà, art.* 3. Gaïus, en la loi 3 1, ff. *de jurej*., observe
cette différence.

Lorsque c'est au demandeur que le serment a été déféré ou référé, le serment qu'il a fait, que la chose qu'il a
demandée lui étoit due ou lui appartenoit, lui donnoit,
dans le droit romain, une action *in factum ad instar* de
l'action *judicati*, pour en obtenir la condamnation ; l. 8 ,
Cod. de R. cred., sur laquelle action il n'étoit question que
de savoir si le serment avoit été régulièrement rendu, sans
que la partie qui lui avoit déféré ou référé le serment pût
être écoutée à proposer aucunes défenses au principal : *In
quâ (actione) hoc solum quæritur an juraverit dari se oportere* ; l. 9, §. 1 , *de jurej. Dato jurejurando non aliud quæritur, quàm an juratum sit ; remissâ quæstione an debeatur ;*l. 5,
§. 2 , ff. d. tit.

Parmi nous, le demandeur qui a fait ce serment peut
poursuivre l'adjudication des conclusions de sa demande
avec dépens, sans être tenu d'en apporter d'autres preuves,
et sans que la partie qui lui a déféré ou référé le serment
puisse être écoutée à proposer aucunes défenses.

Cet effet du serment est une conséquence de ce principe du droit naturel : *Quid tam congruum fidei humanæ ,
quàm ea quæ inter eos placuerunt servare ?* l. 1 , ff. *de pact.*
En effet, lorsqu'une des parties défère à l'autre le serment
sur ce qui fait l'objet de la contestation qu'elles ont ensemble, pour en faire dépendre la décision, et que celle
des parties à qui le serment est déféré accepte la condition,
et en conséquence rend son affirmation, ou déclare être
prête à la rendre, il en résulte une convention par laquelle
ces parties conviennent de s'en tenir à ce que la partie
aura affirmé ; de laquelle convention naît une obligation
qui contraint la partie qui a déféré le serment de s'en tenir

à ce qui aura été affirmé; ce qui l'exclut de pouvoir demander à faire aucune preuve du contraire.

Comme la convention ne se forme et ne produit d'obligation que par le concours des volontés des deux parties, il suit de là que celui qui a déféré le serment à sa partie peut signifier une révocation de cette délation du serment, tant que la partie à qui il l'a déféré n'a pas encore accepté la condition en rendant son affirmation, ou du moins en déclarant qu'elle étoit prête à la rendre; l. 11, *Cod. de rer. cr. et jurej.*

Observez que quand il l'a révoquée il ne peut plus le déférer une seconde fois; *d.* l. 11.

Lorsque la partie à qui j'ai déféré le serment a accepté la condition, et déclaré qu'elle étoit prête à le rendre, je ne puis plus révoquer la délation du serment, mais je puis la décharger de rendre son affirmation; et en ce cas la chose sur laquelle elle étoit prête à la rendre sera tenue pour avérée, comme si elle l'avoit rendue; l. 9, §. 1, ff. *de jur.*

917. Du principe que nous avons établi, que le serment décisoire tire son effet de la convention que renferme la délation du serment entre celui qui l'a déféré et celui à qui il a été déféré, il suit encore que, de même qu'une convention n'a d'effet qu'à l'égard de la chose qui a fait l'objet de la convention, et qu'entre les parties contractantes et leurs héritiers, *Animadvertendum est ne conventio in aliâ re factâ, aut cum aliâ personâ, in aliâ re, aliâve personâ noceat;* l. 27, §. 4, ff. *de pact.*; de même aussi le serment décisoire ne peut avoir d'effet qu'à l'égard de la même chose sur laquelle le serment a été déféré.

Pour savoir si ce qu'on demande est la même chose sur laquelle le serment a été déféré, et qui a été terminée par ce serment, on peut appliquer toutes les règles que nous avons établies en la section précédente, *art.* 4, pour savoir quand ce qui est demandé doit être censé la même chose que ce qui a été décidé par le jugement intervenu entre les parties.

Le serment pareillement ne doit avoir d'effet, ni faire tenir pour avéré le fait sur lequel la partie a rendu son affirmation, que vis-à-vis de celle qui le lui a déféré, et vis-à-vis de ses héritiers et autres qui auroient succédé à ses droits; mais il n'a aucun effet vis-à-vis des tiers: *Jusjurandum alteri nec nocet, nec prodest;* l. 3, §. 3, ff. *de jurejur.*

C'est pourquoi si l'un des héritiers d'un défunt m'a assigné pour lui payer sa part d'une somme qu'il prétendoit que je devois au défunt, qu'il m'ait déféré le serment sur la vérité de cette dette, et que j'aie rendu mon affirmation que je ne dois rien au défunt, ce serment exclura bien cet héritier de me demander cette somme; mais il n'exclura pas son cohéritier de me demander sa part de cette somme; et s'il rapporte la preuve que je dois réellement cette somme au défunt, je serai condamné à lui payer sa part, nonobstant le serment que j'ai fait que je ne devois rien; car ce serment n'a d'effet que vis-à-vis de celui qui me l'a déféré, et non vis-à-vis de son cohéritier.

918. Néanmoins si l'un de deux créanciers solidaires m'avoit déféré le serment, et que j'eusse affirmé ne rien devoir, ce serment excluroit aussi son cocréancier; l. 28, ff. *de jurejur.*

Il y en a une raison particulière; c'est que le paiement qui est fait d'une créance solidaire à l'un des créanciers solidaires, décharge le débiteur envers tous les autres : or le serment qu'a fait le débiteur, qu'il ne devoit rien, équipolle à un paiement qu'il auroit fait à celui qui lui défère le serment; *nam jusjurandum loco solutionis cedit;* l. 27: par conséquent il doit le décharger envers tous.

919. De même que le serment décisoire ne fait preuve que contre celui qui l'a déféré, il n'en fait non plus qu'en faveur de celui à qui il a été déféré et qui a fait le serment, ou à qui il a été remis; l. 3, §. 3, ff. *de jurejur.*

Néanmoins, si mon débiteur à qui j'ai déféré le serment a juré ne me rien devoir, je ne pourrai rien demander à ses cautions; car mon débiteur qui a fait ce serment a intérêt que je ne demande rien à ses cautions, qui auroient recours contre lui, si elles étoient obligées de me payer quelque chose ; et c'est demander à lui indirectement que de demander à ses cautions ; l. 28, §. 1, ff. *de jurejur.*

Quid, vice versâ, si j'avois déféré le serment à la caution, et qu'elle eût juré qu'il n'est rien dû? La loi ci-dessus citée décide que ce serment profitera au débiteur principal, parcequ'il tient lieu de paiement ; *d.* l. 27, et que le paiement fait par la caution libère le débiteur principal.

Par la même raison, le serment déféré à l'un des codébiteurs solidaires profite à tous les autres.

Ces décisions ont lieu, pourvu que *de re, et non de personâ jurantis juratum sit;* car si la caution a juré seulement qu'elle n'avoit pas contracté de cautionnement, le débiteur principal n'en peut tirer avantage ; l. 28, §. 1 ; l. 42, §. 1, ff. *de jurejur.* Pareillement, si l'un des débiteurs solidaires a juré qu'il n'a pas contracté l'obligation, ses codébiteurs n'en peuvent tirer avantage.

Du principe que le serment décisoire tire son effet et son autorité de la convention que renferme la délation de ce serment, on peut encore tirer cette conséquence, que si la partie qui l'a déféré a quelque juste cause de restitution contre la convention par laquelle elle a déféré le serment à l'autre partie, elle peut, en se faisant restituer contre cette convention, faire tomber ce serment.

Le dol étant une cause de restitution contre toutes les conventions ; si je puis prouver que c'est par un dol de votre part que vous m'avez engagé à vous déférer le serment, je puis, sur l'appel du jugement rendu à votre profit, en conséquence de votre serment, ou, si ce jugement est en dernier ressort, sur la requête civile contre ce jugement, prendre des lettres de rescision par lesquelles, sans avoir égard à l'acte par lequel je vous ai déféré le serment, ni à ce qui a suivi, les mêmes parties seront remises au même état qu'elles étoient avant ledit acte. On peut apporter pour exemple de dol la soustraction que vous m'auriez faite du titre qui établit la créance d'une certaine somme que j'ai contre vous. Si, sur la demande que je vous ai faite de cette somme, n'ayant pas mon titre, je vous ai déféré le serment sur la vérité de ma créance; comme c'est en ce cas la soustraction que vous avez faite de mon titre, et par conséquent votre dol, qui m'a engagé à vous déférer le serment, je puis, si je viens à avoir la preuve de cette soustraction, me faire restituer contre l'acte par lequel je vous ai déféré le serment, comme ayant été engagé par votre dol à vous le déférer.

Cette décision n'est pas contraire à celle de la loi 15, ff. *de except.* ci-dessus rapportée, n. 916, qui dit qu'*adversùs exceptionem jurisjurandi non debet dari replicatio doli mali;* car le dol dont il est parlé dans cette loi n'est autre chose que le parjure que celui qui vous a déféré le serment prétendroit que vous auriez commis, en jurant, contre la vérité, ne pas devoir la somme demandée. Celui qui vous a déféré le serment n'est pas reçu à prouver ce parjure par le rapport des titres les plus décisifs, quoique nouvellement recouvrés; parceque le serment opère une présomption *juris et de jure*, qui fait réputer pour vrai ce que vous avez juré, et exclut toute preuve du contraire. C'est pourquoi lorsque vous avez juré ne rien devoir, il ne peut plus y avoir lieu à la question *an debeatur ;* l. 5, §. 2, ff. *de jurej.* Mais comme le serment n'a cette autorité qu'autant qu'il a été valablement fait et valablement déféré, il peut y avoir lieu à la question, si le serment a été valablement fait et valablement déféré; *Quæritur an juratum sit,* §. 2; et celui qui l'a déféré, pour prouver qu'il n'a pas été valablement déféré, est reçu à prouver votre dol, c'est-à-dire les manœuvres que vous avez employées pour le réduire à vous le déférer, tel qu'est le vol ou la soustraction que vous lui auriez faite de son titre de créance.

La minorité étant une cause de restitution, les mineurs peuvent être quelquefois reçus à se faire restituer contre l'acte par lequel lesdits mineurs, assistés de leur curateur, ou leurs tuteurs pour eux, auroient déféré le serment à la partie avec laquelle ils étoient en procès; mais ils ne doivent pas y être reçus indistinctement. Ils ne doivent pas

l'être, lorsque n'ayant pas, lorsqu'ils ont déféré le serment
à leur partie, une preuve suffisante du fait sur lequel ils
l'ont déféré, ils n'ont fait, en le déférant, que ce qu'auroit fait en pareil cas une personne prudente. C'est ce que
nous enseigne Ulpien : *Si minor detulerit , et hoc ipso captum
se dicat, adversùs exceptionem jurisjurandi replicari debebit,
ut Pomponius ait. Ego autem puto hanc replicationem non
semper esse dandam, sed prætorem debere cognoscere an
captus sit, et sic in integrum restituere; nec enim utique qui
minor est, statim se captum docuit; l. 9, §. 4, ff. de jurej.*

ARTICLE II.

Du serment de celui qui est interrogé sur faits et articles.

920. Lorsqu'une partie signifie des faits sur lesquels
elle fait ordonner que l'autre partie sera interrogée par le
juge, le serment que fait la partie interrogée est bien différent du serment décisoire. Au lieu que le serment décisoire fait preuve pour celui qui le fait, au contraire
celui-ci ne fait aucune preuve en faveur de celui qui le
fait : les réponses que fait la partie interrogée ne font de
preuve que contre elle, et n'en font aucune en sa faveur.
La raison de cette différence est, que celui qui fait interroger sa partie sur certains faits et articles, ne le fait pas
dans l'intention de faire dépendre la décision de la question, de ce que la partie interrogée répondra et affirmera;
mais elle ne lui fait subir cet interrogatoire que pour tirer
à son profit quelques preuves ou présomptions des aveux
que la partie interrogée fera, ou des contradictions dans
lesquelles elle tombera; *ut confitendo vel mentiendo se one-
ret; l. 4, ff. de interr. in jur. fac.*

921. Observez que celui qui veut prendre droit des
aveux qu'a faits une partie dans ses réponses à l'interrogatoire, ne doit pas les diviser; mais il doit les prendre en
entier. Si, par exemple, n'ayant aucunes preuves du prêt
que je prétends vous avoir fait d'une certaine somme d'argent, je vous fais interroger, et que dans vos réponses

vous conveniez du prêt, mais que vous ajoutiez que vous m'avez rendu cette somme, je ne puis pas prendre droit de l'aveu que vous faites du prêt, et laisser à l'écart ce que vous avez ajouté, que vous m'avez rendu la somme; mais il faut que je prenne votre déclaration en entier. C'est pourquoi si je veux que votre aveu fasse foi du prêt, je dois consentir qu'il fasse aussi foi du paiement, sans que vous soyez obligé d'en faire aucune preuve, à moins que je ne fusse en état de prouver que le paiement n'a pu se faire dans le temps et dans le lieu auquel vous dites l'avoir fait. *Voyez* sur ces interrogatoires l'*ordonnance de 1667, titre 10, et le commentaire de M. Jousse.*

ARTICLE III.

Du serment appelé *juramentum judiciale.*

922. Le serment appelé *juramentum judiciale* est celui que le juge défère de son propre mouvement à l'une des parties.

Il y en a deux espèces; 1° celui que le juge défère pour la décision de la cause; c'est celui qu'on entend par le nom général de *juramentum judiciale*: on lui donne aussi quelquefois le nom de serment *supplétoire, juramentum suppletorium;* 2° celui que le juge défère pour fixer et déterminer la quantité de la condamnation qu'il doit prononcer; on appelle ce serment *juramentum in litem.*

§. I. Du serment que le juge défère pour la décision de la cause.

923. L'usage de ce serment est établi sur la loi 31, ff. *de jurej.*, où il est dit : *Solent judices in dubiis causis exacto jurejurando secundùm eum judicare qui juraverit;* et sur la loi 3, *Cod. de reb. cred.*, où il est dit : *In bonæ fidei contractibus, necnon in cæteris causis, inopiâ probationum, per judicem jurejurando, causâ cognitâ, rem decidi oportet.*

Il résulte de ces textes, qu'il faut que trois choses concourent pour qu'il y ait lieu à ce serment.

1° Il faut que la demande ou les exceptions ne soient pas pleinement justifiées; c'est ce qui résulte de ces termes de la loi 3, *Cod. de reb. cred. inopiâ probationum.* Lorsque la demande est pleinement justifiée, le juge condamne le défendeur, sans avoir recours au serment; et pareillement lorsque les exceptions sont pleinement justifiées, il renvoie de la demande du défendeur, sans y avoir recours.

2° Il faut que la demande ou les exceptions, quoique non pleinement justifiées, ne soient pas néanmoins dénuées de preuves; c'est le sens de ces termes, *in causis dubiis,* dont se sert la loi 31..Elle appelle de ce nom celles dans lesquelles la demande ou les exceptions ne sont ni évidemment justes, faute d'une preuve pleine et complète, ni évidemment injustes, à cause du commencement de preuve qui se trouve : *In quibus,* comme dit Vinnius, *sel. quæst.* 1, 44, *judex dubius est, ob minus plenas probationes allatas.*

3° Il faut que le juge entre en connoissance de cause, pour estimer s'il doit déférer ce serment, et à laquelle des parties il le doit déférer; c'est ce qui résulte de ces termes de la loi 31, *causâ cognitâ.*

924. Cette connoissance de cause consiste dans l'examen du mérite de la preuve, de la qualité du fait, et des qualités des parties. Lorsque la preuve du fait d'où dépend la décision de la cause, et qui sert de fondement à la demande ou aux exceptions de la demande, est complète, le juge ne doit pas déférer le serment, mais il doit donner gain de cause à celui qui a fait la preuve.

Néanmoins si le juge, pour assurer davantage sa religion, lui avoit en ce cas déféré le serment, et que le fait sur lequel il le lui a déféré fût le propre fait de cette partie, qu'elle ne peut ignorer, cette partie ne devroit pas refuser de le rendre, et elle ne seroit pas écoutée à appeler de la sentence; car quoique le juge eût pu et même dû, la preuve paroissant complète, lui donner gain de cause, sans exiger d'elle son serment, il ne lui a pas néanmoins fait de grief en l'exigeant, puisqu'il ne coûte rien à la partie d'affirmer ce qu'elle sait de vrai : le refus qu'elle fait d'affirmer ce fait atténue et détruit la preuve qu'elle en avoit faite.

925. Lorsque le demandeur n'a aucune preuve du fait qui sert de fondement à sa demande, ou que celle qu'il a ne forme que de très légers indices ou présomptions, le juge ne doit pas lui déférer le serment, quelque digne de foi qu'il soit; et il doit donner congé de sa demande. Néanmoins si ces indices, quelque légers qu'ils soient, forment quelque doute dans l'esprit du juge, il peut, pour assurer sa religion, déférer le serment au défendeur.

Pareillement, lorsque, la demande étant justifiée, les exceptions proposées contre la demande ne se trouvent appuyées que d'indices trop légers pour que l'affirmation du défendeur puisse en compléter la preuve, le juge peut, si bon lui semble, en donnant gain de cause au demandeur, prendre son serment, pour assurer davantage sa religion.

Je ne conseillerois pas néanmoins aux juges d'user souvent de cette précaution, qui ne sert qu'à donner occasion à une infinité de parjures. Quand un homme est honnête homme, il n'a pas besoin d'être retenu par la religion du serment, pour ne pas demander ce qui ne lui est pas dû, et pour ne pas disconvenir de ce qu'il doit; et quand il n'est pas honnête homme, il n'a aucune crainte de se parjurer. Depuis plus de quarante ans que je fais ma profession, j'ai vu une infinité de fois déférer le serment, et je n'ai pas vu arriver plus de deux fois qu'une partie ait été retenue par la religion du serment, de persister dans ce qu'elle avoit soutenu.

926. Lorsque la preuve du fait qui sert de fondement à la demande est déja considérable, quoiqu'elle ne soit pas tout-à-fait complète, c'est le cas auquel le juge doit se décider par le serment de l'une des parties; il peut même en ce cas le déférer au demandeur, pour suppléer par ce serment à ce qui manquoit à la preuve qu'il a faite.

Il faut néanmoins excepter de cette règle les causes de

grande importance, telles que les causes de mariage. Dans ces causes, ce qui manque à la preuve de la demande ne peut se suppléer par le serment du demandeur; et le défendeur en doit toujours obtenir le congé, lorsqu'elle n'est pas pleinement justifiée.

Dans les causes ordinaires, de même que ce qui manque à la preuve qu'un demandeur étoit chargé de faire peut se suppléer par son serment; pareillement, lorsque le demandeur étant fondé en titre, la décision de la cause dépend de la preuve des faits qui servent de fondement aux exceptions du défendeur contre la demande, et que la preuve que le défendeur est obligé de faire est considérable, sans être tout-à-fait complète, le juge peut déférer le serment au défendeur pour la compléter.

Le juge doit aussi, pour le choix de la partie à qui il défère le serment, avoir égard à la qualité des parties, considérer quelle est celle qui est la plus digne de foi, ou qui doit avoir plus de connoissance du fait; il doit se déterminer *inspectis personarum et causæ circumstantiis. Cap. fin. X. de jurej.*

927. Dumoulin, *ad l. 3, Cod. de reb. cred.*, rapporte pour exemple d'une preuve incomplète, et néanmoins assez considérable pour pouvoir être complétée par le serment du demandeur; 1° celle qui résulte d'une confession extrajudiciaire du débiteur, lorsqu'elle a été faite hors de la présence du créancier, ou lorsqu'elle a été faite en la présence du créancier, à la vérité, mais sans être circonstanciée, et sans que le débiteur ait exprimé la cause de la dette.

Les livres des marchands font aussi en leur faveur une preuve incomplète des créances de leur commerce qui y sont inscrites, laquelle peut être complétée par leur serment, lorsqu'ils sont gens d'une probité connue; *suprà, n.* 754.

Les docteurs rapportent pour exemple de preuve qui peut se compléter par le serment du demandeur la déposition d'un seul témoin, lorsque ce témoin est un homme digne de foi; mais il paroît que par notre droit ce n'est que dans les matières très légères que la déposition d'un seul témoin, jointe au serment du demandeur, suffit pour adjuger la demande. *Voyez supra, n.* 818.

928. Quoiqu'en première instance la cause ait été décidée par le serment qui a été déféré à l'une des parties, cela n'empêche pas le juge d'appel de le déférer à l'autre partie, s'il croit que la chose doit se décider par le serment de cette partie plutôt que par le serment de celle à qui il a été déféré en première instance : c'est ce que nous voyons tous les jours se pratiquer.

929. Il reste à observer une différence entre le serment qui est déféré par le juge, et celui qui est déféré par une partie; savoir, que celui qui est déféré par une partie peut lui être référé; au lieu que, lorsqu'il est déféré par le juge, la partie à qui il est déféré doit faire le serment, ou perdre sa cause. Telle est la pratique du barreau, qui est mal-à-propos taxée d'erreur par Faber. Il suffit, pour la justifier, de faire attention au sens du mot *référer :* pour qu'on puisse dire proprement que je *réfère* le serment à ma partie adverse, il faut que ce soit elle qui me l'ait déféré. *Voyez Vin. sel. quæst.* 143.

§. II. Du serment appelé *juramentum in litem.*

930. Le serment appelé *juramentum in litem* est celui que le juge défère à une partie, pour fixer et déterminer la quantité de la condamnation qu'il doit prononcer à son profit.

Les interprètes du droit romain en distinguent deux; celui qu'ils appellent *juramentum affectionis*, et celui qu'ils appellent *juramentum veritatis.*

Juramentum affectionis étoit celui que le juge me déféroit pour estimer, non le prix que valoit en elle-même la chose à moi appartenante, dont j'étois privé par le dol de la partie adverse, mais le prix de l'affection que j'avois pour cette chose.

Le juge régloit en ce cas la condamnation de la somme

en laquelle il devoit condamner envers moi ma partie adverse, sur celle à laquelle je jurois que j'estimois de bonne foi mon affection pour cette chose ; et cette estimation d'affection pouvoit surpasser la véritable valeur de cette chose.

C'est de ce serment qu'Ulpien dit : *Non ab judice doli æstimatio ex eo quod interest fit, sed ex eo quod in litem juratur;* l. 64, ff. *de judic.;* et ailleurs, *Res, ex contumaciâ, æstimatur ultrà rei pretium;* l. 1, ff. *de in lit. jur.*

Ce *juramentum affectionis* n'a pas lieu dans nos usages ; nous n'y avons admis que le *juramentum veritatis.*

931. Il y a lieu à ce serment toutes les fois que le demandeur a justifié qu'il étoit bien fondé dans sa demande en restitution de certaines choses, et qu'il n'y a d'incertitude que sur la somme à laquelle le défendeur doit être condamné, faute de faire la restitution desdites choses, dont la valeur n'est connue que du demandeur à qui elles appartiennent. Le juge, en ce cas, pour régler la quantité de la condamnation qu'il doit prononcer, s'en rapporte à l'estimation que le demandeur fera de la véritable valeur des choses dont il demande la restitution, après que ce demandeur a préalablement prêté serment de faire cette estimation en conscience.

Par exemple, si un voyageur a donné sa valise en dépôt à un aubergiste, et que cette valise ait été volée dans l'auberge ; le dépôt étant constant, et le voyageur qui en demande la restitution ayant seul connoissance de ce qu'il y avoit dans sa valise, le juge, pour se déterminer sur la somme en laquelle il doit condamner l'aubergiste faute de représenter la valise, ne peut faire autrement que de s'en rapporter au serment du voyageur, sur la valeur des choses contenues en sa valise.

932. Chez les Romains, le juge laissoit souvent au demandeur une liberté indéfinie sur la somme à laquelle il pourroit jurer qu'il estimoit les choses dont il demandoit la restitution : *Jurare in infinitum licet;* l. 4, §. 2, ff. *de in litem jur.*

Il étoit néanmoins laissé à la prudence du juge, lorsqu'il le jugeoit à propos, de limiter une somme au-delà de laquelle l'estimation ne pouvoit pas être portée : *Judex potest præfinire certam summam usque ad quam juretur*; l. 5, §. 1, ff. *d. tit.*

Selon nos usages, le juge, après avoir entendu les parties, limite la somme jusqu'à concurrence de laquelle le demandeur doit être cru à son serment sur la valeur des choses dont il demande la restitution.

Il doit avoir égard, pour fixer cette somme, à la qualité de la personne du demandeur, au plus ou au moins de vraisemblance qui paroît dans ses allégations : la qualité de la cause doit aussi entrer en considération. Dans l'estimation des choses dont l'estimation est demandée, on doit beaucoup moins épargner un défendeur qui seroit convaincu d'être complice du vol qui en a été fait, que celui qui n'auroit péché que par imprudence et par défaut de soin.

Quand même le juge s'en seroit rapporté, sur l'estimation, au serment du demandeur, sans lui limiter la somme, il ne seroit pas tellement astreint à la suivre, qu'il ne pût s'en écarter, s'il la trouvoit excessive : *Etsi juratum fuerit, licet judici absolvere, vel minoris condemnare*; l. 5, §. 2, ff. *d. tit.*

FIN DU TRAITÉ DES OBLIGATIONS.

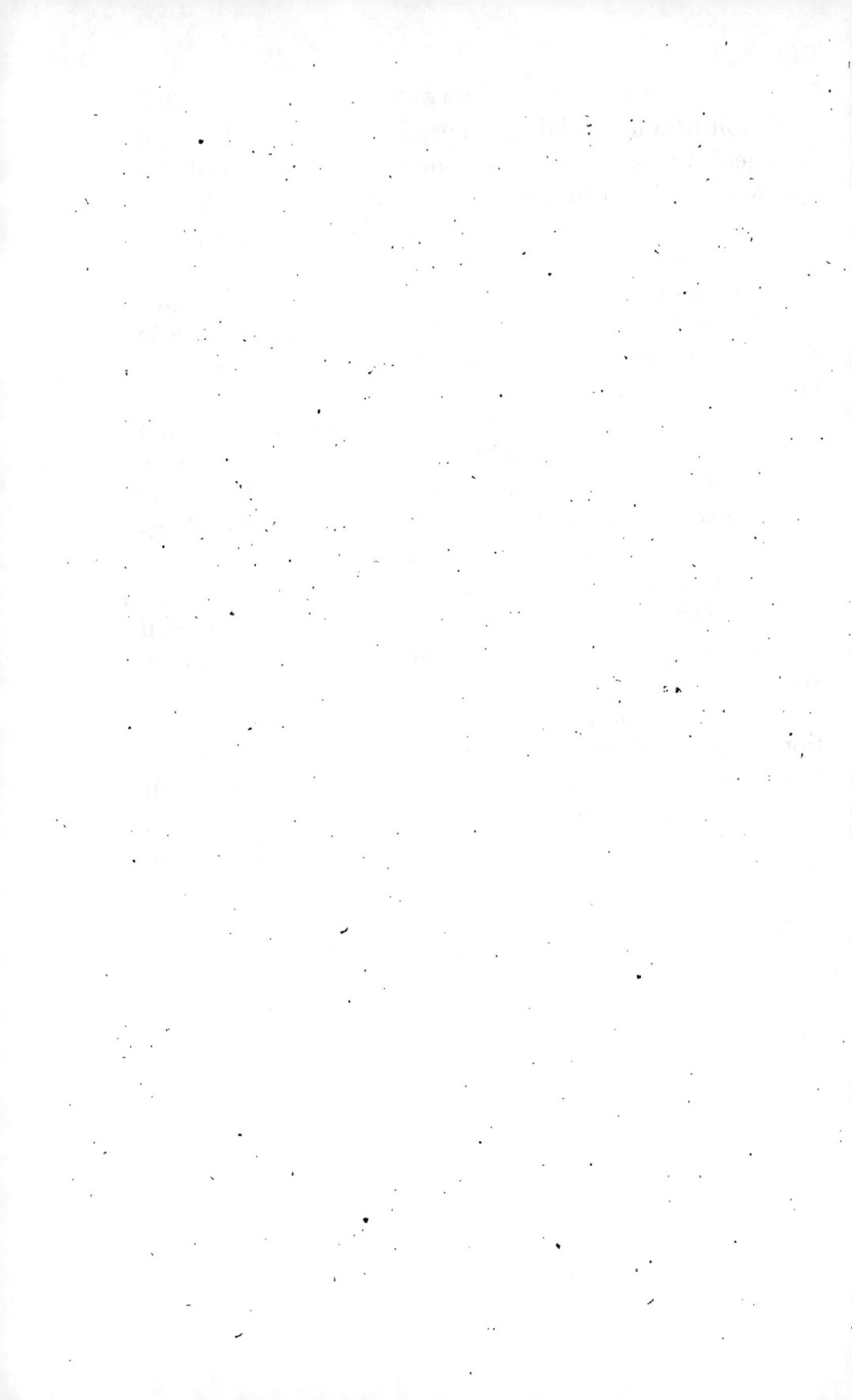

OBSERVATION GÉNÉRALE

SUR LE PRÉCÉDENT TRAITÉ, ET SUR LES SUIVANTS.

———

Dans les différents traités que j'ai donnés des différents contrats et quasi-contrats, j'ai suivi la doctrine commune de tous les interprètes sur la prestation de la faute qui a lieu dans chaque contrat, par rapport à la chose qui en fait l'objet. J'ai en conséquence distingué trois degrés de faute ; la faute lourde, la légère et la très légère (*Voyez* tome I, n. 142, page 170).

Suivant cette doctrine, la faute lourde, *lata culpa*, consiste à ne pas apporter aux affaires d'autrui le soin que les personnes les moins soigneuses et les plus stupides ne manquent pas d'apporter à leurs affaires. Cette faute est opposée à la bonne foi.

Levis culpa, la faute légère, est celle qui consiste à ne pas apporter à l'affaire d'autrui le soin que le commun des hommes apporte ordinairement à ses affaires. Elle est opposée à la diligence commune.[1]

Enfin *levissima culpa* est la faute qui consiste à ne pas apporter le soin que les personnes les plus attentives apportent à leurs affaires. Cette faute est opposée à la diligence très exacte, *exactissima diligentia*.

Pour décider de quelle espèce de faute le débiteur est tenu dans chacun des différents contrats et quasi-contrats, j'ai, suivant la doctrine commune, établi trois principes qui paroissent tirés de la loi 5, §. 1, ff. *Commod.*

Le premier est que, dans les contrats qui sont faits pour le seul intérêt du créancier, on n'exige du débiteur que de la bonne foi, et il n'est tenu en conséquence que de la faute lourde. Nous avons, suivant ce principe, décidé dans notre Traité du contrat de dépôt, que dans ce contrat on n'exige ordinairement du dépositaire que de la bonne foi, et qu'il n'est tenu que de la faute lourde, *de latâ culpâ.*

Nous avons observé que ce principe souffroit exception à l'égard du contrat de mandat et du quasi-contrat *negotiorum gestorum.* Quoiqu'ils soient faits pour le seul intérêt de la partie dont l'autre partie se charge de gérer l'affaire, néanmoins on n'y exige pas seulement de la bonne foi de la part de celui qui l'a gérée et qui en doit rendre compte, mais on exige encore de lui un soin proportionné à la nature de cette affaire. La raison est qu'une gestion d'affaires, qui est la chose qui fait l'objet du contrat *mandati*, et du quasi-contrat *negotiorum gestorum*, étant une chose qui par sa nature exige un certain soin, la partie qui se charge de la gestion de l'affaire est censée se charger d'apporter le soin nécessaire pour cette gestion : *Spondet diligentiam gerendo negotio parem.*

Le second principe est que dans les contrats et quasi-contrats qui se font pour l'intérêt réciproque des parties, tels que sont les contrats de vente, de louage, de nantissement de prêt, de société, et le quasi-contrat de communauté, on exige pour la chose qui fait l'objet du contrat, le soin que tout homme sage apporte ordinairement à ses affaires ; et qu'en conséquence dans ces contrats, le débiteur est tenu de la faute légère.

Le troisième principe est que, dans les contrats qui sont faits pour le seul intérêt de la partie qui a reçu et qui doit rendre la chose qui fait l'objet du contrat, tel qu'est le contrat du prêt à usage, *commodatum*, on exige, par rapport à cette chose, le soin le plus exact, et le débiteur est tenu de la faute la plus légère.

Nous avons observé que les jurisconsultes romains ne font quelquefois qu'une division bipartite des contrats ; savoir, de ceux qui n'exigent dans les parties contractantes que de la bonne foi, et de ceux qui exigent un certain soin plus ou moins grand, selon la nature du contrat. Mais le second membre de cette division étant sujet à une subdivision, je veux dire de ceux qui n'exigent qu'un soin ordinaire, et de ceux qui exigent le soin le plus exact, cela revient à la division tripartite ci-dessus exposée.

Pareillement les jurisconsultes romains ne font quelquefois qu'une division bipartite des prestations; savoir, celle du dol et celle de la faute. La prestation du dol, qui a lieu dans les contrats qui n'exigent que de la bonne foi, comprend sous le terme *dolus*, non seulement la malice et le dessein de nuire, mais aussi la faute lourde, *lata culpa*, comme étant opposée à la bonne foi requise dans le contrat; et c'est en ce sens que les lois disent que *lata culpa comparatur dolo, lata culpa dolus est.*

Le second membre de la division, qui est la prestation de la faute, comprend les deux autres espèces de faute, la légère et la plus légère, *levem et levissimam*, sous le terme générique de faute, en tant que ce terme *culpa* est opposé à *dolus*, et en tant que les contrats qui exigent un soin plus ou moins grand, et dans lesquels il y a lieu à la prestation de la faute, sont opposés à ceux qui n'exigent que de la bonne foi, et dans lesquels il n'y a lieu qu'à la prestation du dol. Telle est la division qui se trouve dans la fameuse loi *Contractus*, ff. *de reg. jur.*

Mais dans cette division bipartite des prestations, le second membre de la division, qui est la prestation de la faute, est sujet à une subdivision; savoir, de la prestation de la faute légère, et de la prestation de la faute la plus légère; de manière que les trois degrés de faute ci-dessus exposés se retrouvent; et la loi 5, §. 1, ff. *Commod.* qui établit trois espèces de prestations, se concilie avec la loi *Contractus*, qui paroît n'en établir que deux.

Telle avoit été jusqu'à présent la doctrine unanimement tenue par tous les interprètes des lois romaines, et par les auteurs des traités de droit. C'est la doctrine des Accurse, des Alciat, des Cujas, des Duaren, des d'Avezan, des

Vinnius, des Heineccius; et ceux même qui se sont le plus appliqués à combattre les opinions communément reçues, et à proposer des nouveautés, tels qu'Antoine Faber, ne s'en sont jamais écartés. Néanmoins il a paru en 1764 une dissertation sur la prestation des fautes, imprimée à Paris, chez Saugrain, dans laquelle M. Lebrun, avocat au parlement de Paris, combat cette doctrine. Il m'a fait l'honneur de m'en faire présent. Je l'ai lue avec un grand plaisir, et je suis charmé de trouver l'occasion de lui en témoigner publiquement ma reconnoissance.

Cet auteur soutient que la doctrine que nous venons d'exposer est une pure invention des interprètes, qui n'ont pas pris le véritable sens des lois. Il prétend qu'on ne doit pas faire trois degrés de fautes, ni faire une distinction de la diligence commune et ordinaire, et de la diligence très exacte, ni une différence des contrats qui se font pour l'intérêt réciproque des parties contractantes, *in quibus utriusque contrahentis vertitur utilitas*, et de ceux qui se font pour le seul intérêt de la partie débitrice de la restitution de la chose qui fait l'objet du contrat. Il n'y a, selon lui, que deux espèces de diligence; l'une qui se mesure sur celle qu'un homme attentif à ses affaires a coutume d'y apporter, *qualem diligens paterfamilias adhibere solet;* et l'autre qui ne se mesure que sur celle que le débiteur de qui on l'exige, a coutume d'apporter à ses propres affaires, *rebus suis consuetam diligentiam.*

Lorsque la chose qui fait l'objet du contrat appartient entièrement ou est due entièrement à celui à qui le débiteur est tenu de la rendre ou de la donner, le débiteur est, par rapport à cette chose, obligé à la première espèce de diligence, et il n'importe que le contrat ait été fait pour son seul intérêt, ou pour l'intérêt réciproque des parties. C'est pourquoi un emprunteur n'est pas tenu, suivant cet auteur, par rapport à la chose qui lui a été prêtée, à une autre diligence que celle dont est tenu un locataire par rapport à la chose qui lui a été donnée à loyer; ils sont tenus l'un et l'autre à la première espéce de diligence, qui est celle qu'un homme attentif à ses affaires a coutume d'y apporter : c'est à cette diligence que sont obligés un vendeur par rapport à la chose vendue qu'il doit à l'acheteur ; un mandataire, un *negotiorum gestor*, par rapport aux choses dont ils ont eu l'administration, etc.

Lorsque les choses qui font l'objet du contrat appartiennent en commun aux parties contractantes, on ne doit exiger de chacune des parties, par rapport à la gestion qu'elle a eue desdites choses, et dont elle doit rendre compte à l'autre partie, que l'autre espéce de diligence, qui est celle qu'il a coutume d'apporter à ses propres affaires, *rebus suis consuetam diligentiam*. Ce n'est que cette espéce de diligence qu'on exige du rendant compte dans les actions *pro socio, familiæ erciscundæ, et communi dividendo*.

Tel m'a paru être en substance le système de la dissertation. L'auteur, qui m'a paru très versé dans la connoissance des lois romaines, rapporte dans cette dissertation toutes celles qui traitent de la matière, et il en donne des explications très ingénieuses. Quelque spécieux que soient les arguments par lesquels il prétend établir son système, je n'ai pas été convaincu, et je suis demeuré attaché à l'ancienne doctrine, que je ne trouve pas si absurde qu'il voudroit le persuader. Je ne vois aucune absurdité à distinguer trois degrés de faute ; à distinguer la diligence exacte et la diligence très exacte ; à se contenter de la première dans les contrats qui se font pour l'intérêt réciproque des parties, et à exiger la diligence très exacte dans le contrat qui a été fait pour le seul intérêt de la partie de qui on l'exige. C'est une absurdité, dit l'auteur du nouveau système, de penser que dans les contrats qui se font pour l'intérêt réciproque des parties, tel qu'est le plus grand nombre des contrats, les lois permettent la négligence par rapport à la chose qui fait l'objet du contrat. Or, dit l'auteur, en décidant, selon la doctrine commune, que dans

ces contrats le débiteur n'est tenu que de la faute légère,
et non de la faute très légère, c'est permettre dans ces
contrats quelque négligence; car la faute très légère dont
on décide que le débiteur n'est pas tenu dans ces contrats,
est une négligence qui, pour être très légère, n'en est pas
moins une négligence.

On peut, ce me semble, répondre qu'on ne permet pas
la négligence dans les contrats faits pour l'intérêt réciproque des parties, mais qu'on estime dans ces contrats la
négligence moins rigoureusement qu'on ne l'estime dans
ceux faits pour le seul intérêt du débiteur. Par exemple,
dans le contrat de louage, le locataire n'est pas jugé coupable de négligence, lorsqu'il a apporté pour la conservation de la chose qui lui a été louée, tout le soin que les
hommes ont, pour la plupart, coutume d'avoir des choses
qui leur appartiennent : il est censé, en contractant, ne
s'être obligé qu'à ce soin. Le locateur qui se fait payer du
prix de l'usage qu'il accorde de sa chose, ne doit donc pas
être écouté à exiger de lui davantage, ni à vouloir faire
regarder comme une négligence de la part de ce locataire,
le défaut de quelque attention ou de quelque prévoyance
qui eût pu ne pas échapper à une personne plus attentive
qu'on ne l'est communément, et qui eût empêché la perte
ou la détérioration de la chose.

Au contraire, dans le contrat de prêt à usage, qui est
fait pour le seul intérêt de l'emprunteur, la négligence de
l'emprunteur, à l'égard de la chose qui lui a été prêtée,
s'estime dans toute la rigueur : le prêteur, qui ne doit pas
souffrir du bienfait qu'il a fait à l'emprunteur en lui accordant gratuitement l'usage de sa chose, a droit d'exiger
de lui, pour la conservation de la chose qu'il lui a prêtée,
non seulement le soin ordinaire que le commun des hommes
apporte à la conservation de son bien, mais tout le soin
possible (eu égard néanmoins à la qualité de la personne
de l'emprunteur). Si l'emprunteur ne se sent pas capable
de ce soin, il ne doit pas emprunter; c'est pourquoi on

lui impute à négligence, non seulement le défaut du soin que le commun des hommes apporte ordinairement à ses affaires, mais même le défaut d'une attention ou d'une prévoyance qui n'eût pas échappé aux personnes de la qualité de celle de l'emprunteur, qui sont les plus attentives.

Cette manière d'estimer plus ou moins rigoureusement la faute et la négligence, suivant la différente nature des contrats, ne me paroît contenir aucune absurdité; elle me paroît au contraire très raisonnable, et devoir être suivie, quand même la loi 5, §. 1, ff. *commod.*, ne s'en seroit pas expliquée aussi clairement qu'elle l'a fait.

Je n'entreprendrai point de réfuter les arguments par lesquels l'auteur de la dissertation combat l'ancienne doctrine, et prétend établir la sienne; cela dégénéreroit en une querelle littéraire, dans laquelle je ne veux point entrer. La réponse à ceux qu'il tire des différentes lois rapportées dans sa dissertation, se trouve dans les notes que j'ai faites sur ces lois dans mon ouvrage sur les Pandectes; je les ai tirées de Cujas et d'autres interprètes de réputation.

J'observerai seulement que si la doctrine commune a ses difficultés, le nouveau système de l'auteur n'en est pas exempt. Par exemple, l'auteur dit que la diligence qu'on exige d'un associé dans le compte de la gestion qu'il a eue des affaires communes, ne doit pas se mesurer, comme dans les autres contrats, à celle que le commun des hommes a coutume d'apporter à ses affaires, mais à celle que cet associé apporte à ses propres affaires. Je demande à l'auteur comment dans la pratique le juge devant qui cet associé rend son compte, pourra connoître quelle est la diligence que cet associé apporte dans ses propres affaires, pour y mesurer celle qu'il a dû apporter à la gestion dont il rend compte? Un juge peut bien estimer quelle est la diligence que le commun des hommes apporte à ses affaires; mais il ne peut pas deviner quelle est celle que cet

associé, qu'il ne connoît pas, apporte à ses propres affaires; il présume que c'est celle que le commun des
hommes y apporte.

En mesurant, suivant le nouveau système, la diligence
dont un associé est tenu à l'égard de la gestion des affaires
communes, à celle qu'il apporte à ses propres affaires, on
réduit le contrat de société, et le quasi-contrat de communauté, à la classe de ceux qui n'exigent rien autre chose
que de la bonne foi : car c'est une chose opposée à la
bonne foi, que de n'avoir pas pour l'affaire d'autrui le
même soin qu'on a pour les siennes : *Non salvâ fide*, dit la
loi 32, ff. *depositi*, en parlant d'un dépositaire, *minorem
quàm suis rebus diligentiam præstabit*. Si dans ces contrats
le débiteur n'est pas condamnable pour n'avoir pas apporté à la conservation de la chose qui fait l'objet du contrat, le soin ordinaire que le commun des hommes apporte
à ses affaires, c'est parcequ'on présume favorablement
que s'il a été négligent à l'égard de la chose qui fait l'objet
du contrat, il l'est pareillement à l'égard de celles qui lui
appartiennent. Mais lorsqu'il est justifié qu'il a eu, pour les
choses qui lui appartiennent, un soin qu'il n'a pas eu pour
la chose qui fait l'objet du contrat; comme par exemple,
si dans un incendie un dépositaire a sauvé de l'incendie
les choses qui lui appartenoient, et a laissé périr celle qui
lui a été donnée en dépôt, et qu'il étoit également à portée
de sauver, il est condamnable, comme ayant manqué à la
bonne foi, en n'ayant pas eu pour la chose qui lui avoit été
donnée en dépôt, le même soin qu'il a eu pour les siennes.
Donc, en mesurant la diligence que doit avoir un associé
pour les choses qui appartiennent à la société, à celle qu'il
a pour les siennes propres, on n'exige pas plus de lui que
ce qu'on exige d'un dépositaire.

De cette manière, on met le contrat de société et le
quasi-contrat de communauté dans la classe des contrats
qui n'exigent que de la bonne foi, *qui dolum duntaxat recipiunt;* ce qui est évidemment opposé à la loi *Contrac-*

tus, 23, ff. *de reg. jur.*, qui distingue deux classes de contrats; l'une, de ceux *qui dolum duntaxat recipiunt*, dans laquelle elle place le contrat de dépôt; l'autre, de ceux qui, outre la bonne foi, exigent encore la diligence par rapport à la chose qui fait l'objet du contrat; et c'est dans cette seconde classe qu'elle place le contrat de société et le quasi-contrat de communauté : *Contractus quidam*, dit la loi, *dolum malum duntaxat recipiunt, quidam et dolum et culpam : dolum tantùm depositum.... societas et rei communio dolum et culpam recipit.*

Au reste, quoique l'auteur n'ait pu me persuader d'embrasser son système (ce qu'il doit pardonner à un vieillard à qui il n'est pas facile de se départir de ses anciennes idées), je dois cette justice à sa dissertation, qu'elle est très ingénieuse et très savante, et qu'elle mérite d'être lue par tous ceux qui ont quelque goût pour la jurisprudence.

FIN DU SECOND VOLUME.